丛书主编　曾天山　陈才明

G20

国家教育研究丛书

澳大利亚基础教育

李新翠　著

同济大学出版社
TONGJI UNIVERSITY PRESS

图书在版编目(CIP)数据

澳大利亚基础教育/李新翠著. --上海:同济大学出版社,2015.8
(G20国家教育研究丛书/曾天山,陈才明主编.第1卷,基础教育卷)
ISBN 978-7-5608-5926-2

Ⅰ.①澳… Ⅱ.①李… Ⅲ.①基础教育—研究—澳大利亚 Ⅳ.①G639.611

中国版本图书馆CIP数据核字(2015)第182296号

G20国家教育研究丛书
澳大利亚基础教育
李新翠 著
责任编辑 陈佳蔚 **责任校对** 徐春莲 **封面设计** 王国樑 **出版策划** 曹 建

出版发行 同济大学出版社 www.tongjipress.com.cn
(上海市四平路1239号 邮编200092 电话021-65985622)
经 销 全国各地新华书店
印 刷 上海晨熙印刷有限公司
开 本 710 mm×1 000 mm 1/16
印 张 17.5
字 数 350 000
印 数 1—5 000
版 次 2015年8月第1版 2015年8月第1次印刷
书 号 ISBN 978-7-5608-5926-2
定 价 80.00元

G20 国家教育研究丛书
基础教育编委会

丛书主编

曾天山　　陈才明

执行主编

王　素　　朱维炳

分册主编

（按姓氏笔画为序）

冯俊华　　刘定鸣　　朱俊红　　肖　京
杨　明　　郑武天　　郭晋保　　徐钦福
徐晓蓉　　曹　岩　　喻　进

特约编辑

（按姓氏笔画为序）

计　琳　　宋旭辉　　沈勉荣　　张国强
陆志丰　　顾晓寒

视觉设计

王国樑

统　筹

陈征峰　　顾根荣　　谢　震　　郑　伟

资　助

上海文帆教育科技发展有限公司

序

“G20 国家教育研究”丛书已经部分出版了，这套丛书由基础教育、大学教育、职业教育及幼儿教育四卷组成，已经出版的是“基础教育卷”部分，是一套分量不轻的丛书。

这套丛书首先引起我关注的是研究对象。从国内外来看，把 G20 国家的教育作为研究课题，将世界教育的发展情况进行系统的、全面的、集中的比较研究的丛书，目前尚未发现。G20，即 20 国集团，由美、俄、英、法、德、日本、意大利、加拿大 8 个发达国家，加上中国、阿根廷、澳大利亚、巴西、印度、印度尼西亚、墨西哥、沙特阿拉伯、南非、韩国、土耳其 11 个新兴工业国家以及欧盟组成。G20 总人口约 40 亿，GDP 占全球经济的 90%，贸易额占全球的 80%。G20 教育发展的情况，一定程度上代表了世界教育的发展趋势和方向。其发展过程中的得与失，可为中国的教育改革向纵深发展提供可资借鉴的经验。由此可以说，出版发行这样一套书很有必要，也应该关注。

这套丛书的构思，不拘泥于国别的研究，它把国别教育的变革与发展放在全球化、信息化的大背景下展开，并与国际教育潮流有机地结合起来，使本丛书具有 21 世纪的时代特征。

从国别教育（基础教育部分）所写的内容来看，是比较丰富多彩的。它既有史诗般的展开，又有现实改革中的各种举措；既有各国改革的共同关注方面，又有各国在改革中的重点、特点和亮点。编写的内容比较全面、系统，涵盖了招生考试制度的改革、学校管理、教师队伍的建设、课程设置和教育装备等诸多方面。

其次，编写基础教育部分的作者是中国教育科学研究院和部分高等院校的中青年理论研究者，他们都在所著书的国家生活、学习、工作过，了解、熟悉编写所在国的基础教育的状况及发展趋势。这是一件可喜的事情，我国教育理论队伍亟须不断壮大并注入新鲜血液，需要大量的新生力量参与，才会显得更有朝气、更有活力。我衷心希望这支队伍能真正成为有战斗力的教育理论队伍中的生力军。

第三，引起我关注的是此丛书可资借鉴的积极意义。当前，教育资源在全球进行配置，教育要素在全球加速流动，世界各国教育相互影响、相互依存的程度不断提高，各国教育相互交流、相互竞争、相互包容、相互激荡，共同促进世界的繁荣和发展。各国在人才培训目标的确定、教育内容的选择以及教育手段和方法的采用等方面，不仅要满足来自本国、本土化的要求，而且还要适应国际间产业分工、贸易互补等经济、文化交流与合作的新形势。各国都想充分利用国内和国际两个教育市场，优化配置本国的教育资源和要素，抢占世界教育的制高点，培养出在国际上有竞争力的高素质人才，为本国的最高利益服务。

党的“十八大”以来，习近平总书记对教育工作作出了一系列重要论述，深刻阐明了新时期我国教育改革发展的重大理论和实践问题，丰富发展了中国特色社会主义教育理论，这是推进教育事业改革发展的强大思想武器。这些重要论述揭示了教育的本质属性，阐明了教育在实现中国梦伟大征程中的重要作用和战略地位。

中国自古以来就是一个教育大国，先人为我们留下了极其丰富的办学、治学遗产，我们一定要把扎根于祖国大地的这份遗产中最精华部分传承、发扬、光大。只有坚持从历史走向未来，从延续民族文化血脉中开拓前进，才能做好今天的事业。

然而，要坚守传承民族教育文化精华，还必须要有国际视野。所以，我们必须坚持改革开放。深化教育改革要有全球的视野，海纳百川，兼收并蓄，吸收国际先进经验，为我所用，推动我国教育事业健康发展。当今世界各国无不把教育改革与创新作为应对时代挑战和提高竞争力的重要举措，“提高质量，促进公平，推动发展”已成为许多国家教育改革的共同主题。在各国教育发展过程中，没有哪国的教育发展不需要参考和借鉴其他国家的经验。为此，我们希望有一套丛书来全景式地展示世界各国教育的现状、改革举措和教育成果，为我们揭示世界教育的共同点，比较不同点，寻找各国教育改革得失的原因，提出可资借鉴的可行性建议，为我国教育工作者提供一套不出国门就能知晓全球教育的权威资料性丛书。我希望这套丛书能起到这个作用。

第四，此套丛书也是教师素养培训的好教材。如果说科教兴国是国家的基本国策，那么，教师就是教育事业之本。强国必强教，强教必强师，教育质量本质上是师资质量。一个庞大的教育体系，必须要有一支庞大且道德高尚、业务精良的教师队伍。因此，要加强教师的继续教育。在这里，我特别强调一点，要大力提倡教师多看书，多读书，阅读是教师职业的本能。有了教师大量的阅读，才能对学生进行“传道、授业、解惑”。尤其在今天这个知识不断更新的时代，更要不断吸收新营养，来充实自己。此套丛书可以拓展教师的眼界，为其教育、教学和科研工作提供可资借鉴的经验，吸收营养，加强理论修养，提高业务水平。中国知识分子历来有手不释卷的习惯，而现在很多年轻人却手不释“机”。我希望我们的教师能成为社会阅读的榜样，至少在学校里为学生做一个努力阅读的楷模。当然，我们所有的教育工作者都应该如此。

最后，我要感谢“G20国家教育研究”丛书的策划者、组织者、编写者以及出版者，感谢他们经过数年潜心研究，为我国基础教育推进国际化进程，融入全球化，加强国际教育文化交流，奉献了这样一套有时代意义的丛书。

郝　平

（作者为教育部副部长）

Brief Summary of 'Basic Education in Australia'

The Commonwealth of Australia, or Australia for short, is the sixth largest country in the world. Blessed with vast territory and abundant natural resources, it is the most advanced economy in the Southern Hemisphere, the 12th biggest in the world, the fourth biggest farm produce exporter and the biggest exporter of mineral products. It raises more sheep than any other country and is the biggest wool exporter, earning it the nickname of the "country that rides on the sheep's back".

Australia had been home to aboriginal tribes for at least 40,000 years, before becoming a British colony from 1788 to 1900; in 1901, it became an independent commonwealth. Its basic education has experienced four stages of development, namely, promoting the equality of educational opportunity and extending the average years of formal education after independence; striving to establish a democratic and diversified modern educational system after World War II; and pursuing fairness and quality in the 21st century. Especially after entering the current century, its basic education has begun to move forward in a diversified, fair, quality and efficient manner.

Basic education in this country has developed many of its own characteristics. For instance, it pays more attention to vulnerable groups to promote education equity and shows great care for student development and improvement of the teaching quality and educational informationization to facilitate balanced development.

This book introduces basic education in Australia from the following 10 aspects: general situation, educational system and management, curriculums and teaching materials, schooling, quality monitoring and assessment, teachers' development, management of primary and secondary schools, system of entrance examinations, education for citizenship, and educational highlights.

目录

引言

澳大利亚联邦(The Commonwealth of Australia)简称澳大利亚(Australia),领土面积全球第六,不仅国土辽阔,且物产丰富,是南半球经济最发达的国家,全球第十二大经济体,全球第四大农产品出口国,也是多种矿产出口量全球第一的国家。澳大利亚是世界上放养绵羊数量和出口羊毛最多的国家,被称为"骑在羊背的国家"。

1788年至1900年,澳大利亚曾是英国的殖民地。在此之前至少有四万年时间,澳大利亚完全是土著居民居住的地方。1901年,殖民统治结束,澳大利亚成为一个独立的联邦。

在成为独立联邦特别是进入21世纪以来,澳大利亚的基础教育驶入了多元、公平、优质和高效的发展之路,纵观其发展历程并横观其各个方面,可以发现澳大利亚基础教育具有多方面的长处和特色。

本书从澳大利亚基础教育发展概况、澳大利亚基础教育体系及管理、澳大利亚基础教育课程、澳大利亚基础教育学校教学、澳大利亚基础教育质量监测与评价、澳大利亚基础教育教师发展、澳大利亚基础教育学校管理、澳大利亚基础教育升学考试制度、澳大利亚公民教育和澳大利亚基础教育的亮点十个方面展现澳大利亚基础教育的概貌。

第一章首先介绍从殖民地时期的基础教育致力于实现世俗、义务和免费教育,独立后致力于促进机会均等和延长教育年限,二战后致力于建立民主化、多样化的现代教育体系到21世纪以来追求公平与质量这四个发展阶段,回顾澳大利亚基础教育发展的历程及阶段性特征。其次,从澳大利亚基础教育规模及中小学学校规模、学生数量、教师数量,基础教育质量即生师比、表面留级率以及澳大利亚在PISA测试中的成绩与位次两个主要维度，考察澳大利亚基础教育的发展现状。最后，从2008年《关于澳大利亚青少年教育目标的墨尔本宣言》(简称《墨尔本宣言》)以及一系列配套政策、项目和措施，提出澳大利亚基础教育未来发展方向，关注弱势群体，促进教育公平；关注学生发展，提高教育质量；提升教师质量，提高教育质量和提高教育信息化水平，促进教育均衡发展。

第二章首先介绍澳大利亚基础教育学制体系，澳大利亚基础教育时间为13年，包括学前、小学、初中和高中四个阶段，个别州存在细微差别。其次，澳大利亚基础教育学校具有多样性，一方面是由于办学主体不同，包括政府学校、天主教学校和独立学校，另一方面由于办学特色和定位不同，包括不同教学内容的学校、学制不同的学校和以社会技能为特色的学校。再次，从联邦教育行政机构、州(区)教育行政管理机构和学区不同职能定位，以及联邦政府教育行政管理机构的演变，阐述澳大利亚基础教育管理体制，澳大利亚实行地方分权的教育管理模式。基于分权制的管理模式，澳大利亚基础教育财政和人事管理也具有相应的地方为本的特点。

第三章首先介绍澳大利亚基础教育课程演变过程，从地方课程到核心课程，最后到国家课程阶段；其次介绍澳大利亚国家课程的定位、作用与目标，最后分别介绍澳大利亚基础教育中小学课程设置，并以部分课程为例具体说明课程内容及其特点。澳大利亚基础教育课程从分离走向集中，特别是以学习领域为核心概念统领课程，加强课程之间的整合。

第四章首先分别介绍澳大利亚小学和中学课程教学模式。小学教学模式具有教学策略以问题解决为主，教学始于已有知识、教学注重综合多方面能力、突出讨论式教学方法、赏识每一名学生、给学生信心和积极的态度等特点。其次，介绍维多利亚州和新南威尔士州的特色教学模式，维多利亚州的E5教学模式“参与(Engage)，探索(Explore)，解释(Explain)，阐述(Elaborate)，评估(Evaluate)”和新南威尔士州的优质教学模式。最后介绍澳大利亚的教学组织和教学环境创设特点，并介绍Bellaire Primary School(贝莱尔小学)和YEA高中两个案例。

第五章系统呈现澳大利亚基础教育质量监测与评价，从2000年到2008年，澳大利亚的教育、幼儿发展和青年事务部长会议(MCEECYA)每年发布《澳大利亚全国学校教育报告》,从2009年开始,澳大利亚全国学校教育报告的发布由澳大利亚课程、评价与报告署负责。澳大利亚课程、评价与报告署(ACARA)是一个独立的部门,它负责制定国家课程和国家评价项目,并负责收集和报告全国的数据。分别从国家评估项目的概述、科学素养评估、公民素养评估和信息技术素养评估四个方面介绍澳大利亚基础教育质量监测与评价,具体包括每类素养的界定、评价指标和原则等。

第六章首先呈现澳大利亚教师教育体系的历史演变,澳大利亚教师教育体系不断开放和层次不断提高,目前澳大利亚教师培养主要由高等教育机构承担,且存在不同的培养模式,如四年制的小学教师培养和“3+1”或“3+2”的中学教师培养模式。其次,着重突出澳大利亚教师职前培养的认证标准及体系,从源头上保证教师培养质量。再次,澳大利亚出台了全国统一的教师专业标准,各州在教师注册和教师聘用方面具有较大的自主权,教师资格注册和教师聘任工作分离。最后,澳大利亚教师专业发展已经进入文化创设阶段,国家和各州注重从创设有利于促进教师专业发展的文化方面不断提高教师专业发展水平。

第七章首先从校本管理模式产生的背景、校本管理模式的合法化、校本管理模式的推广三个方面回顾澳大利亚基础教育学校校本管理的发展历程。其次从政府学校、天主教学校和独立学校三种学校类型阐述当前澳大利亚各州(区)基础教育校本管理模式现状。再次,从不同类型学校董事会的结构和职能等方面介绍澳大利亚校本管理模式执行机制即学校董事会;同时呈现澳大利亚基础教育社会参与管理的组织和方式。最后介绍澳大利亚基础教育的学校问责机制。

第八章首先介绍澳大利亚中学考试制度,包括澳大利亚初中与高中考试及文凭和澳大利亚大学入学考试两个方面。其次,以新南威尔士州为例,从考试机构、考试科目、考试形式、考试命题、考试评分和大学录取等方面系统介绍了澳大利亚高考体系。最后,从大学入学程序委员会、高中学科管理委员会、各州大学招生中心等方面介绍澳大利亚大学招生制度,尤为值得注意的是澳大利亚大学招生兼顾入学偏好与教育公平。

第九章从澳大利亚公民教育的发展历程、澳大利亚公民教育的基本理念:以

“公民知识”为根基，培养公民的国家意识；以“民主观念”为核心，培养公民的权力意识；以“公民责任”为目标，培养公民的参与意识；以“多元文化”为契机，培养公民的全球意识。通过介绍澳大利亚公民教育的实践举措和澳大利亚公民教育的特点，全面阐述澳大利亚基础教育中的公民教育。

第十章从澳大利亚多元灵活的办学体制，澳大利亚社会参与的管理体制，澳大利亚政府向学校放权、扩大学校办学自主权，澳大利亚科学精细的课程体系，澳大利亚灵活、开放的教学模式，澳大利亚系统的基础教育质量监测，澳大利亚一体化的教师发展机制和澳大利亚扎实的公民教育八个方面介绍了澳大利亚基础教育的特色和亮点。

第一章

澳大利亚基础教育发展概况

第一节 澳大利亚基础教育历史沿革

早在澳大利亚殖民地初期,各教派就兴办初等教育。19 世纪中叶,政府大力支持教会小学,但是,随着教派势力纷争和衰弱,为了保障教育的健康发展,政府逐渐加强对教会小学的控制,并开始系统建立自己的公立小学。20 世纪初,州立小学确立了自己的地位,除天主教以外,大多数教派放弃了初等教育。从此形成了政府学校与教会学校并存的局面。伴随着二战后"生育高峰"的出现和大规模移民的到来,澳大利亚教育进入迅速发展的黄金时期,国家首先把发展重点放在初等教育领域。

回顾澳大利亚基础教育学校产生以来至今,总体而言,基础教育发展共经历了四个阶段:一是殖民地时期的世俗、义务和免费;二是独立后促进教育机会均等和延长教育年限;三是第二次世界大战结束后的民主化和现代化的教育;四是21 世纪以来追求公平和提高质量的教育。

一、殖民地时期的基础教育:致力于实现世俗、义务和免费教育(1788—1900)

18 世纪 70 年代,英国侵占澳大利亚,澳大利亚成为英国的殖民地。在殖民地时期,澳大利亚基础教育经历了产生、世俗化、义务化和免费化等发展阶段。

1. 澳大利亚学校教育的产生——宗教学校

1787 年 5 月 13 日,总督阿瑟·菲利普率领第一舰队从朴茨茅斯启程,驶向澳洲大陆。212 名海军官兵站在甲板上押送 565 名男囚犯和 192 名女囚犯。船上没有教师,只有一名理查德·约翰逊的牧师,他是英国圣公会福音传播运动的狂热支持者。海外福音传播协会向他赠送了大批书藉。在海上的第二个星期天,约翰逊以"诅骂之罪恶"为题向囚犯们布教。在随后的日子里,约翰逊欣慰地注意到，囚犯嘴里的污秽语言少了很多。难怪人们常说，澳大利亚的真正教育开始于约翰逊的这次布教。1788 年，第一舰队终于抵达澳洲大陆。自此，兴办教育成为人们关心的头等大事。

由于儿童数量急剧增加，1788 年至 1792 年，新南威尔士的欧洲人口从 1 024 人增加到 3 120 人，儿童数量达到 246 人。但是，抵澳的人口素质太差，以囚犯为主，1788 年，囚犯占总人口的 74%，到了 1792 年，囚犯占总人口的 80%。[1]

为促进社会稳定，提高人口素质，兴办教育势在必行。在人们的努力下，新南威尔士、诺福克岛和帕拉马塔三个最初的移民点相继创办学校。在牧师理查德·约翰逊的安排下，多名女囚犯创办学校，并担任教师。1792 年，新南威尔士军团抵达该地执行任务，再一次推动教育发展。由于许多士兵举家迁移，儿童人数再次增加，军团司令官格罗斯少校下令创办一所学校，由士兵威廉姆·韦伯斯特出任校长。军官们不愿意让自己的子女与士兵或囚犯的子女为伍，宁愿让孩子呆在家里，或者聘请私人家庭教师，或者将孩子送回英国接受教育。

1798 年，伦敦传教会的传教士出现在悉尼，宗教势力不断参与创办教育。伦敦传教会鼓动传教士兴办教育，教会学校不断增加。至此，澳大利亚出现了州立学校、教会学校和军队子弟学校，标志着殖民地教育的产生与发展。[2]

2. 世俗、义务、免费教育兴起

19 世纪下半叶，一方面，经济发展对教育提出了更高的要求，另一方面，澳大利亚新兴资产阶级受美国、法国、英国和德国等国家自由化和民主化思潮的影响，开始不满教会对学校的严厉控制，于是在 19 世纪 30 年代提出世俗教育的口号，倡导由政府创办独立于教会的学校。由此，1857—1885 年第一次教育改革应运而生。这次教育改革的目标主要有两方面，一是实现世俗教育、义务教育和免费教育，二是建立最初的中、小学教育体制。这一时期的教育具有典型的大英帝国的烙印，充满浓厚的古典色彩和宗教气氛。

---

〔1〕 王斌华. 澳大利亚教育[M]. 上海：华东师范大学出版社，1996(1)：3-4.
〔2〕 王斌华. 澳大利亚教育[M]. 上海：华东师范大学出版社，1996(1)：3-6.

(1) 世俗化教育改革历程

就改革历程而言,这次教育改革于1851年率先从南澳大利亚开始,并于1895年结束于西澳大利亚。教育改革的目标是推行世俗、义务、免费的教育,让更多穷苦白人的孩子有机会接受教育。殖民地政府不断加大对公立教育的支持,进而削弱了教会对学校的控制,因此,基本确立了最初的公立中小学教育体系,随后中小学课程体系、教师培养制度也相继建立。由于南澳大利亚殖民区的非国教教徒势力强大,因此在世俗化教育运动中走在了全国前列。在强大的自由化、民主化和世俗化教育运动的推动下,南澳大利亚殖民区政府率先在1851年1月2日通过教育法,取消对教会学校的资助。之后,殖民区政府只保留对那些"在基督教信仰基础上实施良好世俗教育"的学校予以适当资助,并且不允许这些学校对学生进行教义问答,也不允许宗教牧师担任殖民区教育委员会成员。继南澳大利亚区之后,塔斯马尼亚区于1854年3月停止资助教会学校。

19世纪60年代以后,澳大利亚大部分殖民区初步建立了公立学校教育体制,这标志着教会对学校的控制和影响在逐步削弱。1876年,其他地区也逐步开展世俗教育改革运动。[1]

(2) 义务和免费教育改革历程

澳大利亚实现世俗教育目标之后,随着经济的不断发展,人们对教育重要性的认识也不断加强,1867年,新一轮教育改革浪潮瞄准"让所有儿童免费接受义务教育"的目标。

1870年1月,维多利亚区教育委员会决定,支持和鼓励农村地区开办学校,对农民子女实行义务教育。1871年,维多利亚区颁布《教育法》,最终确立了区一级世俗、义务和免费教育制度。该法规定:"从1873年1月1日起结束政府对教会学校的财政支持,取消教育委员会,建立教育部,直接向议会负责;建立学区,由纳税人选举学区顾问委员会;如果没有特殊理由,6—15岁儿童每半年必须入学60天以上;学生学习基础科目是免费的,学习高级科目要缴纳费用;教师

---

〔1〕 王斌华.澳大利亚教育[M].上海:华东师范大学出版社,1996:7-9.

薪水取决于所教学生的考试成绩。”[1]

此后，南澳大利亚也开始义务教育改革，于1875年颁布《教育法》，规定7—13岁儿童每半年必须接受70天的义务教育。塔斯马尼亚州早在1868年提出对义务教育的要求，此后于1873年10月州议会修改《公共学校法》，将最低离校年龄从12岁提高至14岁，家庭到学校的距离由原来的1英里增加到2英里。虽然法制和政策不断健全，但是塔斯马尼亚州的义务教育发展仍不尽如人意。为了扎实推进义务教育发展，1882年议会任命成立一个选拔委员会，负责调查教育系统的现状，调查报告提出禁止12岁以下儿童到工厂就业，同时强调实行免费教育。报告得到州政府重视，进而促使义务教育发展步入新阶段。

与维多利亚州、南澳大利亚州和塔斯马尼亚州一致，其他地区也经过不断努力实现了义务教育和免费教育。[2] 直到独立甚至到第二次世界大战结束后，澳大利亚才真正实现世俗、义务和免费教育(表1-1)。

表1-1 澳大利亚各殖民区实现世俗、义务和免费教育的时间(年)[3]

区(州)名	免费教育	义务教育	世俗教育
维多利亚	1872	1872	1872
新南威尔士	1906	1880	1880—1882
南澳大利亚	1892	1875	1852
塔斯马尼亚	1908	1868	1854
昆士兰	1870	1900	1875—1880
西澳大利亚	1901	1871	1895

(3) 殖民地早期中小学教育体系形成

随着世俗、义务、免费教育运动在澳大利亚的深入展开，各殖民区初步建立起相对完备的中小学教育体制，特别是中小学课程与教学体系得以初步建立。

① 小学课程和教学体系

殖民地初期创办的小学，主要开设向儿童传授读、写、算等基础知识的课程。

[1] 王斌华. 澳大利亚教育[M]. 上海：华东师范大学出版社，1996:9.
[2] 王斌华. 澳大利亚教育[M]. 上海：华东师范大学出版社，1996:7-12.
[3] 牛道生. 澳大利亚基础教育[M]. 广州：广东教育出版社，2004:24.

在新南威尔士区和昆士兰区，小学一年级除了开设阅读、书写和算术等课程以外，还结合儿童学习知识的特点，增加了直观教学课。塔斯马尼亚区和南澳大利亚区分别在开设阅读、读写、算术和直观教学课的基础上，增设了儿歌课和地理课。

维多利亚区开设阅读、拼写、书写、算术和儿歌，西澳大利亚区开设阅读、书写和算术三门课。相对来说，小学高年级的开设的课程更多，详见表1-2。

表1-2 澳大利亚各地区小学高年级开设课程一览表[1]

地区	开设课程	备注
维多利亚	阅读、拼写、书写、算术、地理、文法和针线	六年级
新南威尔士区	阅读、拼写、书写、作文、算术、地理、文法、直观教学课、几何、代数、拉丁语和圣经等	五年级
南澳大利亚	阅读、拼写、书写、写作、地理、文法、历史、诗词、直观教学课和针线	小学高年级
塔斯马尼亚	阅读、拼写、书写、算术、地理、语法、历史、直观教学课、针线和圣经	七年级
西澳大利亚	阅读、拼写、书写、算术、地理、文法	六年级
昆士兰州	阅读、拼写、书写、作文、算术、地理、文法、历史、诗词、直观教学课和机械课	四年级和五年级

② 教学组织形式

19世纪，澳大利亚小学采用个别教学、导生制和教生制的教学模式。个别教学主要在澳大利亚乡村小学和城镇上规模较小的私立学校应用。导生制即教师首先对由年龄较大、成绩优异的学生进行施教，这些学生被称为导生，然后导生再将所学到的知识传授给所在小组的同学。导生制主要在天主教学校和条件较差的公立学校应用。教生制是指学校先挑选出有培养潜力的，年龄为13岁的学生在国家拨款补助的学校接受为期5年的见习培训，然后，再从中挑选出优秀的“教生”进入示范学员学习2年，为他们提供女王奖学金，毕业后到初等教育学校从教。[2]

[1] 王斌华.澳大利亚教育[M].上海：华东师范大学出版社，1996：13-14.
[2] 牛道生.澳大利亚基础教育[M].广州：广东教育出版社，2004：28-30.

二、独立后:致力于促进机会均等和延长教育年限(1901—1945)

1901 年 1 月 1 日,澳大利亚结束了一百多年的殖民地时期,6 个英国殖民区合并,组成澳大利亚联邦,成为联邦制国家,原来的区改为州,包括 6 个州和 2 个行政区。1901 年,澳大利亚进入由殖民地到新兴发达工业化国家的转变,受西方教育思想的影响,全国掀起大规模的基础教育改革,加强教育法制建设,加大投入,教育向民主化迈进,实现教育机会均等,扩大基础教育领域,确立了适应现代人才培养的基础教育体系。

1. 加强教育法制,促进教育机会均等

各州加快制定基础教育发展有关法律,把基础教育纳入法制管理的轨道,促进基础教育的发展,让更多穷人的孩子有机会接受教育。如 1905 年维多利亚州通过新的《教育法》《教师和学校注册法》和《教师法》。其中《教育法》规定,维多利亚州义务教育年龄为 6—14 岁。塔斯马尼亚州出台了《修订教育法》,规定不但要对正常儿童实施义务教育,而且要关注盲童、聋哑儿童等。1916 年,新南威尔士州颁布《公共教学(修正)法》,规定各地严格执行义务教育制度。[1]

2. 改革师范教育,加强基础教育师资

20 世纪初,澳大利亚各州(区)高度重视师范教育,均设立州(区)师范学院,建立起体系完备的培养中小学教师的师范教育体系,既在一定程度上解决澳大利亚中小学师资短缺的问题,又进一步提高教师队伍的整体素质(表 1-3)。

表 1-3 20 世纪初澳大利亚部分州教师培养院校

地区	学校名称	培养模式
维多利亚州	墨尔本师范学院	两年制教育文凭课程,为本州培养科任教师、教生和非科任教师
新南威尔士州	悉尼师范学院	实行教员培训制度,取消教生制
塔斯马尼亚	霍巴特师范学院	以 14 岁优秀中学生为培养对象,实行 1+2+2+1 的培养模式,即 1 年导生+2 年师范学院学习课程+2 年学校教学+1 年师范学院学习课程

〔1〕 牛道生. 澳大利亚基础教育[M]. 广州:广东教育出版社,2004:38-47.

总体而言，这一时期，教师培养机构不断转型和培养年限不断提高。之前培养小学教师的师范学校向师范学院过渡，师范生的学习年限由 2～3 年提升到 3～4 年，正规的师资培训体系逐渐取代学徒式的培养方式。

3. 延长教育年限和提高最低离校年龄

在独立后的一段时期内，澳大利亚向新兴发达工业国家转变，国民经济发展较快，但由于“白澳政策”[1]的实施，使得教育发展难以适应经济社会发展对人才的需要。一方面，由于接受过高等教育的人数逐步增加，使以知识分子为主的中产阶级成为澳大利亚社会的主体，接受高等教育成为进入上层社会的阶梯。因此，越来越多的人希望小学毕业后继续接受中等教育，进而上大学深造，跻身上层社会。另一方面，经济社会的发展对劳动者的素质要求越来越高，因此，延长国民教育年限，提高国民受教育水平，成为迫切解决的问题。为此各州首先通过法律以明确教师发展的战略地位和延长教育义务教育年限。

1940 年 12 月，新南威尔士州颁布《青年福利法》规定学生最低离校年龄为 15 岁。1942 年，塔斯马尼亚州通过法案将离校年龄提高到 16 岁。从 20 世纪 40 年代起，各州(区)相继颁布法令，将最低离校年龄提高为 15 岁，延长义务教育年限，废除中学学费，实施九至十年义务教育。但是，各州的进展情况并不一致。直到 20 世纪 60 年代，澳大利亚全国中小学才统一最低离校年龄，规定为 15—16 岁。[2]

这一举措在澳大利亚引起广泛关注，无论是对于澳大利亚的青少年而言，还是对于澳大利亚国家前途均具有重要的意义。

---

〔1〕“白澳政策”是澳大利亚自 1901 年建国后作为一项基本国策而确定下来的种族歧视性移民政策。它旨在保证澳大利亚为白种人所有，排斥和歧视的有色人种和当地的土著居民。“白澳政策”形成的原因既有其现实的政治和经济的因素，也有其种族和文化上的因素。它包括《移民限制法案》为主的几项重要法案或条例，这标志着“白澳政策”正式形成。“白澳政策”对澳大利亚和亚洲、非洲以及大洋洲各国都产生了重大而深远的影响。

〔2〕牛道生. 澳大利亚基础教育[M]. 广州：广东教育出版社，2004：47-50.

4. 加强考试和课程改革

在提高最低离校年龄、取消学费、延长义务教育年限的同时，澳大利亚注重提高教育质量，启动中小学考试制度改革，废除小学毕业升初中的统考，并降低小学期间考试的难度。

(1) 减少考试次数，降低考试难度

1938 年，塔斯马尼亚州率先开始中学考试改革，取消原来由大学按统考成绩为学生颁发中期证书，改为由州教育部依据校内考试成绩颁发证书和由公立学校联合会依据统考成绩颁发证书。

1938 年和 1943 年，新南威尔士州先后废除乡村地区中学入学考试、取消城市地区中学的升学考试。中学招生主要依据学生平时的学习成绩和智力测试的综合平均分。中期证书考试部分由州统考改为校内考试。1942 年和 1947 年，南澳大利亚和维多利亚州分别取消中学入学考试。[1]

(2) 降低课程难度，减轻学业负担

在改革考试制度的同时，澳大利亚也加强课程改革，根据儿童心理发展阶段和特点科学设置课程，推迟部分课程开设时间，降低学术课程难度，减轻学生的学习负担，从根本上提高教教学质量。

小学课程改革走在中学课程改革之前。1938 年，昆士兰州小学课程删除了算术、代数、几何和语法等学科中难度较大的内容，1947 年又降低了英语和数学的难度。1941 年，新南威尔士州将二年级的草写书法课调至三年级开设。在降低学术课程难度的时，增设艺术、音乐、手工和体育等方面的课程，使学生全面发展。中学课程改革主要得益于大学入学要求的降低。1943 年至 1944 年，墨尔本大学和悉尼大学取消外语入学要求，因此中学法语和拉丁语课程降低。由于大学入学标准降低给中学教育得以松绑，中学开始关注从政治文化历史、经济学和地理学等不同方面培养中学生，多数学校开设了社会研究课程。[2]

---

〔1〕 牛道生. 澳大利亚基础教育[M]. 广州：广东教育出版社，2004:51.
〔2〕 牛道生. 澳大利亚基础教育[M]. 广州：广东教育出版社，2004:50-52.

三、二战后：致力于建立民主化、多样化的现代教育体系

第二次世界大战结束以后，澳大利亚发展成为一个经济发达的国家，国民生产总值大幅提高。以当年数据为基础，1946 年，澳大利亚国民生产总值为 30.06 亿澳元，1956 年上升为 106 亿澳元，翻了两翻。1969 年，澳大利亚国民经济总值居世界第 10 位，人均国民生产总值为 2 520 美元，位居世界第 8 位，跻身富国之列。从增长速度而言，居世界第 4 位，仅次于日本、加拿大和法国。[1]

伴随着经济快速发展，澳大利亚基础教育在这段时期的主要发展体现在教育结构调整、教育规模扩大和教学质量进一步提高。

1. 扩大规模，提高质量

1965—1975 年，澳大利亚人口由 1 150 万增加到 1 400 万，增长了 22%。1951—1978 年，中小学生人数从 135 万增加到 299 万，增长了 121%。[2] 一方面为适应人口增加而扩大学校规模，另一方面联邦政府认识到提高质量对于澳大利亚来说同等重要。

1957 年 9 月，澳大利亚科学院向联邦政府总理提交的关于科技人才的报告及同年澳大利亚大学委员会主席默里爵士发表的报告，都指出："大学科学训练的基础是中小学教育，尤其是中小学生科学素养的培养，并指出澳大利亚教育存在一定的问题，亟须解决。"为此，1958 年，澳大利亚教师联合会倡议召开全国教育大会，呼吁联邦政府资助中小学教育，改进中小学教学设施，提高教学水平。基于以上报告及呼吁，1963 年，联邦政府宣布实施"联邦科学实验室"，为公立和私立中小学拨款，资助科学教育。[3]

2. 以人为本，多样化发展

为了全面普及义务教育，确保每位适龄儿童接受义务教育，联邦政府鼓励各地采用多种形式办学，为不同地区、不同处境、不同社会地位的儿童提供适合的教育。在城镇，正规教育包括三种形式：一是年级制小学，绝大多数小学采用五

---

〔1〕 张天. 澳洲史[M]. 北京：社会科学文献出版社，1996：352-353.
〔2〕 王桂. 当代外国教育[M]. 北京：人民教育出版社，1995：549.
〔3〕 牛道生. 澳大利亚基础教育[M]. 广州：广东教育出版社，2004：55-56.

年制或六年制;二是能力分班制小学,根据学生智力测验结果对学生进行分班,通常称为A班、B班和C班;三是不分年级制小学,如昆士兰州的主要做法是根据一年级期末全面测试,分为优、良、中、差四个等级。小学课程按照内容和难度分为18个层次,每学年平均学习三个层次。每个学生可以按照自身学习能力循序渐进地完成全部课程。

在农村,非正规教育包括五种形式:一是小型综合性学校,该类学校包括幼儿园、小学、初中和高中各个学段,学校规模不大,因此通常将临近班级或年级同时开设同一门课程,类似于复试教学。二是微型学校,为了满足较小村落孩子上学的需求,澳大利亚政府专门设立规模更小的微型学校,学生从几名到最多十几名。微型学校配备一名教师和每周兼职两小时的代课教师。学校虽小,但设施齐全,条件也与正规学校相当。三是远距离教学中心,此类学校专门为偏远地区、居住分散的学生提供教育服务。远距离教学中心设在人口较多的市镇,校内只有教师,没有学生。教师通过邮寄学习资料、广播、电视、电话、网络等途径讲课或解答问题。四是函授学校,主要为偏远地区儿童、残疾儿童和智力超常儿童提供教育服务。每周教师给学生邮寄学习资料,学生再寄回作业及学习情况。每周为每门课程安排半小时到1小时的教学电话会议,通过电话讨论或解答学生问题。五是偏远乡村学校,这里学校规模比城市学校规模小,但比微型学校规模大,政府出资为学校配备校车,负责接送方圆50～60英里之内儿童。此类学校教师待遇比城镇学校教师高。[1]

就中等教育而言,澳大利亚中等学校多数建立在比较集中的城镇,主要有三种办学形式。一是综合性中学,学制六年,前四年为初中阶段,后两年为高中阶段。完成初中阶段学业,参加统考,合格者可获得学校毕业证书。二是大学预科高中,只招收初中毕业生,开始11—12年级两年的高中课程,为高等院校培养学生。塔斯马尼亚州和首都直辖区个别公立中学只设7—10年级,学生完成义务教育学业后,可进入大学预科高中,此后可继续接受高等教育。大学预科高中弥补了中学教育和大学教育之间的缺陷,其学术水准较高,高等教育升学率也高于

---

〔1〕 牛道生.澳大利亚基础教育[M].广州:广东教育出版社,2004:61-64.

其他类型学校。注重培养学生的个性和成熟的世界观、学生自律和自治能力。三是不分年级制中学。这类中学没有升留级、年级分班制和固定的教学时间表。强调独立学习,明确规定学校的教育目标,并为学生开设英语、数学、科学、社会学、艺术和体育等基本学术课程。课程根据不同学习能力和水准的学生分为五个学习阶段,即面向学习能力差或需要补课的学生的补课教育课程;面向需要技能培训学生的技能训练课程;面向中等层次学生的广泛领域课程;面向训练有素的学生的一定深度的课程;面向具备自学能力和知识运用能力优秀学生的探究性综合课程。[1]

四、21世纪以来,追求公平与提高质量

21世纪以来,澳大利亚教育发展面临促进公平和提高质量两大主题,从1999年追求卓越,兼顾公平到2008年以来基于公平追求卓越。

1. 追求卓越,兼顾公平(1999—2008)

1999年,澳大利亚教育、就业、训练及青少年事务部(MCEETYA)发表《阿德莱德宣言》(*Adelaide Declaration on National Goals for Schooling in the 21st Century*),提出提升学生学业标准、筹划国家课程建设和谋求学校教育公平性三大发展主题。

一是在毕业标准方面,学校教育应充分发展每个学生的智力与才能,学生毕业后应该拥有分析和解决问题的能力、沟通思想和交流信息的能力、规划和组织活动的能力以及与他人合作的能力;具有自信、乐观、自尊、守信的优秀品质;具有正确判断道德、伦理、社会正义等问题的能力,对自己的行为负责;理解澳大利亚政府系统及熟悉公民生活,做一个积极的、有见识的公民;拥有与技能相适应的职业;成为新技术特别是信息与通讯技术的创造性和富有成效性的使用者;理解并关心自然环境;拥有建立与维持健康生活方式和度过闲暇时间必要的知识、技能和态度。

二是在课程方面,要求学生通过综合而平衡的,包括八个关键领域课程(英

---

〔1〕 牛道生. 澳大利亚基础教育[M]. 广州:广东教育出版社,2004:65-67.

语、数学、科学、社会与环境研究、艺术、健康与体育、外语和技术)来获得高标准的知识、技能和理解能力;获得一定水平上的数学计算技能和英语读写能力;参与职业学习计划;参与各种培养创业技能的计划与活动。

三是在社会公平方面,避免性别、语言、文化与种族、宗教、残疾、经济背景或地理位置等因素对学生产生歧视和负面影响;帮助教育上处于弱势地位的学生提高学习成绩;土著居民及托雷斯海峡岛民学生应有平等参与学校教育的机会;理解并承认土著居民及托雷斯海峡岛民的文化带给澳大利亚社会的价值;理解并承认文化与语言多样性的价值;保证所有学生能够得到高质量的教育,完成12年学校教育。

2. 基于公平,追求卓越(2008—至今)

澳大利亚教育一直处于"高质量低平等"状态,教育公平问题一直困扰着学校教育的发展。近几年,澳大利亚学校教育改革的焦点放在弱势学生的学习结果上,力求改善原住民的教育结果、为贫穷学生提供针对性支持、改善低社会经济社群区域的学校。

基于这一现实,2008年澳大利亚教育、就业、培训与青年事务部部长委员会发布《墨尔本宣言》,提出使所有澳大利亚青少年成为成功的学习者、自信且富有创造力的个体以及主动明智的公民。具体包括:其一,成功的学习者:具备读写算基本技能,创新性运用ICT技术;发展学生学习能力及逻辑思维能力;创造性地解决问题,具有独立设计、小组合作和交流观点;具备信息化学习和就业决策的技能;促进学生自身潜能的充分发展。其二,自信且富有创造力的个体:具有自我价值感和个体认知意识;具有进取心和创造性;与他人建立和保持健康的人际关系;具备担当作为未来家庭、社会和工作角色的能力;具有对自身生活做出理智决策和行为负责的能力。其三,主动明智的公民:以道德准则和道德伦理为行动指南;领会澳大利亚社会、文化、语言和宗教的多样性;理解和认可本土文化的价值;追求民主、公平、公正的价值观;成为具有责任感的全球和本土公民。

2010年4月《全国青少年发展战略2009—2014》(*The National Youth Strategy* 2009—2014)更明确诠释了这一战略目标:让年轻人有权创建自己的生

活；让年轻人学会对自己的行为负责；让年轻人能够自强，勇敢应对生活中的各种挑战；建设一个更加健康、安全，更加富有生产力的澳大利亚。为实现这三大目标，澳大利亚政府强调八大重心：健康与卫生、教育、家庭、社区、网络、工作、早期介入和安全。

第二节 澳大利亚基础教育的发展现状

本节从三个主要维度考察澳大利亚基础教育的发展现状：澳大利亚基础教育规模，即中小学学校规模、学生数量、教师数量；基础教育质量，即生师比、表面留级率；以及澳大利亚学生在 PISA 测试中的成绩与位次。

一、澳大利亚基础教育规模

1. 澳大利亚中小学学校规模

2011 年，澳大利亚共有 9 435 所中小学，从办学主体来划分，其中政府学校和非政府学校分别占 71%和 29%。71%的学校由各州和区政府管理，18%的学校为天主教学校，11%的学校为独立学校。从学段来划分，77%的小学、73%的中学和 79%的特殊学校为政府学校，天主教小学和中学所占比重分别为 20%和 22%。

从学段及类别来看，小学、中学、一贯制学校和特殊学校分别为 6 312 所、1 396所、1 305 所和 422 所，分别占总数的 66.9%、14.8%、13.8%和 4.5%。从举办者来看，公立学校和独立学校的分别为 6 705 所和 2 730 所，比重分别为 71%和 29%。2011 年，一贯制学校（包括小学和中学的学习）有所增长，而单纯的小学或中学学校数量有所下降（表 1-4）。

表 1-4 2011 年澳大利亚基础教育学校数量基本情况[1]

学校类型	政府学校		天主教学校		独立学校		总计	
	数量/所	百分比	数量/所	百分比	数量/所	百分比	数量/所	百分比
小学	4 847	51.4%	1 231	13%	234	2.5%	6 312	66.9%
中学	1 023	10.8%	305	3.2%	68	0.7%	1 396	14.8%
一贯制	504	5.3%	148	1.6%	653	6.9%	1 305	13.8%
特殊学校	331	3.5%	26	0.3%	65	0.7%	422	4.5%
合计	6 705	71.7%	1 710	18.1%	1 020	10.8%	9 435	100%

从表 1-5 可见，自 2007 年以来，澳大利亚政府学校数量和比重均逐年下降，而天主教学校数量和比重逐年上升，独立学校数量在 2007—2010 年间逐年下降，到 2011 年则又出现上升趋势。

表 1-5 2007—2011 年澳大利亚各类学校数量与所占比重[2]

年度	政府学校		天主教学校		独立学校		总计	
	数量/所	百分比	数量/所	百分比	数量/所	百分比	数量/所	百分比
2007	6 851	71.5%	1 703	17.8%	1 025	10.7%	9 579	100%
2008	6 833	71.5%	1 705	17.8%	1 024	10.7%	9 562	100%
2009	6 802	71.4%	1 705	17.9%	1 022	10.7%	9 529	100%
2010	6 743	71.2%	1 708	18%	1 017	10.7%	9 468	100%
2011	6 705	71.1%	1 710	18.1%	1 020	10.8%	9 435	100%

2. 澳大利亚中小学学生数量

2010 年，澳大利亚共有 351 万名中小学生，其中三分之二的学生在公立学校，三分之一的学生在独立学校。自 2000 年以来，澳大利亚基础教育学生数量增长了 7%，其中公立学校学生、天主教学校学生和私立学校学生分别增长了 1%、11%和 37%。由此可见，澳大利亚私立教育发展比较迅速。

---

〔1〕〔2〕 ACARA. National Report on Schooling in Australia[EB/OL]. [2014-02-17]. http://www.acara.edu.au/verve/_resources/National_Report_on_Schooling_in_Australia_2011.pdf, 2013.

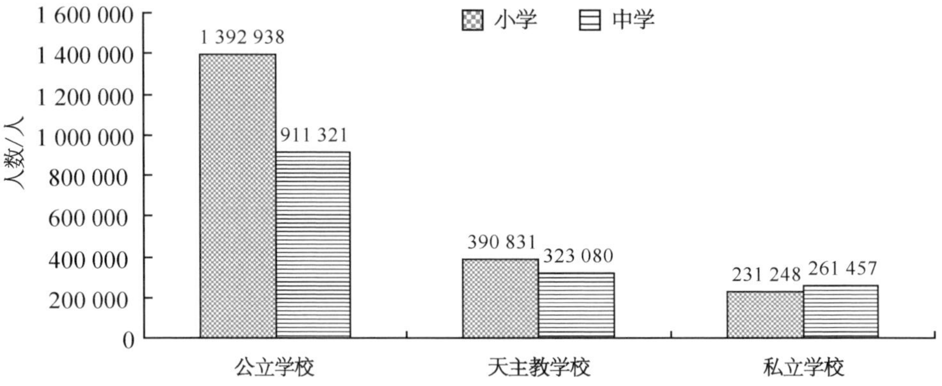

图 1-1 2010 年澳大利亚中小学生数量

从图 1-1 可以看出，随着年级的增长，越来越多的学生选择就读私立学校。小学阶段，公立学校、天主教学校和独立学校学生数量分别占总量的 69.1%、19.4%和 11.5%；而在中学阶段，公立学校、天主教学校和独立学校学生数量分别占总量的 60.9%、21.6%和 17.5%。其中，公立学校学生减少了 8.2%，而天主教学校和私立学校学生数量分别增加了 2.2%和 6%，从中可以看出，私立学校对中学阶段学生的吸引力比较大。

从学生群体来看，2010 年，共有 16.3 万学生为土著居民和托雷斯海峡岛民，占学生总体的 5%。2000—2010 年，土著居民和托雷斯海峡岛民学生数量增长了接近 50%，这一变化一方面是由于学生数量的实际增长，另一方面与数据收集质量及对身份认同态度的变化也有一定关系。[1] 这一学生群体中，85%就读于公立学校，9%就读于天主教学校，5%就读于私立学校，这一分布趋势基本未变(表 1-6)。

3. 澳大利亚中小学教师规模

澳大利亚中小学教师分为全职和兼职两种类型，其中部分教师可同时承担教学与非教学任务。因此，澳大利亚通常用全职对等物来比较不同学校的教师，即按照一定标准将学校的兼职教师换算为全职教师，因此教师数量会出现小数点。

---

〔1〕 Australian Bureau of Statistics. Year Book Australia, 2012[EB/OL]. [2014-03-10]. http://www.abs.gov.au/ausstats/abs@.nsf/Lookup/by%20Subject/1301.0~2012~Main%20Features~Primary%20and%20secondary%20education~105. 2012-04-25.

表 1-6 2010 年各年级学生数量在不同类型学校的分布[1]

学段	年级	公立学校	天主教学校	独立学校	合计
小学	学前一年	70%	19.4%	10.6%	100%
	一年级	69.4%	19.9%	10.7%	100%
	二年级	69.4%	19.9%	10.7%	100%
	三年级	68.5%	20.1%	11.4%	100%
	四年级	69%	19.7%	11.2%	100%
	五年级	68.4%	19.6%	12%	100%
	六年级	68.3%	19.3%	12.4%	100%
	七年级	66.6%	17.6%	15.8%	100%
	小学高年级	92.9%	1.5%	5.6%	100%
	小学合计	69.1%	19.4%	11.5%	100%
中学	七年级	59.1%	24.4%	16.5%	100%
	八年级	59.4%	22.8%	17.8%	100%
	九年级	60.6%	22%	17.4%	100%
	十年级	61.3%	21.2%	17.5%	100%
	十一年级	61.7%	20.5%	17.8%	100%
	十二年级	59.2%	21.5%	19.2%	100%
	中学高年级	96.8%	1.3%	1.8%	100%
	中学合计	60.9%	21.6%	17.5%	100%
总计		66%	20.3%	14%	100%

注：在昆士兰州、南澳大利亚州和西澳大利亚州，七年级为小学阶段，在其他州（新南威尔士、塔斯马尼亚、维多利亚、首都领地和北领地），七年级为中学阶段。

2011 年，澳大利亚共有 25.5 万名中小学教师，小学和中学分别为 130 598 人和 124 512 人。澳大利亚教师绝大多数为女性，占 70%，男性教师仅占 30%。这一性别不平衡现象在小学阶段更为突出，81%的小学教师为女性教师，男性小学教师仅占 19%。中学教师性别比例相对平衡一些，但女性教师比例为 58%，

[1] Australian Bureau of Statistics. Year Book Australia, 2012[EB/OL]. [2014-03-10]. http://www.abs.gov.au/ausstats/abs@.nsf/ookup/by%20Subject/1301.0～2012～Main%20Features～Primary%20and%20secondary%20education～105.2012-04-25.

仍然高于男性教师比例。

从教师在不同类型学校之间的分布来看,65%的教师就职于政府学校,天主教学校和独立学校教师所占比重分别为19%和16%。65%的全职教师在公立学校,35%的教师在私立学校。从中小学教师总量而言,69%的教师为女性,其中81%的小学教师为女性教师,40%的中学教师为女性教师(表1-7)。

表1-7 2011年澳大利亚各类学校全职教职工数量[1] 单位:人

学校类型	小学			中学			总计		
	男性	女性	人数	男性	女性	人数	男性	女性	人数
政府学校	17 424	74 398	91 822	30 025	43 426	73 451	47 448	117 824	165 272
天主教学校	4 004	18 677	22 681	10 790	14 921	25 711	14 794	33 599	48 393
独立学校	3 759	12 337	16 096	11 251	14 099	25 350	15 010	26 436	41 446
非政府学校	7 763	31 014	38 777	22 041	29 020	51 061	29 804	60 034	89 838
总计	25 186	105 412	130 598	52 066	72 446	124 512	77 252	177 858	255 110

如表1-8所示,2007—2011年,澳大利亚中小学教职工数量增长了10 752人,即4.4%。这一数量增长主要集中在非政府学校教职工数量的变化,非政府学校教职工增加了6 271人,增长7.5%,政府学校教职工增加了4 481人,增长2.8%。

表1-8 2007—2011年各类学校全职教职工数量[2] 单位:人

学校类型	2007年	2008年	2009年	2010年	2011年
政府学校	160 791	161 351	162 566	163 697	165 272
天主教学校	45 716	46 390	46 807	47 391	48 393
独立学校	37 850	39 366	39 823	40 333	41 445
非政府学校	83 567	85 755	86 630	87 724	89 838
总计	244 358	247 106	249 196	251 422	255 110

[1][2] ACARA. National Report on Schooling in Australia[EB/OL]. [2014-02-17]. http://www.acara.edu.au/verve/_resources/National_Report_on_Schooling_in_Australia_2011.pdf. 2013.

二、澳大利亚基础教育质量

本部分主要从生师比、教育投入、留级率、辍学率四个方面考察澳大利亚基础教育质量。

1. 基础教育学校生师比

2000—2011 年,澳大利亚小学生师比与中学生师比经历了不同的发展趋势,小学生师比逐年下降,而中学生师比经历先长而后又有所下降的变化趋势。但有趣的是,小学生师比仍然高于中学生师比,说明澳大利亚中学教师配备比较充分。[1] 2000—2011 年,澳大利亚全国生师比从 15.0 降到 13.8,尤其是小学阶段的生师比下降更为明显。2000 年,公立学校与私立学校的生师比接近,分别为 15.0 和 14.8。2011 年,所有中小学平均生师比为 13.8,政府学校和非政府学校之间存在细微差距,分别为 13.9 和 13.6。小学平均生师比为 15.6,中学平均生师比为 12.0,所有小学生师比均高于中学。政府小学生师比低于非政府小学生师比,但是政府中学生师比高于非政府学校生师比(表 1-9,图 1-2)。

表 1-9 2011 年澳大利亚各类学校生师比[2]

学校类型	小学	中学	中小学
政府学校	15.3	12.2	13.9
天主教学校	17.5	12.8	15
独立学校	14.8	10.4	12.1
所有非政府学校	16.4	11.6	13.6
所有学校	15.6	12	13.8

2. 6—15 岁儿童就学率

2008 年至 2011 年,6—15 岁儿童就学率逐年上升,并在 2011 年接近 100%,充分体现了澳大利亚义务教育的特性(表 1-10,表 1-11)。

---

[1] World Bank. Pupil-teacher Ratio[EB/OL]. http://data.worldbank.org/indicator/SE.PRM.ENRL.TC.ZS.

[2] ACARA. National Report on Schooling in Australia[EB/OL]. [2014-02-17]. http://www.acara.edu.au/verve/_resources/National_Report_on_Schooling_in_Australia_2011.pdf. 2013.

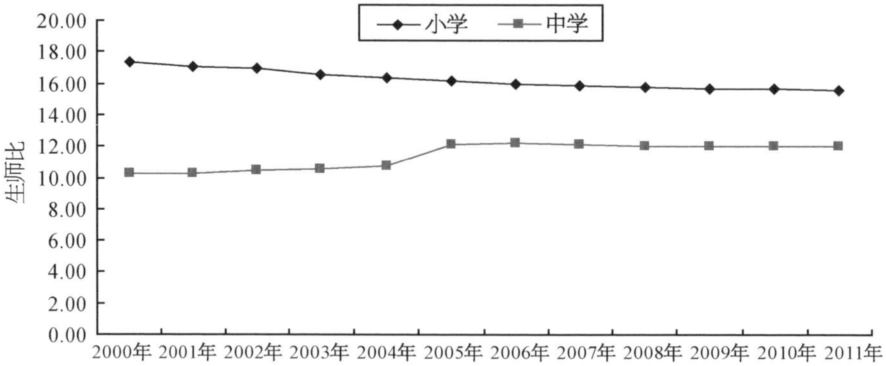

图 1-2 2000—2011 年澳大利亚小学和中学生师比

表 1-10 2008—2011 年澳大利亚 6—15 岁儿童就学率[1]

	2008 年	2009 年	2010 年	2011 年
6—15 岁人口/人	2 774 934	2 782 495	2 785 486	2 790 093
6—15 岁在校生/人	2 739 205	2 748 736	2 755 893	2 768 177
6—15 岁人口入学率	98.7%	98.8%	98.9%	99.2%

表 1-11 2011 年各类学校学生人数及百分比[2]

学段	政府学校		天主教学校		独立学校		合计	
	人数/人	百分比	人数/人	百分比	人数/人	百分比	人数/人	百分比
小学	1 407 370	68.9%	396 570	19.4%	238 141	11.7%	2 042 081	57.7%
初中	611 978	60.6%	224 466	22.2%	173 617	17.2%	1 010 061	28.5%
高中	295 905	60.4%	103 558	21.1%	90 204	18.4%	489 667	13.8%
中学合计	907 883	60.5%	328 024	21.9%	263 821	17.6%	1 499 728	42.3%
总计	2 315 253	65.4%	724 594	20.5%	501 962	14.2%	3 541 809	100%

3. 澳大利亚在 PISA 测试中的成绩与位次

从澳大利亚在 PISA 测试中的成绩及位次来看,2000—2010 年,澳大利亚学生数学、阅读和科学成绩平均分及位次均呈现下降趋势。数学平均成绩由 2000 年的 533 分下降至 504.15 分,位次由第 7 位降至第 16 位;阅读平均成绩由

[1][2] ACARA. National Report on Schooling in Australia[EB/OL]. [2014-02-17]. http://www.acara.edu.au/verve/_resources/National_Report_on_Schooling_in_Australia_2011.pdf. 2013.

2000 年的 528 分下降至 2010 年的 511.80 分，位次由第 3 位降至第 12 位；科学平均成绩由 2000 年的 528 分下降至 2010 年的 521.49 分，位次由第 7 位降至第 14 位(表 1-12)。

表 1-12　2000—2010 年澳大利亚在 PISA 测试中的成绩及排名

科目	2000 年		2003 年		2006 年		2009 年		2012 年	
	成绩	位次	成绩	位次	成绩	位次	成绩	位次	成绩	位次
数学	533	7	524	11	519.91	13	514.34	13	504.15	16
阅读	528	3	525	4	512.89	7	514.90	8	511.80	12
科学	528	7	525	5	526.88	7	527.27	9	521.49	14

第三节　澳大利亚基础教育的发展方向

2008 年《关于澳大利亚青少年教育目标的墨尔本宣言》(简称《墨尔本宣言》，*Melbourne Declaration on Educational Goals for Young Australians*)的颁布，提出学校教育两大发展目标：一是促进澳大利亚教育公平和教育优质；二是使所有澳大利亚青少年成为：成功的学习者，自信而富有创造力的个体，积极的、见多识广的公民。该目标的提出指明了未来澳大利亚教育发展的方向，基于公平，追求卓越。为此，澳大利亚采取一系列措施保障这一战略目标的实现。

2009 年 1 月，澳大利亚政府理事会签署了旨在推动社会各项事业改革与发展的六大协议[1]，国家教育协议是其一，具体是推动关于联邦财政关系的政府间协议，旨在强化联邦政府和各州保障所有澳大利亚学生获得在就业和社会

〔1〕 六大协议包括：国家医疗协议、国家教育协议、国家技能和劳动力发展协议、国家残疾人协议、国家经济适用房协议和国家土著改革协议。(资料来源：http://www.federalfinancialrelations.gov.au/content/national_agreements.aspx)

生存所需要的知识和技能中的职责和义务。该协议强调保障所有青年人拥有最好的人生开端对于家庭、社区和国家的健康至关重要。由协议保障的高质量学校教育,决定着澳大利亚未来的繁荣。该协议提出了三大目标:一是确保所有儿童接受学校教育并从中获益,到 2015 年将学生十二年级学业成就通过率提高到 90%;二是确保学生达到基本读写和算术标准;三是持续提高学生整体读写和算术成绩。

澳大利亚教育部网站学校教育一栏下,共有学生第一、学校教育、资助学校、优质教学、原著居民学校教育、我的学校、对学校的针对性资助、读写、算术和特殊学习需求项目、学生灵活性和福利、全国学校福利计划、残疾儿童教育、为残疾儿童提供更多支持、向地方学校放权、国家评估项目(读写和算术)、在线课程与评估、学校科技、宽带教育、语言教育、国家学校改进计划、公立学校独立化等内容,从中可以发现澳大利亚基础教育发展的未来方向和趋势。[1]

一、关注弱势群体,促进教育公平

《国家优质学校合作伙伴计划》是联邦政府和各州旨在提高中小学教育教学水平,特别关注薄弱学校和弱势群体,支持教师和学校领导以及提高学生读写和算术能力。《国家优质学校合作伙伴计划》的宗旨是促进教育公平、改造薄弱学校、关注成绩落后学生、提高教师教学水平。具体包括三个子计划之一的"低经济社会地位学校社区改造计划"。该计划主要由联邦政府与州政府共同投资于"低经济社会地位学校",并吸引非政府教育机构共同制定适应于不同学校的改造计划。该计划的六大关键内容是:一是吸引高质量的校长和教师,二是实施绩效管理和员工管理,三是创建富有创新性和灵活性的学校运作机制,四是为学生提供充分的学习机会,五是加强学校对家长和社区负责,六是建立家长、学校、产业和社区的外部联系。[2]

根据计划规定,澳大利亚政府在 2008—2009 学年至 2014—2015 学年投入

---

〔1〕 Australian Government Department of Education[EB/OL]. [2014-03-11]. https://education.gov.au/schooling.

〔2〕 DEEWR. Low Social-economic Status School Communities [EB/OL]. [2014-03-15.]. http://smarterschools.gov.au/national partnerships/pages/Low economic Status SchoolCommunities.axpx, 2012-2-10.

15 亿澳元,支持经济社会地位低下的学校进行 1 700 项改革,每个项目持续时间为 4 年,资金由联邦政府和州政府共同承担。各学校可以从自身实际出发,由各州政府决定具体改革方向和路径,同时每所学校的资金支持规模也因学校规模、所处地理位置以及具体改革需求而有所不同(表 1-13)。

表 1-13 各州"低社会经济地位学校社区计划"资金投入预算[1]

单位:百万澳元

州/领地	投入预算	州/领地	投入预算
新南威尔士	593.3	西澳大利亚	96.8
维多利亚	275.3	塔斯马尼亚	70.1
昆士兰	231.8	北领地	70.1
南澳大利亚	159.8	首都领地	3.0

二、突出学生发展,提高教育质量

作为《国家优质学校合作伙伴计划》子计划之二"阅读与算数计划",旨在发现提高学生阅读与算数水平的有效策略,包括阅读与算数优质教学、卓越的学校领导和有效地根据学生成绩鉴别学生所需要的支持和帮助。澳大利亚政府在 4 年内投入 540 万澳元(表 1-14),以促进和奖励有利于提高学生读写和算术能力的实践教学策略。[2]

表 1-14 阅读与算术计划资金投入预算 单位:百万澳元

州/领地	投入预算	州/领地	投入预算
新南威尔士	136.0	西澳大利亚	61.7
维多利亚	89.4	塔斯马尼亚	12.9
昆士兰	138.6	北领地	14.9
南澳大利亚	40.4	首都领地	6.1

该计划集中关注三个领域,一是读写和算术高质量教学,二是强有力的学校领导,三是根据学生成绩诊断学生的学习需求。在实施对象上,该计划特别关注

[1][2] Australian Government Department of Education. Low Socio-economic Status School Communities [EB/OL]. [2014-02-18]. http://smarterschools.gov.au/low-socio-economic-status-school-communities.

小学阶段和土著学生。实践结果表明，该计划大大缩小了土著学生与非土著学生在阅读、写作和算术能力方面的差距。

此外，通过对2008年至2011年国家评估项目的测试成绩分析发现，80%参与学校的五年级学生数学成绩高于国家最低标准的比例有所提升，69%参与学校的三年级阅读成绩高于国家最低标准的学生比例有所提升，40%参与学校的三年级数学成绩高于国家最低标准的学生比例有所提升，59%参与学校的五年级阅读成绩高于国家最低标准的学生比例有所提升。

三、提升教师质量，提高教育质量

作为《国家优质学校合作伙伴计划》子计划之三的“教师质量提升计划”，旨在为中小学招聘和培养优秀教师。澳大利亚政府在2008年至2013年投入5.5亿澳元支持各州改进澳大利亚教师队伍整体素质(表1-15)。

表1-15 2011—2013年教师质量提升计划资金投入预算[1] 单位:澳元

州/领地	学校类型	2009年学生数/人	2011年	2012年	2013年	总计
新南威尔士州	天主教学校	239 352	1 411 204	1 505 641	1 627 692	4 544 537
	独立学校	135 895	801 228	854 846	924 142	2 580 216
	合计	375 247	212 432	2 360 486	2 554 834	7 124 753
维多利亚州	天主教学校	187 834	1 107 457	1 181 567	1 277 349	3 566 373
	独立学校	119 014	701 699	748 656	809 344	2 259 699
	合计	306 848	1 809 156	1 930 223	2 086 693	5 826 072
昆士兰州	天主教学校	128 170	755 682	806 252	871 609	2 433 543
	独立学校	105 203	620 270	661 778	715 424	1 997 472
	合计	233 373	1 375 952	1 468 030	1 587 033	4 431 015

〔1〕 Department of Education, Employment and Workplace Relations. Funding Recipient Guidelines 2011—2013[EB/OL]. [2014-02-18]. http://docs.education.gov.au/system/files/doc/other/quality_teacher_program_funding_recipient_guidelines_20112013.pdf. 2011-02-13.

续表

西澳大利亚	天主教学校	65 380	385 476	411 272	444 611	1 241 359
	独立学校	56 976	335 927	358 407	387 460	1 081 794
	合计	122 356	721 403	769 679	832 071	2 323 153
南澳大利亚	天主教学校	47 139	277 929	296 527	320 565	895 020
	独立学校	43 586	256 980	274 177	296 403	827 560
	合计	90 725	534 909	570 704	616 967	1 722 581
塔斯马尼亚州	天主教学校	14 168	83 534	89 124	96 348	269 005
	独立学校	9 235	54 449	58 093	62 802	175 343
	合计	23 403	137 983	147 216	159 150	444 349
北领地	天主教学校	4 739	27 941	29 811	32 227	89 979
	独立学校	5 259	31 007	33 082	35 763	99 852
	合计	9 998	58 948	62 892	67 991	189 830
首都领地	天主教学校	17 316	102 094	108 926	117 756	328 776
	独立学校	8 162	48 123	51 343	55 505	154 791
	合计	25 478	150 217	160 269	173 261	483 747
总计	天主教学校	704 098	4 151 317	4 429 119	4 788 157	13 368 593
	独立学校	483 330	2 849 683	3 040 381	3 286 843	9 176 907
	合计	1 187 428	7 001 000	7 469 500	8 075 000	22 545 500

在这一计划下，澳大利亚政府实施一系列国家层面关键的和可持续的改革，以期为每所学校和每个教室吸引、培训、安置、发展和留住高质量的教师和校长。具体包括：一是通过可选择性途径吸引最优秀的高校毕业生从教；二是与大学共同改进教师培训质量和一致性；三是设计教师专业标准，以实现教师职业卓越，包括教师掌握土著学生学习需求；四是全国统一认证教师以促进教师的流动；五是通过绩效管理和专业学习发展并提高教师和校长的专业知识和技能；六是通过改进校内支持和奖励优质教师和校长，提高他们扎根农村和偏远地区或薄弱学校任教的决心；七是改进教师队伍数据的质量和可获得性。

以上这七个方面的目标主要通过两个具体项目实现。一是颁布全国教师专业标准，通过实施教师专业标准，澳大利亚联邦政府与各州和领地共同确保不管在怎样的学校就读，每个学生都应该接受高质量教师和教师给予的世界一流教育。在职前培养阶段，澳大利亚各州政府与大学建立联系，保证职前教育与教师专业需求的一致性。二是实施“为澳大利亚而教”的项目，吸引数学、科学、商科、法律等专业的毕业生从教。[1] 三是实施澳大利亚政府优质教师项目，通过培养教师掌握21世纪课堂教学所必需的知识和技能，从国家层面领导教师专业学习优先领域，提高学校教师和领导的专业地位，进而为每个州(区)非政府教育机构提供资助，以提高澳大利亚小学和中学学生所接收的教育质量。[2]

此外，澳大利亚还实施优秀教师奖励计划(Rewards for Great Teachers)，表彰和奖励达到专业标准中最高层次的教师，其中包括澳大利亚教师绩效和发展框架和全国统一的高成就和主导教师资格认证，2011—2013年澳大利亚联邦政府投入6 000万澳元实施这一计划。[3]

四、提高教育信息化水平，促进教育均衡发展

为了提高基础教育信息化水平，澳大利亚实施《数字教育革命》(*Digital Education Revolution*)。该项目通过基础设施建设、资源开发和能力提升等多方面，旨在提高学校教育系统的信息化水平。同时，提高学生在信息化社会中搜索信息、获得信息和利用信息进行创新活动的能力。联邦政府拟在7年内投入24亿澳元，具体项目和措施有6项。一是为所有公立学校9—12年级的学生配备电脑，二是为澳大利亚所有学校安装光纤宽带和高质量数字工具、资源和基础设施，三是支持教师提升信息与通信技术教学能力，四是实施有助于促进和支持使用信息通信技术开展教学的项目和研究，五是使学生家长通过在线学习和课程参与学生教育，六是支持为学校通信信息技术提供帮助的工作机制。

---

[1] Australian Government Department of Education. Improve Teacher Quality [EB/OL]. [2014-02-18]. http://smarterschools.gov.au/improve-teacher-quality.

[2] Department of Education, Employment and Workplace Relations. Australian Government Quality Teacher Program[EB/OL]. [2014-02-18]. https://education.gov.au/australian-government-quality-teacher-program-0.

[3] Department of Education, Employment and workplace Relations. Rewards for Great Teachers [EB/OL]. [2014-02-18]. https://education.gov.au/rewards-great-teachers-2.

五、注重学生从学校到职场的转型教育

获得十二年级毕业证有利于提高所有年轻人的社会和经济地位。澳大利亚联邦政府意识到教育和培训对于青年发展的重要性，从而鼓励青年完成12年学校教育，并顺利向高一级教育、培训或就业转型。获得十二年级毕业证的学生（或者获得相当职业教育资格）进一步深造、接受培训或就业的机会更大，也有更高的收入以应对未来的挑战。

基于这一认识和现实，澳大利亚联邦政府整合学校、商业和家庭的力量，使所有年轻人接受教育和培训，并创造高效的、有技能和知识导向的未来劳动力大军。

澳大利亚政府还采取一系列措施促进年轻人接受教育和培训，如青年联络项目（帮助难以完成12年教育的青年人继续接受或重新接受教育和培训），学校企业社区伙伴关系经纪项目（构建社区整体合作伙伴关系，帮助年轻人完成12年或相当教育，帮助年轻人在毕业后成功转型并实现自我潜能），国家职业发展计划（支持所有澳大利亚人掌握规划和管理未来医生职业发展必须的技能、知识和能力，并促进个体幸福、参与劳动力，进而提高澳大利亚生产力水平），优质教学项目（支持强有力的学校领导和提高教师素质，并对学生参与教育、完成教育和实现目标产生积极影响）。[1]

六、加强学校层面的教育改革

实施全国学校改进工具计划，该计划协助学校审查和反思学校为提高课堂教学和学习质量而采取的一系列措施。支持学校范围内的对话，包括学校与家长和家庭、管理机构、地方社区和学生之间，围绕当前教学实践、待改进的领域以及所取得的进步等方面。该计划的终极目标是提高学生学业成绩，包括学习成绩和幸福程度。具体内容包括9个相关的领域：明确的改革日程、分析和讨论数据、有利于促进学习的文化、明确使用学校资源、专家型教学团队、系统地课程实

[1] Department of Education, Employment and workplace Relations. Rewards for Great Teachers [EB/OL]. [2014-02-18]. https://education.gov.au/rewards-great-teachers-2.

施、差异化教学和学习、有效教学实践和学校社区合作伙伴关系。

从澳大利亚基础教育历史沿革、发展现状以及未来发展方向来看,我们可以发现,澳大利亚基础教育的发展,是不断适应本国各个时期经济社会发展的需求的,如殖民地时期致力于义务和免费教育;独立后致力于促进机会均等和延长教育年限;二战后致力于建立民主化、多样化的现代教育体系;21世纪以来追求基础教育的公平与质量。而关注弱势群体,促进教育公平;关注学生发展,提高教育质量;提升教师质量,提高教育质量和提高教育信息化水平,促进教育均衡发展等各种举措,也是当今世界基础教育追求的目标。

第二章

澳大利亚基础教育体系及管理

澳大利亚基础教育由学前教育、小学和中学组成。从办学体制来看，包括政府学校、天主教学校和独立学校三种类型。私有个体和教堂组织创办了澳大利亚第一所学校。双体制的学校教育始于 1848 年，一种是政府基金资助的教堂或教派学校，另一种为政府管理的公立学校。1872 年至 1895 年期间，澳大利亚全部的殖民地通过了公共教育法。公共教育法确立了由教育部管理的公立小学体制，同时殖民地基金逐步从教会学校撤出。与小学教育相比，中学教育发展缓慢得多，尤其在公立学校，直到 20 世纪初期一直保持着非公立学校的特权。澳大利亚联邦建立以后，虽然学校教育依然是国家和地方政府的责任，但其职责并没有通过宪法给予明确。1964 年，澳大利亚国会通过对私立学校提供财政支持的立法。虽然每个州和领地的教育基本实行自治管理，但是在一定程度上保持高度的一致性。到 1939 年，大部分州对 6—15 岁少年儿童实行的强制性教育，但大多数学生实际只接受了 2～3 年的中学教育。20 世纪 50 年代到 60 年代，中学教育得到迅猛发展。

第一节　澳大利亚学制体系简介

一、学制结构

澳大利亚全国基础教育学制基本一致，除个别州有所不同。

从全国情况来看，澳大利亚基础教育时间为 13 年。小学教育年限为 7 年或 8 年，包括 1 年准备教育，中学教育年限为 6 年或 5 年。通常，学校教育始于 5 岁，6—17 岁为义务教育阶段。学前预备班 1 年，为非免费教育，自愿就读。小学各州规定不同，有 6 年的，也有 7 年的，中学 6 年或 5 年；小学和中学共 12 年（小学为 1—6 或 7 年级；初中为 8—10 年级；高中为 11—12 年级。），1—10 年级为免费义务教育，详见图 2-1。[1]

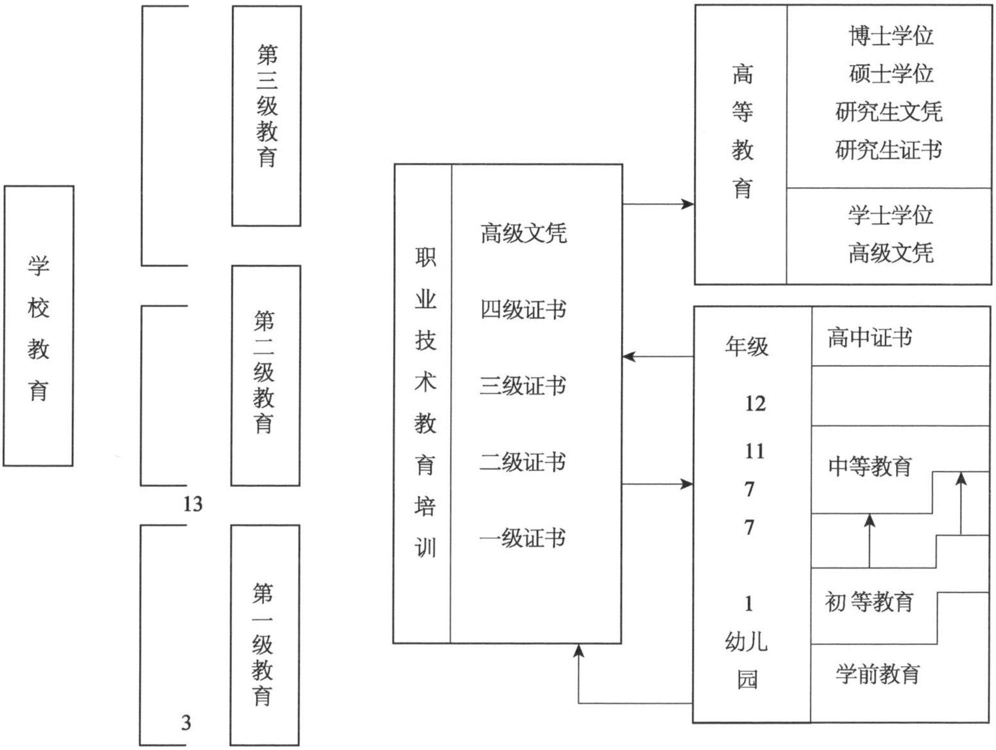

图 2-1 澳大利亚现行学制图

澳大利亚一学年从每年 2 月到 12 月，大多数州(区)每年有四个学期，只有塔斯马尼亚州实行三学期制。

各州或领地规定义务教育学龄儿童的起止年龄。根据各州或领地的规定以及儿童的出生年月，义务教育学龄儿童从 5 岁或 6 岁到 12 岁或 17 岁。近年来，75%以上的学生直到 17 岁才结束义务教育。不管是公立学校还是私立学校，均需实施所在州或领地的统一课程框架。然而统一课程框架允许课程表一定的自主空间，因此可以教授诸如宗教教育之类的课程。虽然期望不同和有些学校不

---

〔1〕 戴芳.各国公共教育系统比较[R].[2014-03-20].http://www.gse.pku.edu.cn/lib/gse_lib/edu—search/e_publication/e_pub/%E6%9A%82%E5%AD%98/%E5%90%84%E5%9B%BD%E5%85%AC%E5%85%B1%E6%95%99%E8%82%B2%E7%B3%BB%E7%BB%9F%E6%AF%94%E8%BE%83.pdf. 2006-04.

统一要求着装校服，大多数学校学生统一着装校服。高中学校的共同运动是支持学生发言权，如维多利亚州允许学生干部集会来共同改进学校(表 2-1)。

表 2-1 澳大利亚基础教育体系〔1〕

学段	年级	对应学生年龄
初级教育	幼儿园	3—4 岁
	学前班/幼儿园	5—6 岁
	一年级	6—7 岁
	二年级	7—8 岁
	三年级	8—9 岁
	四年级	9—10 岁
	五年级	10—11 岁
	六年级	11—12 岁
	七年级	12—13 岁
初　中	七年级	12.5—13 岁
	八年级	13—14 和 15 岁
	九年级	14—15 岁
	十年级	15—16 岁
高　中	十一年级	16—17 岁
	十二年级	17—18 岁

表 2-2 澳大利亚各州(区)基础教育体系〔2〕

州/区	预备阶段	入学时间和年龄	小学教育	中学教育	最低离校年龄
新南威尔士州	幼儿园(kindergarten)	1 月，5 岁并在 7 月 31 日前年满 6 岁	幼儿园，1—6 年级	7—12 年级	17 岁
维多利亚州	预备年级(preparatory)	1 月，5 岁并在 4 月 30 日前年满 6 岁	学前班，1—6 年级	7—12 年级	17 岁

〔1〕 Wikipedia The Free Encyclopedia. Education in Auatralia. [EB/OL]. [2014-02-18]. http://en.wikipedia.org/wiki/Education_ in_Australia#cite_note-Pearson_Report-12.

〔2〕 ACARA. National Report on Schooling in Australia[EB/OL]. [2014-02-17]. http://www.acara.edu.au/verve/_resources/National_Report_on_Schooling_in_Australia_2011.pdf. 2013.

续表

昆士兰州	学前班 (pre-paratory)	1月, 5岁并在6月30日 前年满6岁	学前班, 1—7年级	8—12年级	17岁
南澳大利亚	入学报到 (reception)	1月, 在1月1日前 年半5岁半	报到, 1—7年级	8—12年级	17岁
西澳大利亚	学前班 (pre-primary)	1月, 在6月30日前 年满6岁	学前, 1—7年级	8—12年级	17岁
塔斯马尼亚州	预备年级 (preparatory)	1月, 1月1日 前年满6岁	预备, 1—6年级	7—12年级	17岁
北领地	过渡年级 (transition)	1月, 6月30日 前年满6岁	过渡年级, 1—6年级	7—12年级	17岁
澳大利亚首都领地	幼儿园 (kindergarten)	1月, 6月30 日前年满6岁	幼儿园, 1—6年级	7—12年级	17岁

如表2-2所示,首都领地、新南威尔士州、北领地、塔斯马尼亚、维多利亚五地的学制相同,均是“1+6+6”模式,而昆士兰州、南澳大利亚和西澳大利亚三地的学制相同,为“1+7+5”模式。昆士兰州州立学校2014年各学期时间表见表2-3。

表2-3 昆士兰州州立学校2014年各学期时间表[1]

学期	日期	时间
第一学期	2.28—4.4	10周
第二学期	4.22—6.27	10周
第三学期	7.14—9.19	10周
第四学期	10.7—12.12	10周

[1] Queensland Government Eduation Queenslan. School holidays and term dates for Queensland State Schools[EB/OL]. [2014-02-19]. http://education.qld.gov.au/public_media/calendar/holidays.html.

二、澳大利亚基础教育学校类型

1. 从办学主体来看，以政府学校为主，非政府学校为副

澳大利亚基础教育阶段主要有政府学校和非政府学校两大类，其中非政府学校包括天主教学校和独立学校。2010 年，66％的学生就读公立学校，20％的学生就读天主教学校，14％的学生就读独立学校。2000 年，政府学校、天主教学校和独立学校所占比重分别为 69％、20％、11％。极少数学生在家上学，尤其是在农村地区。澳大利亚公民和享有永久居住权的人都可免费就读政府学校（也称公立学校），而天主教和独立学校通常要收取学费。然而，除了学费之外，政府资助不涵盖文具、教科书、校服、学校露营及其他教育费用。每年生均教育附加费为 316 美元。[1]

2. 从办学特色来看，学校具有多样性

由于澳大利亚各州教育实行独立管理，因此各州教育之间具有较大的差异性。一是以不同教育内容为特色的学校，如新南威尔士州有 488 所中学，其中 99 所为 SSP 学校（Schools for Specific Purpose），这些学校具体包括技术、语言、学术、表演艺术、创造性艺术、农业和体育等学校。二是以学制为特色的学校，澳大利亚首都特区为促进小学与中学之间的过渡和衔接，改善学生从小学升入中学后，不适应分科教学而教师增多的现象（由于小学实行包班教学，学生只面对一名教师），将小学六年级和中学七年级和八年级组成一种中间学校，逐步增加班级授课教师数量，以使学生适应分科教学。三是以“社会技能”为特色的学校，新南威尔士州 Murwillumbah 小学以“做一个好公民”为办学目标，设立自尊、关心和尊重他人、尊重他人财产和对环境的尊重四个子项目。[2]

---

〔1〕 Wikipedia The Free Encyclopedia. Education in Auatralia. [EB/OL]. [2014－02－19]. http://en.wikipedia.org/wiki/Education_in_Australia#cite_note-Pearson_Report-12.

〔2〕 洪成文，郭文苛. 澳大利亚学校管理的“深度分权”[J]. 比较教育研究，1999(4)：15-18.

第二节 澳大利亚基础教育管理体制改革历程

根据联邦宪法第107条，各州(区)维持原来英国殖民区对教育的管理权限。1945年颁布的《国家教育法》允许建立联邦教育局，负责管理教育事务。1946年，澳大利亚修订宪法，授权联邦政府制定有关学生的法律，虽未明确提及教育，但为以后联邦政府干预教育提供了重要的法律依据，联邦政府对基础教育的领导权和控制权不断加强，同时，也加大对教育的资助力度。[1] 澳大利亚教育行政管理的权限主要集中在州(区)一级，虽然战后联邦政府权限日益扩大，不断加强对教育的影响和控制，但教育管理权限集中在州一级政府的状况仍未改变。随着社会的发展，社会各界不断对这一管理体制提出批评，它既不能有效统一和协调全国的教育体制，也不能充分发挥学校的办学积极性，不利于社会、家长的参与。

长期以来，澳大利亚教育行政管理的权限主要集中在州(区)一级，虽然战后几十年间联邦政府的教育管理权限不断扩大，对教育的控制和影响不断增强，但澳大利亚始终是州(区)级政府主导的教育管理体制。由于此类管理体制不利于全国教育体制互相协调，各州教育发展水平参差不齐，同时又不利于调动学校的办学积极性，也不利于社区、家长参与教育管理和教育活动，因此一度受到多方批评。为此，20世纪80年代以来，澳大利亚不断加强教育管理体制改革，实行管理权限上移和下放两条腿走路：一是联邦政府对基础教育的管理权限不断加强，二是州(区)政府教育权限日益下放至学校。

---

〔1〕 牛道生.澳大利亚基础教育[M].广州:广东教育出版社,2004:112-113.

一、联邦政府加强对基础教育的宏观控制

20世纪前期,联邦集权与州(区)政府分权相结合的教育行政管理,逐步形成了兼顾政府宏观集中管理和各州因地制宜管理的基本局面。各州(区)政府初等教育部和教学委员会负责管理初等教育。初等教育部主要负责行政管理,教学委员会负责课程设置、组织考试、颁发毕业证书,以及私立学校注册和课程检查等事宜。

澳大利亚宪法对基础教育管理权限做出了明确规定,即由各州(区)实施对基础教育的管理。1942年,联邦政府从各州(区)获得征税权,从而获得参与教育等活动的管理权限。1945年,澳大利亚颁布的《国家教育法》允许建立联邦教育局,负责教育管理方面的具体事务。1946年,澳大利亚修订宪法,授权联邦政府制定与学生有关的法律。从此以后,联邦政府加强了对基础教育的领导权和宏观控制,也进一步扩大了对基础教育的资助范围和项目。

20世纪50年代中期,联邦政府开始对私立学校提供各种形式的财政资助。联邦政府成立的教育委员会通过经费分配和其他途径,对各个层次的教育政策和教育事业施加广泛的影响。

1973年,澳大利亚建立负责初等教育和中等教育的学校委员会,负责经费投入分配。

1972—1975年,澳大利亚组建了临时委员会,该委员会建议政府加大对中小学教育的资助力度。与此同时,联邦政府对教育的干预越来越多,相继成立各种官方或半官方的教育组织或机构。它们既向政府提供决策咨询,又协助政府落实各项政策。[1]

经过二战以来的改革,联邦政府对各州(区)教育的影响逐步扩大,但是以各州(区)为主体的教育管理格局未打破。

从表2-4可以看出,澳大利亚联邦政府教育管理机构经历了一系列变革。从名称变化到职能变革,体现了不同政府时期,澳大利亚教育管理的不同的主导思想。

---

〔1〕 牛道生.澳大利亚基础教育[M].广州:广东教育出版社,2004:12-120.

表 2-4 联邦教育管理机构演变〔1〕—〔9〕

序号	时间/年	名称	职能
11	1962—1972	教育与科学部	①制定普通教育政策;②教育研究;③管理在澳海外留学生特别是科伦坡计划的留学生提供各种援助模式;④与联合国教科文组织的有关活动;⑤管理澳大利亚学生奖学金;⑥为关心高级教育在澳大利亚的概念和计划的发展委员会提供行政协助;⑦为公立和私立学校提供科学设施资助;⑧负责澳大利亚研究资助委员会秘书处工作
22	1972—1983	教育部	负责全国教育(包括北领地、首都领地和诺福克岛地区的教育)
33	1983—1984	教育和青年事务部	①除移民成人教育以外的所有教育领域;②青年事务
44	1984—1987	教育部	除移民成人教育以外的所有教育领域
55	1987—1996	就业、教育和培训部	①除移民成人教育以外的所有教育领域;②青年事务;③就业与培训;④联邦就业服务;⑤劳动力市场有关项目;⑥协调研究政策;⑦研究资助和奖学金

〔1〕 Wikipedia The Free Encyclopedia. Department of Education and Science(Australia). [EB/OL]. [2014-02-20]. http://en. wikipedia. org/wiki/Department_of_Education_and_Science_(Australia).

〔2〕 Wikipedia The Free Encyclopedia . Department of Education(1972—1983)[EB/OL]. [2014-02-20]. http://en. wikipedia. org/wiki/Department_of_Education_(1972%E2%80%931983).

〔3〕 Wikipedia The Free Encyclopedia. Department of Education and Youth Affairs [EB/OL]. [2014-02-20]http://en. wikipedia. org/wiki/Department_of_Education_and_Youth_Affairs.

〔4〕 Wikipedia The Free Encyclopedia . Department of Education(1984—1987) [EB/OL]. [2014-02-20]. http://en. wikipedia. org/wiki/Department_of_Education_(1984%E2%80%931987).

〔5〕 Wikipedia The Free Encyclopedia . Department of Employment, Education, Training and Youth Affairs [EB/OL]. [2014-02-20]. http://en. wikipedia. org/wiki/Department_of_Employment,_Education,_Training_and_Youth_Affairs.

〔6〕 Wikipedia The Free Encyclopedia. Department of Education, Training and Youth Affairs [EB/OL]. [2014-02-20]. http://en. wikipedia. org/wiki/Department_of_Education,_Training_and_Youth_Affairs.

〔7〕 Wikipedia The Free Encyclopedia . Department of Education, Science and Training [EB/OL]. [2014-02-20]. http://en. wikipedia. org/wiki/Department_of_Education,_Science_and_Training.

〔8〕 Wikipedia The Free Encyclopedia . Department of Education, Employment and Workplace Relations [EB/OL]. [2014-02-20]. http://en. wikipedia. org/wiki/Department_of_Education,_Employment_and_Workplace_Relations.

〔9〕 Wikipedia The Free Encyclopedia . Department of Education (Australia) [EB/OL]. [2014-02-20]. http://en. wikipedia. org/wiki/Department_of_Education_(Australia).

续表

66	1996—1998	就业、教育、培训和青年事务部	①除移民成人教育以外的所有教育领域；②青年事务；③就业与培训；④联邦就业服务；⑤劳动力市场有关项目；⑥协调研究政策；⑦研究资助和奖学金
77	1998—2001	教育、培训和青年事务部	①除移民成人教育以外的所有教育领域；②青年事务；③包括实习和培训服务在内的培训工作；④协调研究政策；⑤研究资助和奖学金
88	2001—2007	教育、科学和培训部	①除移民成人教育以外的所有教育领域；②科学政策；③促进科学与技术领域的合作研究；④包括实习和培训服务在内的培训工作；⑤协调研究政策；⑥研究资助和奖学金；⑦放射性废物管理
99	2007—2013.9	教育、就业和工作关系部	①初等和中等教育政策和项目；②学校科学意识项目；③学生和实习生收入支持政策和项目；④就业政策，包括提供就业服务；⑤就业服务；⑥为适龄劳动力人口提供劳动力市场和收入支持政策与项目；⑦制定、宣传和实施工作场所关系政策；⑧促进工作场所关系灵活的政策和做法；⑨统筹劳动力市场研究；⑩ 澳大利亚政府就业工作场所关系政策，包括对协议的制定和报酬和条件框架的管理；⑪职业健康和安全，康复和赔偿；⑫促进就业机会均等；⑬工作和家庭项目；⑭为残疾人就业提供服务；⑮青年事务和计划，但不包括收入支持政策和计划；⑯ 幼儿教育和保育政策和方案
110	2013.9—	教育部	①除移民成人教育以外的学校教育政策和项目，包括在校职业教育和培训；②学校教育过渡政策和项目，包括职业生涯；③教育和培训过渡政策和项目；④青年事务和项目，包括青年过渡；⑤ 幼儿教育和保育政策和方案；⑥协调早期儿童发展政策和责任；⑦高等教育政策、管理和项目；⑧国际教育政策、协调和支持

二、州(区)政府教育管理权限不断下放

20世纪80年代以来，澳大利亚教育管理体制改革不断深入，其中州(区)教育行政部门的管理权限逐步下放。

维多利亚州和西澳大利亚州在这方面的改革尤为突出。以维多利亚州为例，采取多方面的措施加强教育管理体制改革。一是精简州一级教育行政机构，打破由州教育部集中统一管理的传统。二是向所属中小学下放权力，使各学校

充分发挥积极性，获得管理学校的各项具体权力，结束了过去校长仅作为教育政策执行者的历史。三是建立由教师、家长和学生代表组成的学校董事会，协助学校进行教育改革，提高教育质量。[1]

1988年，西澳大利亚州发布了《把学校办得更好》的报告，建议下放学校管理权力，增强学校对社区的反馈和服务能力，使学校决策集团成为地方参与学校规划过程的中介，并调整和充足教育管理组织机构。

1989年，新南威尔士州教育部更名为学校教育部，将对公立学校实行集中管理的等级制度，改为以学校为中心的分散管理体制，减少州教育部门对基层学校的管理。在此基础上，每所学校都需要规划学校改革与发展，以此作为整个教育系统改革与发展的规划基础。借此，学校校长拥有了财政预算、人员聘任和课程设置的自主权。因此，学校办学灵活性不断加强，从而能够有效满足不同学生的学习和发展需求。[2]

经过一系列改革，就学校经费资助方式和教师聘任方面而言，发生了重大变化。一是将过去州教育部根据学校学生人数给予每所学校经费资助的方式，改为校长每年年初根据学校改革与发展需求做好预算，上报州(区)教育部门批准后一次性拨付到位。教育经费具体使用方向和比例，由校长决定和学校董事会监督。二是中小学教师聘任方式也由过去州(区)教育部门派遣，实行终身制改为由校长聘任，实行合同制管理。[3]

此外，塔斯马尼亚州和西澳大利亚州也不断加强学校的办学自主权，中小学校长的任命方法，由教育部任命改为由学校董事会选聘。与此同时，学校经费的使用、教师聘用等权力也下放到学校。

三、学区教学服务功能不断加强

1. 实现管理机构扁平化

以新南威尔士州为代表，对学区一级教育管理机构进行了彻底改革，实行

---

〔1〕〔2〕 牛道生.澳大利亚基础教育[M].广州:广东教育出版社,2004:122-123.
〔3〕 牛道生.澳大利亚基础教育[M].广州:广东教育出版社,2004:123-124.

“深度分权”。〔1〕

此前，新南威尔士州州管理机构主要由州学校教育部、20个学区和2 000余所学校(不包括独立学校和教会学校)组成。这一机构呈亚铃状，中间层单薄，制约了教育管理部门为学校提供教学服务的能力，因此，难以满足学校的实际需求。1995年，新南威尔士州开始对处于中间层的学区进行改革，将原来的20个学区调整为40个学区。这一改革措施强化了中间管理层，使学校能够获得更多的咨询和服务机会，学校能够更直接、多方位地参与教育管理，整个管理机构更加扁平化。

2. 减少行政编制与增加专业编制并行

澳大利亚学区与地方政府并非一一对应，学区是州教育行政部的附属机构，因而学区的编制数量与州学校教育部的编制数量应统一。1993年，全州教育行政编制数为2 468个，1996年减少到2 224个，减少了10%。

为进一步提高教育管理效率，在减少教育行政编制的基础上，新南威尔士州增加教育顾问和教学专家的编制，提高对学校服务的效率和质量。从州与学区两个层级来看，州一级编制减少幅度更大；从普通管理职位和高级管理职位来看，高级管理职位减少幅度更大。从管理人员构成来看，每一学区配备一名学监，4人及以上课程咨询员，技术咨询、学生事务、家庭联络、特殊教育、教职员事务等管理人员各1名，学校认识、工资、维修和保洁人员若干名，以及根据特殊需要配备的特殊顾问和特殊管理人员。

3. 加强程序化管理

1995年，新南威尔士州开始“教育优先发展目标”，即州政府规划下一年度学校改革与发展目标。如1996年提出五大目标：一是加强传统价值观教育(包括遵纪守法、积极的学习态度、尊重人权和学好每门课程等)；二是提高学校教育的安全行和愉悦度(通过培训和支持教师、促进教师专业化、提供课堂教学咨询、降低学生缺勤率以及加强学校环境的安全、卫生和健康水准)；三是追求卓越(在不同年级不同学科开展教学改革，提高课程标准和适切性等)；四是提高课堂教

〔1〕 洪成文，郭文苛.澳大利亚学校管理的“深度分权”[J].比较教育研究，1999(4)：15-18.

学的信息化水平(为学校配备更多的计算机,安装网络,并提高教师和学生使用信息技术的能力);五是促进教育机会均等(通过加强师资、提供资金支持和课后辅导等多方面措施),为性别、种族、处境不利和残疾儿童创造平等的教育机会。

在经费分配、教师聘任和校长管理等方面,管理流程科学化和标准化水平不断增加。经费分配严格按照生均经费拨款标准,根据一套相对固定的程序招聘教师,明确规定招聘信息来源、如何申请及申请受理机构、所需材料等都有成型的流程和要求,减少了教师招聘的随意性,也提高教师招聘效率。在校长管理方面,学区一级教育管理机构明确规定校长的职责,如如何制定年度发展规划和优先发展目标,如何撰写年度工作总结报告等。政府将校长队伍分为不同的职级,为校长晋升提供机会。维多利亚州将校长分为五个等级,新南威尔士州将校长分为若干等级。

第三节 澳大利亚各级教育行政管理机构内部设置与主要职能

澳大利亚共有联邦教育部、州(区)教育部两个层级的教育行政管理主体,其内部机构设置和职能如下。

一、澳大利亚联邦政府的教育管理职责

联邦政府对学校没有日常管理职责,但是需要提供资助、协调、研究和分析国家有关重大教育问题。联邦政府的关键职责是规定全国统一的法定入学年龄、关键学科领域的国家考试、课程框架的统一、全国学生信息数据的管理,以便学生在州(区)之间流动。联邦政府负责制定全国教育事业改革与发展的政策和战略,为教育提供经费保障,管理某些国家教育项目,但不直接对学校进行管理。

联邦政府负责教育管理的部门是教育、就业、培训和青年事务委员会，统一管理全国的教育、就业、培训和青年事务工作，并就该项事业的发展提出意见和建议，监督有关部门工作职能的落实，协调各方面的关系，对各级教育部门的政策和发展规划进行管理和协调。

以1987年至1996年就业、教育与培训部为例，其总体职责是制定全国总的教育政策及教育宏观规划、教育大纲、教育目标、联邦政府对各州(区)的教育经费拨款、师资配置、课程开发和制定考试制度等。其内设机构包括四个：一是学校与课程司，负责制定联邦政府公私立中小学政策和经费分配方案，编制各种教学材料等；二是高等教育司，专门负责制定高等教育政策，包括发展规划、资源分配和发展重点、经费安排、与企业行业的联系、对高等院校科研重点项目的资助、研究生奖学金分配等；三是技术及继续教育和技能训练司，负责制定全国职业技术培训制度和政策，协助企业进行职业技术训练，促进全国技术与继续教育的发展；四是社区和土著居民规划司，负责制定改进托雷斯到海峡诸岛居民及处境不利、事业人口的就业教育和训练的策略。[1] 联邦教育部内部机构设置详见图2-2。[2]

此外，联邦政府还设立一系列专门委员会，如中小学教育委员会，其职责是定期对中小学进行检查，并据此提出为提高教育教学质量而着手提高经费补助等。

二、澳大利亚州(区)教育行政部门

州和区政府对教育负有主要职责，包括组织、资助和实施学校教育。每个州和区设有教育部或教育局，负责公立教育管理。州和区政府对私立教育的管理职责包括学校注册、检查和额外资助。每个州和区自行制定有关学校教育组织、课程、课程认证、学生评估和认证等有关政策和落实。州(地区)教育行政部门负责管理本地教育事业并提供教育服务。州(地区)设有教育厅，负责制定教育事业发展规划和政策，管理不同学段的公立学校和私立学校，包括学校的组织机

〔1〕 牛道生. 澳大利亚基础教育[M]. 广州:广东教育出版社,2004:114-115.

〔2〕 戴芳. 各国公共教育系统比较[R]. [2014-03-21]. http://www.gse.pku.edu.cn/lib/gse_lib/edu-search/e_publication/e_pub/%E6%9A%82%E5%AD%98/%E5%90%84%E5%9B%BD%E5%85%AC%E5%85%B1%E6%95%99%E8%82%B2%E7%B3%BB%E7%BB%9F%E6%AF%94%E8%BE%83.pdf. 2006-03.

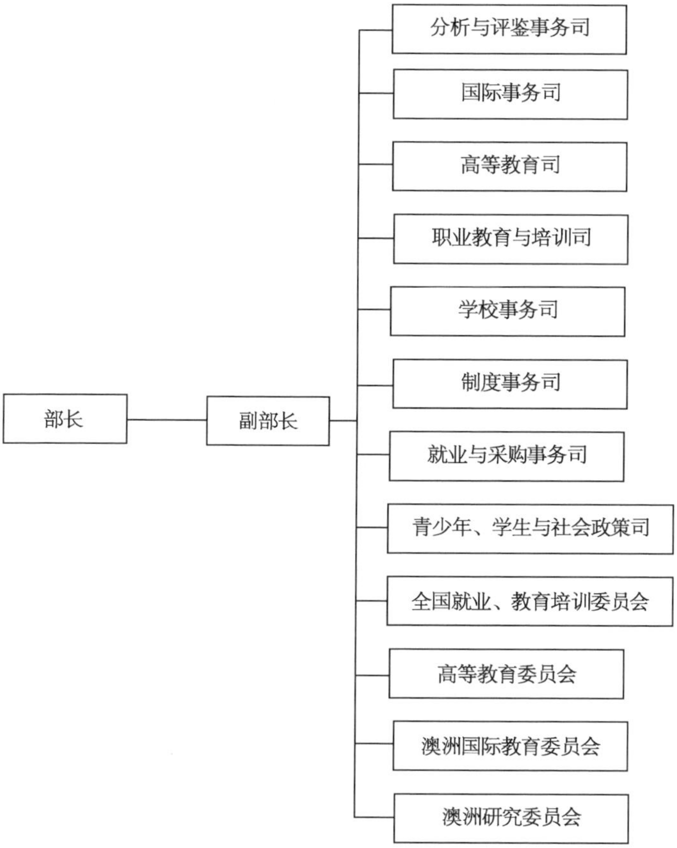

图 2-2 澳大利亚联邦教育部内部机构设置

构、课程、学生评估和奖惩,管理远程教育、特殊教育、海外学生和地区性的教育项目,协调和管理教育资源的分配。教育厅下设若干部门,分别负责管理国家教育培训框架下的不同类型教育,负责各类学校和教育培训机构的资质管理和注册(表 2-5)。

表 2-5 澳大利亚各州(区)教育行政部门〔1〕

序号	州(区)	教育行政部门
1	新南威尔士州	教育和社区部(NSW Department of Education and Communities)

〔1〕 寇炳灿,程东意、冯莉,等. 澳大利亚的中小学教育及其管理[J]. 河南教育,2004(2):19.

续表

2	首都领地	教育和培训局(Education and Training Directorate)
3	北领地	北领地教育、文化和就业部(Northwest Territories Education, Culture and Employment)
4	昆士兰州	教育、培训和就业部(Department of Education, Training and Employment)
5	西澳大利亚	教育部(Department of Education)
6	维多利亚州	教育和儿童早期发展部(Department of Education and Early Childhood Development)
7	南澳大利亚	教育和儿童发展部(Department for Education and Child Development)

维多利亚州教育与早期儿童发展部的组织结构为6个核心部门和9个区域办公室。6个核心部门为早期儿童与学校教育部、高等教育和技能发展部、区域服务部、战略论和评估部、基础设施和财务服务部、人力资源服务部(表2-6)。

表2-6 维多利亚州教育与儿童早期发展部的组织结构[1][2]

6个核心集团	早期儿童与学校教育集团	政策与战略项目部
		项目与伙伴关系部
		质量评价与管理部
		首席医学顾问
		学校领导、绩效与政策部
		学生全纳与参与部
		学习与教学部
		国际教育部
	高等教育与技能发展集团	培训市场操作部
		市场促进与信息部

[1] Department of Education and Early Childhood Development. Groups[EB/OL]. [2014-02-21]. http://www.education.vic.gov.au/about/department/structure/pages/groups.aspx.

[2] Department of Education and Early Childhood Development. Structures[EB/OL]. [2014-02-21]. http://www.education.vic.gov.au/about/department/structure/Pages/default.aspx.

续表

6 个核心集团	高等教育与技能发展集团	高等教育管理政策与战略项目部
		路径与参与部
		职业技术学院过渡工作队
	区域服务集团	区域监测与支持部
		系统设计与整合部
		应急管理部
	战略与评估集团	政府间关系部
		绩效与评价部
		优先政策部
		战略政策与规划部
		弱势儿童战略部
	基础设施与财政服务集团	基础实施与维修部
		财政服务部
		资源战略部
		信息技术部
		采购部
	人力资源与行政服务集团	信息安全部
		法律事务部
		管理与行政服务部
		信息交流部
		人力资源部
		人力资源与生产力部
4 个区域办公室	维多利亚东北办公室	
	维多利亚西北办公室	
	维多利亚东南办公室	
	维多利亚西南办公室	

第四节 澳大利亚基础教育财政与人事管理

一、基础教育财政管理

根据宪法第107条,澳大利亚由各州(区)保留了原来英国殖民区对教育的管理权限。1942年,联邦政府从各州(区)获得了征税权,从而扩大的联邦政府的参与活动范围,随即对参与教育活动管理。1945年颁布的《国家教育法》规定建立联邦教育局,负责教育管理的具体事务。1946年,澳大利亚对宪法做了修订,在第51条补充了社会服务的内容,授权联邦政府制定与学生有关的法律,为联邦政府干预教育提供了法律依据。20世纪50年代中期,联邦政府开始对私立学校提供财政资助。1973年,澳大利亚建立负责初等教育和中等教育的学校委员会,具体负责教育经费的投资方向和参与国家教育政策的制定与研究。1972—1975年,澳大利亚组建了由卡梅尔教授任主席的临时委员会,加大政府对中小学教育的经费投入力度。从此,联邦政府对教育的干预越来越多,各种官方或半官方的教育组织或机构相继成立。当前,澳大利亚仍然是以6个州和2个行政区为主体、联邦政府进行宏观调控的教育行政管理体系。联邦政府直接负责管辖首都直辖区和各个岛屿的教育,其他地区由州(区)政府具体负责。

澳大利亚各州及北方地区各设有州(区)级教育行政部门,负责管辖本州(区)的小学、中学、职业技术和继续教育学院。州(区)教育部根据联邦教育部的大政方针和宏观规划,制定本地区的教育政策、教学大纲和实施办法,负责对学校领导和师资配备状况的定期监测,负责所有学校开设课程的登记、备案工作,负责为本州(区)的各级各类教育分配教育经费,决定公立中小学校长的任免和聘用,主持中学毕业统考。在学校分布较为分散的州实行学区制,学区内设教育管理分部,主管该学区的中小学。各州(区)或学区在教育管理事务上拥有较大的自主权，因此，这一教育体制下的教育财政体制也呈现分权状态，各州或学区有所不同。

总体而言，澳大利亚基础教育是以州（区）政府为办学主体的二元化办学体制，州（区）政府承担基础教育经费投入的 90%以上。州（区）政府主办的公立中小学校约占学校总数的 75%，私立学校约占 25%。公立学校实行免费教育，全澳大利亚约有 75%的儿童进入公立学校学习。非公立学校以教会学校为主，主要是天主教会学校。澳大利亚鼓励私立学校发展，并按照在校生人数给予一定资助，资助经费占学校经费的 50%以上。

由于澳大利亚实行以州为主的教育财政管理体制，因此有利于保证城乡义务教育的均衡发展。城市中小学与郊区、乡村中小学的办学条件没有差别，十分偏远的乡村复式小学，也拥有条件优越的校舍和计算机等现代化的教学设备，城乡儿童享受同等的教育机会和优越的学习环境。只是各州由于经济发展水平不平衡，各州教育投入水平有所差异。

以昆士兰州为例，其基础教育经费来源主要有以下：一是州和地方政府拨款，二是管理资助促进项目（Administration Assistance Enhancement Program，简称 AAEP），三是州政府专项拨款，四是教材和资源补助经费，五是家长和公民协会（Parents and Citizens Association）捐助，六是联邦政府资助，七是学校其他收入。虽然昆士兰州基础教育经费来源比较多元化，但是其经费保障主体是州政府。[1]

二、澳大利亚基础教育人事管理

从校长任命和教师聘用两个层面考察澳大利亚基础教育人事管理，研究发现澳大利亚基础教育人事管理具有较强的专业性特色。

1. 中小学校长任职资格

澳大利亚中小学校长任职资格经历了分散向统一的过程，以澳大利亚国家

〔1〕 戴芳. 各国公共教育系统比较[R]. [2014-03-21]. http://www.gse.pku.edu.cn/lib/gse_lib/edu-search/e_publication/e_pub/%E6%9A%82%E5%AD%98/%E5%90%84%E5%9B%BD%E5%85%AC%E5%85%B1%E6%95%99%E8%82%B2%E7%B3%BB%E7%BB%9F%E6%AF%94%E8%BE%83.pdf. 2006-03.

校长专业标准的颁布为标志，国家出台了统一的校长任职资格标准。

澳大利亚中小学校长属于联邦政府或州(领地)行政体系下的公务员。澳大利亚中小学校长的任职资格注重“专业出身”。层级和资历是升迁的首要条件，校长的成长路径通常为教导主任提升为副校长，副校长提升为校长。

校长的一般职责包括：一是管理学校财政及资源，监管课程实施、教师教学和学生学习；二是与教师共同协商完成各项工作；三是与学校各部门领导、家长、社会团体保持良好互动；四是经营学校合作层面的协商运作。校长的任职资格主要围绕“领导力”展开。澳大利亚对校长领导力的界定主要是行政和管理两大块，并且校长要熟悉教师专业发展、学生学业成绩提升，教学目标实现，教学实践改善以及文化构建方面(表 2-7)。

表 2-7 澳大利亚校长任职资格条件〔1〕

维　度	要　求
身份背景	校长职位空缺学校的教学、管理人员
学　　历	教学或教学管理或学校领导专业的硕士及以上学位
证　　书	没有强制性的证书要求，但必须具备经各州教育行政部门认定合格的教学资格
教学经验	各州要求不一，一般要求具有 5 年以上
管理经理	必须有学校管理的经历，但没有固定的年限要求
专业培训	① 申请者须参加专业培训或学习； ② 依据本州“校长能力框架”设计培训计划

2005 年，澳大利亚教育部的面向未来委员会在教育改革及其特别提议的框架中提出了校长的专业素养标准。即能够系统地开展质量管理，享有更大的自主性及职责，提高教师专业水平，开展更多的研究与发展项目，更好地促进体系的运行。与此同时，各州也纷纷提出校长专业素养标准。

20 世纪 90 年代，维多利亚州开始实施“未来学校计划”，州教育管理部门规定了“未来学校”校长的专业素质维度：一是远见卓识，具有较强的创造性、灵活性和开拓精神，较好地贯彻办学思想；二是教育领导能力，有坚定的教育信念和

〔1〕 曾琳. 美国、澳大利亚、瑞典中小学校长资格制度比较研究[J]. 外国中小学教育，2012(8)：38-44.

广博的知识基础，集中精力提高学生学业成绩，并致力于持续不断地学习以提高自身素质；三是组织管理能力，能够进行科学决策和规划，善于观察、发现和分析学校发展面临的困难与问题，巧于协调解决各种矛盾，能够有效调动师生员工的积极性，切实成为学校发展的促进者；四是团队合作能力，与师生员工之间建立彼此信任的工作关系，善于团结协作，能够充分发挥集体的力量；五是沟通协调能力，能够协调学校与社区、家长、学生之间的关系，乐于倾听他人的意见和建议，并及时作出有效反馈；六是发挥榜样的作用，对工作保持高度的责任心、充沛的精力，较高的工作效率，有效指导教师在职发展和提高。[1]

由此可见，各个州自行制定选拔标准。没有一个全国通用的中小学校长的任职条件和选拔标准。

2011 年 7 月 8 日，澳大利亚教育、儿童发展和青年事务部长理事签署通过了《澳大利亚国家校长专业标准》。这是首次颁布全国统一的校长专业标准，其主旨是：为全国中小学校长提供专业学习框架；为吸引、培养、发展和支持 21 世纪学校领导提供基础；指导校长自我反思、自我评估、发展和指导自我及他人管理。由此，澳大利亚中小学校长职业驶入高标准、高追求的新航道。全国校长专业标准为教育职业的成员描述了有效校长的专业实践，并能让他人理解。该标准明确提出高质量的学校领导对学生学习、教师职业和更广泛的社区发展至关重要。

20 世纪 80 年代后期，随着校本管理模式在澳大利亚的推广，各州(区)教育部越来越认识到校长对一个学校的发展起着决定性的作用。他们认为："校长是学校之魂，校长的能力、水平高低与学校办学质量有着直接的关系。"堪培拉奥康纳尔教育中心主任莫林·伊博尔认为，校长是学校的领导者与组织者、教育政策的执行者、学校计划的制定者、教学工作的管理监督者、学校文化的缔造者、教师积极性的调动者、学生信仰的塑造者、道德价值观念的维护者、教育思想的宣传者、未来社会目标的引导者和社会建设的奠基者，责任重大。

《澳大利亚 2020 纲要》提出："建立一个所有中小学都追求卓越的教育体系，让每个儿童都能接受最优质的教育"。《墨尔本宣言》提出共同努力来保证所有

---

〔1〕 徐瑾劼. 澳大利亚中小学校长的专业发展及领导力构建[J]. 学术探索，2012(2)：163-166.

澳大利亚青少年都拥有世界一流的高质量学校教育。为了履行这一庄严承诺，澳大利亚联邦政府在公布了《全国教师专业标准》(2010 年 3 月)之后，又于 2010 年 12 月推出了《澳大利亚全国中小学校长专业标准》(征求意见稿)，经过 7 个月的公开征求意见，由校长的关键作用、三大领导要求和五大实践领域为核心的《澳大利亚全国中小学校长专业标准》已于 2011 年 7 月正式面世。有了优秀的教师和杰出的校长，无疑为儿童接受最优质的教育提供了最坚强的保障(表 2-8)。

表 2-8 澳大利亚校长国家专业标准

一、校长在儿童和青年发展中的关键作用
21 世纪，校长是社会上最振奋人心和最重要的职业之一。校长帮助学生创造未来，对儿童和年轻人的发展负责，使之成为"成功的学习者，充满自信、富有创造力的个体和有智慧的公民"。 (1) 校长拥有如此坚定信念:教育对于当前和未来个体生活和社会发展的重要作用。 (2) 校长是学校中处于领导地位的教育专业人员。他们启发学生、教师和社区成员持续地促进所有个体的学习。 (3) 校长通过与广泛的人群建立网络关系并合作，从而确保所有学生获得最好的学习结果和福祉;并善于创建和维持专业关系和组织。 (4) 校长善于处理不确定、复杂和富有挑战的情境，并与他人共同努力寻求富有创造性和创新性的解决方案，来支持所有学生获得高质量的学习结果。 (5) 校长将对提高所有层次和所有阶段学生的学习成绩、促进公平和卓越、创造并维持优质教学赖以生存的条件、影响、制定和传播社会的期望和政府的政策以及对 21 世纪地方、国家及国际教育体系的发展等做出贡献
二、三大领导要求明确校长职业的基准
校长集领导和管理双重职能于一身。作为校长，应该满足以下三大要求:
1. *愿景和价值观* 校长负责制定学校发展愿景。他们在公平、道德实践、民主价值观和终身学习理念指导下，致力于促进年轻人和成年人的学习和发展。校长理解、领导、协调和服务社区的最大利益，并通过战略愿景、文化价值观、传统以及他们在整个学校中推动的积极的道德观得以体现。 (1) 能够在自己的专业实践中以身示范"为生活而学习"，并在与学生、教师、家庭和看护者以及广泛的社区交往中积极促"为生活而学习"。 (2) 能够鼓舞和激励儿童和年轻人、教职员工和学校社区及其合作伙伴，并为学生、教师和自己等每个学习者制定高标准。 (3) 能够在道德目标的激励下诚实工作。在与自己及学校实践和组织中示范价值观和道德观点。促进包括积极公民意识和包容在内的民主价值观

续表

2. 知识和理解

校长理解当今领导实践和理论，并应用这些知识促进学校发展。他们精通教育学、课程、评价和报告以及学生健康的最新研究成果和进展。他们了解相关国家政策、实践以及创新性举措，包括联邦和州的相关立法、协议和政策。他们理解儿童安全、健康和福祉的内涵，人力资源管理、财务管理和问责以及其他立法和政策要求在服务社区和社会中的重要意义。

(1) 了解当前教学、学习和儿童发展等方面的最新研究成果，并懂得如何应用这些研究成果来满足学生的需求，包括学校绩效管理和改进实践的策略。

(2) 能够应用当今教育政策、学校教育和社会及环境变化趋势和发展的知识和理解来扩大学校中的教育机会，并在合适的时候与学校董事会、管理机构及其他机构合作，共同实现这一目标。

(3) 能够应用领导和管理概念及实践的有关知识和理解，实施有效的战略领导和运营管理

3. 个人素质和社会及人际技能

这一要求体现了情绪智力、移情和个人福祉在学校及社区领导和管理中的重要性。校长定期检讨自己的领导和管理实践，并根据情境调整自己的领导和管理方法。他们自我管理良好，并使用道德操守和社会技能来有效处理冲突。他们能够在学校社区内创建信任，并为学生和教师创造积极的学习环境。

(1) 善于与他人合作，清晰地界定挑战并寻求积极的解决方案。他们知道何时作出决策，并能够使用可用的证据和信息来支持、影响和交流他们的决策。

(2) 能够有效地与他人交流、协商、合作和建议，并与所有学校社区建立良好的关系。他们是好的倾听者和教练，明确地应对并能够给予和接受反馈。

(3) 能够在工作的范畴内考虑社会、政治和当地情况。不断拓展自己的社交网络并提高自身的社会影响力。

由此可见，一名校长要拥有崇高的愿景和科学的价值观，以扎实的教育、社会和管理知识与理解为动力，以优秀的个人素质和社会及人际技能为支撑，才能不断远行，驶向理想的彼岸

三、五大实践领域指明校长的发展方向

中小学校长专业实践模型是一个环形结构，包括计划与行动反思和改进三个环节。“计划与行动”是指评估与诊断给定的情景，制定计划、配置资源并实施与学校愿景和价值观一致的计划；“反思”是指收集与分析数据并做出决策；“改进”是指考虑如何巩固现有实施成果，或决定怎样做才能改变或调整决策的制定

续表

1. 对教与学进行领导 校长创造积极的、富有挑战性和支持的文化环境，由此促成有效教学，培养富有激情和独立的学习者致力于终身学习。承担起创造有效教学的文化，引领、设计和管理教学的质量和学生全面发展的质量的责任。通过仔细的协作规划、监测和反思学生学习的有效性来为整个学校建立高标准。校长设置较高的行为和出勤标准，鼓励学生积极参与和较强的学生话语权。 计划和行动：能够将学习置于战略规划的核心，确保课程的多样化与灵活性，通过创新而灵活的教学方法，创造一个高效的学习环境；能够将战略规划转化为课堂行为、教学设计和教学；能够制定教育战略来保证教育产出公平，从而让学校成为学生、家庭和看护者及社区的学习场所。 反思：能够实施有效的学习与评估框架，并通过使用数据、基准线和观察来监测每个儿童学习进展。能够坚持并持续关注学生成绩。 改进：奖励并推广优秀的成绩，并对表现不佳者进行质问。能够推动有效的教师干预、矫正行动及后续措施。能够通过领导权分配实施相关战略，以使所有学生能够充分发挥潜力，成为积极的学习者
2. 发展自我及他人 校长与他人共同创建一个聚焦于教学和学习持续改进的专业学习社区，通过绩效管理，有效的持续专业学习和定期反馈，支持所有的教职员工实现高标准并发展自身领导能力。校长支持他人，提高能力并公平地对待和尊重他人。他们以身示范有效的领导，他们致力于自身持续专业发展、自我健康和福祉，以此管理复杂的角色以及角色所要求的广泛的学习能力和行动。 计划和行动：能够对别人承担的工作进行有效的规划，资源配置、支持和评价，能够确保任务清晰分配和责任明确；能够制定并坚持有效的战略和职员入职、专业学习、绩效反思程序；能够制定个人目标并对自己发展负责。 反思：反思、评价和支持教职员工，并为教职员工提供指导和咨询，让他们能够达到高标准；能够定期反思自己的实践；能够明确个人和团队的责任，并获得团队理解与赞同。 改进：甄别并奖励个人及团队取得的成就；能够通过培养新的领导人才，建立团队以及团队合作来实现学校目标，从而提高团队信任及抱负；能够甄别并奖励各类人才，支持解决问题和完成任务的不同方法；能够对绩效不佳的教职员采取恰当的帮助措施
3. 领导改进、创新和变革 为了学校及其设施的发展，校长与他人共同创造和实施目标明确、基于证据的改进计划和政策。他们认识到校长角色的关键是领导和管理创新和变革，以确保学校愿景和战略规划在学校得以贯彻落实，进而实现目标和目的。 计划和行动：与学校社区合作，以促进和维持学校提高效能。能够联合学校社区共同推动和坚持学校改革，并通过团队来领导和推动必要的创新和改革，以反映不断变化的需求和学校的期望，并利用项目管理来实现目标；能够在不断涌现的新技术开发中承担战略指导作用，以提高和丰富学生的教学体验

续表

反思：能够制定质量保证和检讨战略以促进学校改革，并确保所有人赞同、清晰理解及有效执行学校愿景。 改进：能够激发他人并与他人合作推动创新及新技术的使用以实现卓越；能够利用问题解决、创造性思维、战略规划来坚守改革；能够在学校发展的不同阶段呈现相应的领导风格
4. 领导学校的管理 校长使用广泛的数据管理方法和科技，有效组织和管埋学校的资源和教职员工，为学生创设安全且有效的学习环境，并实现资金的价值。这包括将任务进行合理分配和实施监测问责制。校长确保满足这些问责制。他们试图与学校董事会、理事机构、家长及其他有关方建设一所成功的学校。他们有效地使用广泛的科学技术，并高效得管理学校。 计划和行动：在用人机关或学校董事会确立的框架内，管理可支配的资源来支持有效的学习和教学。确保学校财政预算保证优先学习内容。创造反映学校价值观的组织结构，同时使管理系统、结构和过程在法律要求范围内有效运转。 反思：对人力和物力资源的配置进行监测和评估，以支持学校政策和战略规划在预算内实施。不断审查所有可用资源的范围和质量。评估资源使用效率以提高教育质量和全体学生学习成绩。 改进：有效且高效地管理学校人力、物力和财力资源以实现学校的发展目标和优先事项。恰当地吸引、发展、保留和分配教职工，并管理他们的工作负担，来实现学校发展愿景和目标
5. 激励社区参与和合作 校长提倡包容，并能够在考虑学校社区和教育系统多样化的前提下建立“高预期文化”。能够根据学生的智力、精神、文化、道德、社会、健康和福祉等创建“尊重”的校风。能够促进对土著文化的理解和融合。承认并使用学校社会的丰富和多元的语言和文化资源。认识并满足来自社区面临复杂挑战的学生、家庭和看护者的需要。 计划和行动：为确保教育机会均等，能够制定相应战略来打击偏见和对劣势群体的歧视。与家庭、看护者，适当情况下也包括社区团体、机构和个体、企业或其他组织的合作，来加强和充实学校，并将其价值观推广至更广泛的社区。制定和维持有效的联络和意见征求机制。 反思：确保学生的学习体验不脱离社区，并邀请和促进社区参与学生学习。积极寻求家庭、看护者和社区对学习质量的反馈以及他们对教育的期望。 改进：能够与家庭和看护者之间创建和维持有效的合作伙伴关系，以支持和提高学生学习成绩和自我发展。通过分享有效的实践、与学校和其他单位建立伙伴关系来对整个教育系统发展做出贡献。能够与相关机构合作来保护和支持儿童及年轻人

2. 中小学校长选拔任命

澳大利亚由选聘委员会组织选拔中小学校长，成员组成各州略有不同。如维多利亚州由理事会主席、家长代表和两位外校校长等 4 人组成。首都堪培拉地区则由一名资历较深或职位较高的政府官员、一名经过专门培训的专业人员和两位外校校长等4人组成。独立学校则由学校理事会确定，一般由理事会主席、家长代表、教师代表和社区代表等几方面人员组成。一般由州各分局的学校教育负责人（如督学）根据校长职位空缺情况向州教育人事部门提出遴选校长，填补空缺的申请，由遴选委员会负责招聘和面试。职位申请人被任命为校长后，应与政府主管部门（一般由学区督学代表）签订合同。合同对校长的任期（一般每届5年，任职期满后经考核合格可以连任）、待遇、工作目标、职责和权限以及政府应提供的工作条件等作出了具体的规定。

由此可见，澳大利亚中小学校长选拔制度，民主机制健全，监督机制完备。这种选拔方式确保了校长首先是对学校负责而非仅仅对上级负责，他需要协调的对外关系中最重要的就是对社区的关系而非对上级行政部门的关系。

3. 中小学校长评价

维多利亚州实施"未来学校"计划，校长每年要作一次教育规划，教育部每年进行一次评估，每六年为一个周期，评估内容包括学校形象、教学领导、学校管理、教育环境、人际关系、改进工作、特殊方面等；评估程序先由校长自我评估，再由其他校长评估，最后经主管局长认可；评估结果作为校长加薪的依据。堪培拉首都特区每两年对校长进行一次评估，采取会谈、问卷、查核数据资料和数码报告以及师生访谈等方式进行，评估结果形成报告，与校长本人见面，校长必须提出今后两年学校教育计划。新南威尔士州依据教育督学的日常随访和年度学校报告、学校改进计划的目标完成情况综合评估校长绩效。

本章从澳大利亚基础教育学制体系、管理体制改革、机构内部设置、财政和人事管理四个方面呈现澳大利亚基础教育体系及管理现状与特点。教育管理机构内部设置随着教育的发展而变化，教育管理权限不断下放，充分发挥教育一线的主动性和积极性，以校长队伍建设为中坚力量加强学校管理，既加强校长专业标准建设，又注重校长选拔人民的程序公平和参与民主。

第三章

澳大利亚基础教育课程

课程改革是澳大利亚基础教育改革的重中之重,特别是国家统一课程的产生过程,从地方课程到建立核心课程,再到建立国家统一课程,可以看到澳大利亚基础教育课程改革的核心内容,处处体现从放权到收权的理念。

第一节 澳大利亚基础教育课程演变过程

澳大利亚基础教育课程由分离主义走向集权化,由地方课程走向国家课程。[1] 20世纪80年代以来,风起云涌的课程改革运动,使澳大利亚中小学课程无论在联邦还是州级水平上,都发生了显著的变化。这些变化反映政府对课程改革的积极支持和人们对基础教育课程的切实关心。变化带来的一些新特点,也在逐步发展和加强,并成为澳大利亚教育发展的一种清晰方向和明显的事实。[2]

一、实施地方课程(20世纪60年代之前)

20世纪60年代之前,澳大利亚各州(区)中小学课程均由地方自行开发、自行设计、自行监控和自行管理。中小学的课程内容和教学主要由各州(区)教育部决定,学校和教师在州(区)教育部门规定的课程框架内,具体安排课程和实施教学活动。州(区)教育部门定期派督导员督查各个学校课程落实情况。

20世纪60年代末和70年代初,由于世界课程改革的深入推进,澳大利亚也开始关注课程改革。并逐渐受到西方课程改革运动的影响。

1957年,苏联人造地球卫星上天事件对美国人造成极大的影响,美国朝野

〔1〕 汪霞.当前澳大利亚课程改革的特点、困难和问题[J].外国教育研究,2000(3).
〔2〕 汪霞.八十年代以来澳大利亚课程改革轨迹[J].比较教育研究,1998(2).

纷纷开始反思基础教育,认识到基础教育质量远远落后于苏联,由此开启了一场基础教育课程改革大战。与此同时,英国基础教育课程由于长期坚持分权,中央和地方教育行政部门从不干预中小学课程设置,相反由学校校长和教师共同设置、开发、实施和管理基础教育课程。这一传统让人们对英国教育产生怀疑。为此,英国也试图建立国家核心课程。

在西方国家课程改革的影响下,澳大利亚掀起了基础教育课程改革浪潮。一方面成立有关研究与协调机构,如学校委员会、社会科学委员会、全国英语教学委员会等,共同研究、推进和协调基础教育课程改革。在有关机构的共同努力下,确立中央教育部门下放课程设置权和学校开设核心课程的改革。这一时期,中小学课程设置发生了较大变化,特别是中学课程,如课程门类增加、选修课比重增大、社会学和生物学课程等被列为重点课程。[1]

二、建立核心课程(20世纪70—80年代)

为解决青年失业率上升的社会问题,澳大利亚提出核心课程理念。澳大利亚政府认为,中等教育的一个重要职能是培养学生做好就业的准备。但是,长期以来,澳大利亚青年就业率不高,许多学生中学毕业后因不能就业而重返学校。与此同时,雇主们也抱怨雇佣不到理想的劳动力。

针对这一现象,大量研究表明,中学毕业生没有掌握就业的基本知识和技能,是导致青年人无法就业的根本原因。为此,必须改革中学课程,实施核心课程教学。[2] 1975年,澳大利亚成立国家课程开发中心,提出和支持课程规划和课程研究,帮助各州(区)教育部门和学校设计、选择和评估课程教材实施效果,以便联邦政府更好地协调课程开发。

联邦政府采取一系列措施推进核心课程开发和实施。一是1980年联邦教育部出台文件《澳大利亚学校的核心课程》,进一步明确核心课程的内容和定位。该文件明确规定核心课程的内容,应该由保障所有学生在校期间获得基本的、必

---

〔1〕 牛道生.澳大利亚基础教育[M].广州:广东教育出版社,2004:188-190.

〔2〕 核心课程是指要求每个人获得澳大利亚社会和就业必须的基本技能、基本知识和基本态度的课程。

要的知识和技能组成，核心课程不是指课程的基本结构，而是指普通教育中的某种共同知识和技能。二是1980年，澳大利亚启动实施《学校—就业过渡计划》，具体保障核心课程的实施。该计划旨在促进青少年在中学教育阶段接受一些职业技术培训，为将来毕业后就业做好充分准备，从而减少青年严重的失业率。三是1983年，全国实施一系列教育改革措施，促进普通教育与职业教育的沟通与协作。如《参与和平等计划》《青年训练计划》《技能培训计划》和《成人训练计划》等，主要改革学校课程设置，为学生开设更多的实用性强、适应性广的多学科课程。

三、创立国家课程(20世纪80年代—至今)

澳大利亚国家课程从理念萌生到真正实施，经历了较长的时期。

1. 国家课程萌芽阶段

澳大利亚是以6个州和两个领地形成的联邦制政府。由于历史和政治体制的原因，澳大利亚各个州和领地都有自己的教育政策、课程标准和评估制度。一直以来，澳大利亚没有全国统一的课程。联邦政府只是规定全国基础教育必须保证有8个核心学习领域，而每个领域课程的框架结构、基本理念、内容安排、评价标准及方式等，都由各州和领地自行确定。因此，各州和领地的课程之间有很大的不同，导致那些跨州转校的学生和跨州调换工作的教师无所适从。同时，各州和领地之间的教育质量也呈现明显的两极分化，从国家层面来说不利于提升全体澳大利亚学生的教育质量，因此，近年来许多人呼吁制定统一的国家课程。

同时，国际及国内环境的不断变化，也使澳大利亚教育面对着更多的挑战，教育目标和理念在持续变化。2008年，在由各州和领地教育部门负责人共同制定的《澳大利亚青少年教育目标国家宣言》中提到，20年来教育所面临的变化有以下五个方面：

一是全球一体化与国际交流在过去10年迅速发展，给澳大利亚人带来新的激动人心的机遇。这也提高了认识和尊重社交、文化和宗教多样性以及全球公民教育的需求。

二是中国、印度以及其他亚洲国家正在崛起，他们对世界的影响在增加。澳大利亚人需要通过建立与亚洲的紧密关系而了解亚洲人。

三是全球化与技术变化对澳大利亚教育与技能发展提出了更高的要求，提供给澳大利亚青少年的工作，其性质正以比以往更快的速度发生变化。需要专业技能的工作成为了主流，有大学或职业教育以及获得培训资格的人，在职场的境遇要优于只受过初级教育的人。要想使澳大利亚青少年最大程度地提高获得健康、高效和高薪工作的机会，就必须鼓励他们不仅要完成中等教育，还要进一步接受更高层次的培训或教育。

四是复杂的环境、社会和经济压力——比如超越国界的气候变化，向全世界提出空前的挑战，需要各个国家以新的方式进行合作。为了应对这些挑战，澳大利亚人必须要能够理解和运用科学概念和原理，以新的创造性的方式解决问题。

五是信息通讯技术高速持续的进步正改变着人们分享、使用、发展和处理信息和技术的方式，年轻人需要在此方面非常娴熟。虽然学校已经在学生学习中使用了这些技术，但还需要在未来10年里显著地提高他们的使用效果。在这种形势下，澳大利亚联邦政府以及各州和领地的教育部门协商，同意开发统一的、从幼儿园到十二年级的各个学科的国家课程。第一批先设计英语、数学、科学和历史领域课程。澳大利亚政府希望制定出的课程是"国际一流"的，在制订方式、课程结构以及文本的获取和利用方式方面都作出了努力。

在国内外背景的影响下，澳大利亚国家课程的酝酿也经历了漫长的阶段。

(1) 20世纪前后，国家课程朦胧化阶段

20世纪之前，澳大利亚各州依宪法规定，自行决定辖区内的教育课程与教学内容，没有全国统一的课程纲要。20世纪初，澳大利亚成立了以研究为主的澳大利亚教育研究委员会和以行政协调为主的澳大利亚教育委员会，以协调各州的教育活动。1993年，澳大利亚教育委员会同职业教育、就业及训练部长委员会、青年部长委员会等组成了教育、就业、训练及青年事务部长委员会，开始对澳大利亚教育改革展开系列推动工作。1995年，该委员会提出，要提高原住居民和托雷斯岛学生英文、数学的熟练程度。1999年4月，澳大利亚各州、地区及联邦教育部长召开教育、就业、培训及青年事务部长委员会会议，并一致通过了《阿德莱德宣言：21世纪国家学校目标宣言》，呼吁在全国合作的架构下达成

共识。

(2) 21 世纪初国家课程框架初步提出

2000 年,澳大利亚启动《21 世纪的教师——联邦政府教师质量行动》,支持各州和地区的教师教育活动、执行《优质教师方案》。2002 年 ,教育、就业、训练与青年事务部部长委员会会议通过了支持澳大利亚价值教育的推动计划,并颁布了《澳大利亚学校价值教育推动计划》。2003 年,前教育部长布伦丹·纳尔逊(Brendan Nelson)提出了实施全国统一课程的诉求,期待联邦政府在全国课程发展上扮演领导的角色。同年 6 月,教育、就业、训练及青年事务部长委员会陆续出版了澳大利亚各州课程内容研究标准框架,为各州提供课程设置参考。2004 年,澳大利亚联邦政府制定学校协助法,学校和主管教育单位只有全面、充分地参与全国性计划,才能获得经费资助。2005 年,教育、就业、训练及青年事务部长委员会发布了第一个《英文学科学习声明》(*Statements of Learning for English*),要求各州至少保证最低程度的相同英文课程教育内容。2006 年,澳大利亚课程研究协会发布《21 世纪全国课程制定指引》(*A Guide to Productive National Curriculum Work for The Twenty First Century*)。2007 年,澳大利亚联邦协会在发布的《澳大利亚学校教育的未来》(*The Future of Schooling in Australia*)中特别指出,各州要至少保证各课程最低程度的相同课程内容。

(3) 2008 年国家课程研制提上日程

2008 年,澳大利亚成立了全国课程委员会,负责监管全国课程的规划和决策工作,并首次提出了全国课程的讨论文件《国家课程纲要讨论提案》,供各界讨论。同年 12 月,教育、就业、训练及青年事务部部长委员会在墨尔本发表了《墨尔本宣言:澳洲年轻人的教育目标》。2009 年,教育、就业、训练及青年事务部部长委员会配合墨尔本宣言,提出了具体的《4 年行动计划(2009—2012 年)》,要求在 2010 年之前执行国家课程。2009 年 7 月 1 日,教育、就业、训练及青年事务部长委员会调整为教育、幼儿发展与青少年事务部长委员会。2010 年 12 月 8 日,教育、幼儿发展与青少年事务部长委员会召开第七次会议,批准并发布了澳大利亚国家中小学统一课程纲要,要求各州于 2011 年(最迟 2013 年)开始实施新的课程。2012 年 5 月,澳大利亚课程评估与报告管理局讨论、修订并正式颁布了纲要文本。至此,澳大利亚中小学课程彻底改变了过去各州各自为政的局面,真正开始实施全国统一的课程。

2. 国家课程研制阶段

澳大利亚国家课程六个版本见表 3-1。

表 3-1 澳大利亚国家课程六个版本[1]

日期	版本	评价
2009.2.19	1.0	2009 年 2 月召开的国家课程委员会会议通过
2009.5	2.0	根据澳大利亚课程评估和报告局的决议和规划进行更新
2009.8.11	3.0	根据澳大利亚课程评估和报告局关于关键问题处理及专家组召开专题会议对高年级课程讨论的结果进行更新
2010.5.6	4.0	澳大利亚课程评估与报告局委员会修订,主要针对在英语、数学、科学和历史学科课程开发过程中的问题,包括更加明确地划分个体和团体的角色和职责,并建立国家课程专家组
2011.1	5.0	针对英语、数学、科学和历史课程开发过程中需改进的领域进行修订,并纳入课程评估和评价阶段(评估和评价阶段仅供澳大利亚课程评估和报告局内部使用)
2012.2	6.0	根据课程开发过程的评估进行修订

澳大利亚国家课程研制经历了课程构建阶段、课程文本起草阶段、课程实施准备阶段和课程监测、评估和审查阶段四个阶段。[2]

(1) 课程构建阶段

课程构建阶段提出了学前准备到十二年级每个学习领域课程的概要,起初是作为建议文本,后来发展为《澳大利亚课程框架:学习领域》。这一文本由专家起草完成,明确每个学习领域的学习目标、组织结构和管理等方面的方向。与《课程设计》一文共同指导课程执笔者,同时作为评估每个学习领域[3]最终课程文本的质量的有效参照。这一阶段的关键部分是广泛征求意见,既面向社会

〔1〕〔2〕 ACARA. Curriculum Develoment Process. [EB/OL]. [2014-02-20]. http://www.acara.edu.au/verve/_resources/ACARA_Curriculum_Development_Process_Version_6.0_-_04_April_2012_-_FINAL_COPY.pdf. 2012-04.

〔3〕 学习领域是指《墨尔本宣言》中提出的学习领域和学科。

公开征求意见，又有目的地征求教师、学校、州(区)教育行政部门、家长、学生、专业协会、教师联合会、大学和工业及社区团体等利益相关者的意见。

(2) 课程起草阶段

课程起草阶段提供每个学习领域的澳大利亚国家课程标准，具体说明所有州和区教育行政机构、学校和教师应该遵循的每个领域的学习内容和成绩标准。这一阶段主要由写作团队完成，并得到专业咨询团队的支持。同样包括公开征求意见环节，与上一阶段相似，既面向社会公开征求意见，又有目的地征求教师、学校、州(区)教育行政部门、家长、学生、专业协会、教师联合会、大学和工业及社区团体等利益相关者的意见。起草阶段包括在国家课程框架出版过程中验证每个学习领域学业成绩最低标准和最高水平。

(3) 实施准备阶段

实施准备阶段通过在线方式将课程框架发布给学校主管机构和学校，以便学校和教师做好准备实施国家课程。各州(区)学校和课程管理当局负责课程实施和提供支持。澳大利亚国家课程评估与报告局与州(区)课程及学校当局，通过简报、介绍性材料和国家促进计划等方式，共同支持课程的实施。

(4) 监测、评估和审查阶段

对学前准备至十二年级国家课程实施进行持续监测、评估和审查，并通过年度报告的形式，向澳大利亚国家课程评估与报告管理局汇报发现的任何问题。这项工作由澳大利亚国家课程评估与报告管理局及各州(区)教育行政部门和学校行政领导共同完成。澳大利亚国家课程评估与报告管理局提供监测框架，包括有关研究问题和相关数据收集，根据监测发现的问题，可以对国家课程进行小范围调整或修订。

3. 国家课程实施阶段

2012 年 5 月，澳大利亚课程评估与报告管理局颁布《澳大利亚课程纲要》(*The Shape of the Australian Curriculum*)，要求全国各州(区)从 2013 年开始实施全国统一课程计划，各州(区)具体决定国家课程实施的时间表。

澳大利亚课程包括学习领域、一般能力和跨学科重点 3 个维度。其中，澳大利亚课程包括 8 个学习领域，有些学习领域包括一门以上学科(表 3-2)。

表 3-2 澳大利亚各学习领域国家课程进展情况[1]

<table>
<tr><th>学习领域</th><th>学科</th><th>由联邦、州和区教育部长委员会联合支持</th></tr>
<tr><td>英语</td><td>英语</td><td rowspan="4">2010 年 12 月</td></tr>
<tr><td>数学</td><td>数学</td></tr>
<tr><td>科学</td><td>科学</td></tr>
<tr><td rowspan="4">人文和社会科学</td><td>历史</td></tr>
<tr><td>地理</td><td>2013 年 5 月</td></tr>
<tr><td>经济和商业</td><td rowspan="2">正在等待最后通过。2013 年 11 月一致通过各州和区可以实施该课程，各州和区相关当局决定课程实施的有关事项</td></tr>
<tr><td>公民教育</td></tr>
<tr><td rowspan="5">艺术</td><td>戏剧</td><td rowspan="5">2013 年 7 月通过，但仍需与西澳大利亚协商</td></tr>
<tr><td>舞蹈</td></tr>
<tr><td>传媒艺术</td></tr>
<tr><td>音乐</td></tr>
<tr><td>视觉艺术</td></tr>
<tr><td rowspan="2">科技</td><td>设计与科技</td><td rowspan="4">正在等待最后通过。2013 年 11 月一致通过各州和区可以实施该课程。各州和区相关当局决定课程实施的有关事项</td></tr>
<tr><td>数字科技</td></tr>
<tr><td>健康和体育</td><td>健康和体育</td></tr>
<tr><td>语言</td><td>Under development</td></tr>
</table>

各州(区)实施国家课程步调不完全一致，大致是从 2011 年开始在部分学习领域实施，到 2016 年所有学习领域实行国家课程。[2]

---

[1] Australian Curriculum, Assessment and Reporting Authority. F-10 Overview [EB/OL]. [2014-02-22]. http://www.australiancurriculum.edu.au/Curriculum/Overview.

[2] Australian Curriculum, Assessment and Reporting Authority . Foundation to Year 10. [EB/OL] . [2014-02-23]. http://www.acara.edu.au/curriculum/foundation_-_year_10.html.

第二节 澳大利亚国家课程的定位、作用与目标

一、澳大利亚国家课程的定位[1]

1. 国家课程与具体教学的关系

澳大利亚国家课程是一个指导性的文件,它告知教师应该教什么、学生应该学什么和达到什么样的成绩标准。而具体的教学方式、评价方法等都由学校和教师自己决定。在《澳大利亚国家课程框架》中的“开发原则”部分提到,国家课程应该尊重教师的专业知识,认识到教师才是决定如何教学的人。教师应该以国家课程中的内容作为支持自己教学的基础,同时考虑到学生的家庭、文化和社区背景,以及学生的学习经验等各种具体情况,最终确定教学方式。

同时,国家课程是为所有澳大利亚青少年所需要完成的基本要求准备的,并不能完全适应所有人的需要。因此“开发原则”中也提到国家课程要给学生留下空间去学习标准以外的内容。

2. 国家课程与教科书的关系

澳大利亚国家课程首先有一个总的框架,规定了各个学科的课程开发中所需要遵守的原则和应当包含的内容。在此基础上,澳大利亚课程评估与报告管理局编写了《课程设计指南》,提供给各学科的国家课程撰写团队,作为开发各个课程的指导。国家课程更多的只是一种标准,而教科书是由出版公司根据课程文本进行编写,并由学校和教师进行选用。有些学校和教师也自己编写教科书。因为教师拥有教学自主权,每个学校的教师所采用的教材也不尽相同,有的甚至不用教科书。

---

〔1〕 教育部基础教育课程教材发展中心.澳大利亚新一轮课程改革(上)[EB/OL].[2014-02-23]. http://www.ncct.gov.cn/plus/view.php?aid=86.

二、澳大利亚国家课程的作用

国家课程的制订反映了“澳大利亚人团结合作，超越地理和学校界限，为所有澳大利亚青少年开发世界级课程的愿望。它将使我们能够共同努力，来明确所有的澳大利亚青少年应该学习什么，创造和维持世界级的教育体系。它涉及国家在全国范围内提供优质公平教育的责任”。具体而言，国家课程主要有以下几个方面的作用：

一是引导各州和地区聚焦于改善学生的学习以达到国家课程目标，避免各地各自为政而引起的繁复工作。

二是关注澳大利亚青少年需要获得的能力、知识和技能，使他们能够在未来全球化和信息化的社会中有效地参与，促进社会的繁荣。

三是能够更有效地开发更多的优质教育资源，使全国各地都能使用。

四是在每个州和领地之间课程都是一致的，这使得在州与领地之间学生便于交流。

五是转学、教师换工作后更加容易适应。

三、澳大利亚国家课程的目标

澳大利亚国家课程总框架中提出了课程的目标。这个目标的指导思想来源于《澳大利亚青少年教育目标墨尔本宣言》。总的来说，澳大利亚国家课程就是要让所有澳大利亚青少年都成为：成功的学习者、自信和有创造力的个体、积极和明智的公民。

1. 成功的学习者

(1) 具有学习能力，并在自己的学习过程中扮演积极的角色。

(2) 拥有必不可少的读写和计算能力，并成为有创造力和有效率的技术使用者，特别是信息通讯技术，以此作为在所有学习领域中获得成功的基础。

(3) 能够深入并进行有逻辑的思考，并以一种学术的方式，获得和评估在基础学科研究领域的成果。

(4) 具有创造性、创新性和资源获取能力，能够借鉴已学的知识和原理来解决问题。

（5）能够以各种方式进行活动计划：独立、与他人协作、以团队形式以及与他人交流观点。

（6）能够使他们对自己的世界观有一个思考，思考事情为什么会变成这个样子。

（7）能够对自己未来的教育、培训和就业有一个成功的规划，并掌握规划中需要的技能，做出生活中的各种明智的选择。

（8）能够充分发挥潜力。

2. 自信和有创造力的个体

（1）拥有自我价值、自我意识和自我身份的理解，使他们能够管理自己的情绪、心理、精神和身体幸福感。

（2）对生活和未来感到乐观。

（3）具有进取心、有主观能动性并具有使用它们的创造力。

（4）发展个性化的价值观和各种品质，如诚实、毅力、同情心、对他人的尊重等。

（5）拥有建立和保持健康、美满的生活所需要的知识、技能，理解和价值观。

（6）有足够的信心和能力去追求大学或者其他职业资格，以获得奖励和工作机会。

（7）很好地与他人形成和保持健康的关系。

（8）为生活中的各方面角色，如家庭、社会和职场角色都做好准备。

（9）抓住机会，使他们自己的生活充满理性和明智的决定，并为自己的行为负责。

3. 积极和明智的公民

（1）欣赏澳洲的社会、文化、语言和宗教的多样性，并对澳大利亚的政府系统、历史以及文化有一定的理解。

（2）了解和承认原住民文化的价值，学习原住民拥有的知识、技能，理解原住民所做的贡献，并从原住民与非原住民之间的融合中受益。

（3）致力于国家的民主、公平和正义的价值观的建立，并将这些价值观融入澳大利亚的公民生活。

（4）能够与不同文化融合沟通，特别是亚洲国家的文化。

（5）为共同利益工作，特别是在维持和改善自然和社会环境方面。

（6）做一个有责任感的有全球化意识和地方化思维的公民。

第三节 澳大利亚基础教育课程设置

本节从小学、初中和高中三个阶段,分别介绍澳大利亚基础教育课程的设置。

一、小学课程设置

澳大利亚现行国家课程体系为幼儿园—12 年级课程。幼儿园开设英语、数学、科学、历史和地理五门课程。小学 1—6 年级开设的课程基本一致,从三年级开始开设公民教育课程和从五年级开始开设经济与商业课程,所有年级均开设英语、数学、科学、地理、历史、艺术(舞蹈、戏剧、媒体艺术、音乐和视觉艺术)、设计与科技、数码科技、健康和体育(表 3-3)。

表 3-3 澳大利亚小学课程设置

年级	开 设 课 程
一年级	英语、数学、科学、地理、历史、艺术(舞蹈、戏剧、媒体艺术、音乐和视觉艺术)、设计与科技、数码科技、健康和体育
二年级	英语、数学、科学、地理、历史、艺术(舞蹈、戏剧、媒体艺术、音乐和视觉艺术)、设计与科技、数码科技、健康和体育
三年级	英语、数学、科学、地理、历史、公民教育、艺术(舞蹈、戏剧、媒体艺术、音乐和视觉艺术)、设计与科技、数码科技、健康和体育
四年级	英语、数学、科学、地理、历史、公民教育、艺术(舞蹈、戏剧、媒体艺术、音乐和视觉艺术)、设计与科技、数码科技、健康和体育
五年级	英语、数学、科学、地理、历史、公民教育、经济与商业、艺术(舞蹈、戏剧、媒体艺术、音乐和视觉艺术)、设计与科技、数码科技、健康和体育
六年级	英语、数学、科学、地理、历史、公民教育、经济与商业、艺术(舞蹈、戏剧、媒体艺术、音乐和视觉艺术)、设计与科技、数码科技、健康和体育

以英语课程为例,英语课程标准包括英语水平、学习内容和学业成就标准三个部分的说明。学习内容包括语言、文学和读写三个部分(表 3-4)。英语教学

应该平衡和整合三个部分，聚焦培养学生的知识、理解和听、写、读、说和创作能力。英语成绩标准接受模式（听力、阅读和观察）。

表 3-4 小学一年级英语课程框架与内容

语言	文学	读写
语言变异与变化： 让学生理解在澳大利亚英语是众多语言之一，家人、同学和社区居民可能说其他语言	文学与语境： 认识到文本是作者讲故事和分享个人经历的一种载体，作者的经历与读者可能相似或不同	语境中的文本： 识别相似的文本及其使用语境
语言的交互性： 探索由于人与人之间关系的不同，语言使用在家庭和学校的不同。 理解可以用语言探索表达需求、喜欢和不喜欢的多种方式	回应文学： 反馈所读文本，识别出喜爱的故事、作者和插图。 分享文中事件和人物的感受和思想	与他人交流： 在正规和结构化的课堂情境中，聆听和口头反馈文本和与他人的交流。 使用交流技巧，如聆听他人，使用恰当的声调、清晰的发音和适当的身体语言、手势和目光接触。 向同伴呈现较短的口头陈述
文本结构和组织： 理解文本有多种表现形式，篇幅可简短也可特别长，故事和说明文的目的不同。 理解有些语言的书面语和口语有所不同。 理解标点符号是书面语不同于字母的一个特征，识别人名中如何使用大写字母，以及大写字母和句号分别代表句子的开头和结尾。 理解印刷字体和屏幕的概念，包括书籍、电影和简单的数字文本的工作原理，并了解印刷体的一些特征，如定向性等	检查文学： 找出文章中的事件和人物的特征，并能复述。 识别不同文学素材文本，找出其人物特征，例如，传统文本和韵律诗歌的开头和结尾不同。 复制故事、押韵诗、诗歌、诗词的韵律和语音模式	
	创作文学： 通过表演、使用插图和映像复述文学文本	翻译、分析和评价
表达和设计观点		写作
语音和字母知识		

预备阶段结束后，学生应该能够通过预测和提问策略来理解文本的意义。在熟悉的话题中，回忆文章中的1～2个事件。学生应该理解有不同类型的文本及其这些文本之间具有相似的特征。建立起文本与个体经历之间的联系。

就数学课程而言，数学能力包括理解、流畅性、问题解决和推理，贯穿于数学课程的三部分内容，数字与代数、测量与几何、统计与概率(表3-5)。

表3-5 小学一年级数学课程框架与内容

数字与代数	测量与几何	统计与概率
数量和价值： ①理解语言和按顺序数数，从任何一个数数到20或从20开始数。 ②建立数字的名称、数字和数量之间的联系，包括从数字0开始，到10及以上。 ③认识物体的小集合。 ④比较、排序和对照集合，从头到20，并解释其推理过程。 ⑤根据实际情况进行加法和减法	使用测量单位： ①通过直接或间接比较做出长短、轻重或多少的判断，并用日常用语解释推理过程。 ②用日常时间用语比较和排序事件的持续时间。 ③将每周的天数与熟悉的时间和行为建立联系	
模型和代数： 对熟悉物体进行整理和分类，并说明分类的依据。用物体和绘画复制、延续和创造模型	形状： 分类、描述和命名周围的二维和三维物体	
	位置与转换： 描述位置与运动	

预备阶段结束时，学生能够建立10以内数字名称、数字与数量之间的关系。他们能够从体积、长度和容量等方面比较物体，能够将事件与每周的一天联系起来，并解释事件的发生顺序和持续时间。能够用合适的语言描述位置信息。学生能够数到20并整理小集合。根据共同特征分类物体，并对形状和物体进行分类。学生能够回答简单问题来收集信息。

就科学课程而言，科学课程内容包括理解科学、获得科学技能和作为人类努力的科学(表3-6)。这三部分课程内容互相联系，并进行整体教学。预备阶段结束时，学生能够描述熟悉物体的特性及其行为。他们能够提出环境如何影响他们及其他生物。学生能够分享对熟悉物体和事件的观察结果。

表 3-6 小学一年级科学课程框架与内容

科学理解	作为人类努力的科学	科学获取技能
生物科学： 生物有基本需求，包括食物和水	科学的性质及其发展： 科学包括通过感知探索和观察世界	提问和预测： 回答有关熟悉物体和事件的问题
化学科学： 物体由一定具有可观察特性的材料构成		计划和实施： 利用感官探索和观察事物
地球和空间科学： 人类生活环境的日常和季节性变化，如天气影响人类日常生活		加工和分析数据及信息： 参与有关观察的讨论，并使用诸如绘画等方法来表达观点
物理科学： 物体的运动方式取决于一系列因素，如物体的大小和形状		交流： 与同伴分享观察结果和观点

其他课程框架与内容在此不一一介绍，详见 http://www.australiancurriculum.edu.au/。

二、初中课程设置

初中第一年或前两年为通识教育，所有学生均需参加。初中第三年，学生将选择核心课程进行学习。核心课程通常包括英语、数学、科学、社会和环境、第二外语、科技和应用研究、创新艺术和个人发展，健康和体育等。有些课程的深度和难度都比较复杂。初中课程设置及主要内容，初中部分课程内容模块见表 3-7 和表 3-8。

表 3-7 初中课程设置及主要内容

年级	开 设 课 程
七年级	英语、数学、科学、地理、历史、公民教育、经济和商业、艺术—舞蹈、戏剧、媒体艺术、音乐、视觉艺术、设计与科技、数字科技、健康和体育
八年级	英语、数学、科学、地理、历史、公民教育、经济和商业、艺术—舞蹈、戏剧、媒体艺术、音乐、视觉艺术、设计与科技、数字科技、健康和体育

续表

九年级	英语、数学、英语、数学、科学、地理、历史、公民教育、经济和商业、艺术—舞蹈、戏剧、媒体艺术、音乐、视觉艺术、设计与科技、数字科技、健康和体育
十年级	英语、数学、英语、数学、科学、地理、历史、公民教育、经济和商业、艺术—舞蹈、戏剧、媒体艺术、音乐、视觉艺术、设计与科技、数字科技、健康和体育

表 3-8 初中部分课程内容模块

课程	内容
英语	①语言;②文学;③读写
数学	①数与代数;②策略和几何;③统计与概率
科学	①科学理解(生物科学、化学科学、地球和空间科学、物理科学);②科学功能(科学的性质及发展历程、科学的使用和影响);③科学探究技能(提出科学问题和预测、计划和实施、加工和分析有关数据和信息、评价和交流)
地理	①地理知识和理解(环境变化与管理、人类福祉地理学);②地理探究和技能(观察、提问和设计,收集、记录、评价和呈现地理信息;③解释、分析和概括地理信息,交流地理信息,反思与反馈地理信息)
历史	①历史知识与理解(现代世界和澳大利亚历史概述)深入研究(第二次世界大战,权利和自由、全球化时代);②历史技能(历史年表、术语和概念,历史问题和研究,分析和使用历史来源、视角与解释,解释和交流)
公民教育	①公民知识与理解(政府与民主、法律与公民、公民、多元化和身份认同);②公民技能(提出问题和研究问题,分析、整合与解释公民信息,解决问题和做出决策,交流与反思公民角色)
经济与商业	①经济和商业知识与理解;②经济和商业技能
数字科技	①数字科技知识与理解;②数字技术工艺和生产链
健康和体育	①个人、社会和社区健康(保持健康、安全和有活力,为健康和幸福交流和互动,促进健康和活跃的社区);②运动和体育活动(活动身体,理解运动,通过运动学习)

三、高中课程设置

为了使学生做好未来进一步深造、就业和成人生活做好准备,高中课程设置体现出为进入社会和从事职业的准备(表 3-9)。

表 3-9 高中课程设置

年级	开设课程
十一年级	古代历史、生物、化学、地球与环境科学、英语、英语作为附加语言或方言、基础英语、基础数学、普通数学、地理、文学、数学方法、现代历史、物理、专业数学
十二年级	古代历史、生物、化学、地球与环境科学、英语、英语作为附加语言或方言、基础英语、基础数学、普通数学、地理、文学、数学方法、现代历史、物理、专业数学

澳大利亚基础教育每两年为一个阶段，中学 6 年的学习时间分为三个阶段。

7—8 年级以打基础为主，通过丰富的课程为学生未来的发展奠定基础，其课程包括英语、地理、历史、数学、科学、体育与健康、外语、音乐、美术、技术。

9—10 年级学生主要为获得初中毕业证书而努力，为此，他们要学习 6 门必修核心课程及相当数量的选修课。图拉姆拉中学提供的选修课涵盖 5 个领域，包括技术与应用、人类社会与环境发展、健康与体育、创意与表演艺术、外语，每一领域内有若干门课程。

11—12 年级，也就是我们通常所说的高中阶段，澳大利亚学生要为获得高中毕业证书和进入大学而努力。这一阶段的课程更加尊重学生的兴趣、能力差别以及未来发展的不同志向，因此这一阶段的课程只有英语一科是必修，其他皆由学生自选，学生选够 12 个模块的课程即可从高中毕业。学生可以根据自己的发展愿望专注于擅长的学科，不用被动地学习自己不喜欢的东西。〔1〕 高中各学科课程内容见表 3-10。

表 3-10 高中各学科课程内容〔2〕

课程	内　　容
古代历史	① 对远古过去的认识和理解，包括对古代社会关键人物、社会制度、结构和特征的认识和理解； ② 开展历史调查的能力，包括调查和研究技能，以及使用资料、基于证据的辩论和交流解释历史事件； ③ 对关键历史概念进行分析和批判性思维能力，包括历史证据、历史变迁与持续性，因果关系、历史意义、历史共鸣、历史视角、解释、陈述和辩论； ④ 领会古代社会有关的思想、信念和价值观的起源和对当今社会的影响和意义

〔1〕 皮拥军. 澳大利亚高中课程避免为考试而教[N]. 中国教育报，2011，11(11).

〔2〕 ACARA. Earth and Environmental Science[EB/OL]. [2014-03-10]. http://www.australiancurriculum.edu.au/SeniorSecondary/science/earth-and-environmental-science/RationaleAims.

续表

生物	① 发展学生对生命的惊讶和好奇心,培养学生尊重所有生物和环境; ② 理解生物系统之间如何互相联系和互相作用,生物系统之间的物质和能量的流动,以及生物系统如何维持和变化的; ③ 理解与生物系统在所有层次上的变化有关的主要生物学概念、理论和模型,包括从亚细胞到生态动力学; ④ 理解生物学知识发展变化的历史过程,科学家如何在广泛的应用中使用生物学知识,以及生物学知识如何在地方、区域和全球范围内影响社会发展; ⑤ 计划和实施实地调查、实验室实验和其他研究调查的能力,包括手机和分析有关定性和定量数据并对数据进行解释; ⑥ 在评价可能性和应用生物学知识时能够创造性地、分析式地使用合理和基于证据的论据; ⑦ 使用恰当的表述、模式和体裁交流生物学知识、发现、论据和结论
化学	① 对化学充满兴趣和重视化学以及它的实用性,有助于解释在不断变化的世界中遇到的现象和解决遇到的问题; ② 理解有关化学理论和模型,用于描述、解释和预测化学系统、结构和属性; ③ 理解影响化学系统的因素,以及如何控制化学系统以达到预期结果; ④ 将化学视为实验科学,通过独立和合作研究得以发展,并对社会和决策产生重要影响; ⑤ 实施一系列科学调查的专业技能,包括手机和分析定性和定量数据并解释有关证据; ⑥ 批判性评价和辩论科学证据,以解决问题和得出易于接受、富有责任意识和符合伦理要求的结论; ⑥ 使用恰当的表述、语言和专业术语向广大听众解释有关化学知识和发现的能力
普通数学	① 理解数字和代数、几何与三角学、图表与网络以及统计等数学领域的概念和技能; ② 使用数字和代数、几何与三角学、图表与网络以及统计等数学领域的概念和技能解决应用问题; ③ 数学和统计推理和解释技能; ④ 使用恰当的数学和统计语言,通过简洁和系统的方式交流有关数学和统计问题解决活动结果; ⑤ 合理、有效选择和使用科技
英语	① 听说读写和评论技能; ② 根据不同目的、听众和背景进行写作的能力; ③ 理解和领会语言的不同应用

续表

基础英语	① 听说读写和评论技能； ② 根据不同目的、听众和背景进行写作的能力； ③ 理解和领会语言的不同应用； ④ 在工作、团体和学术环境中有高效、自信且富有创造力得应用语言和信息； ⑤ 理解文本结构、文体和印刷特征共同影响文本意义； ⑥ 熟练使用和创作多式联运、文学和数字文本
基础数学	① 理解数学和统计的有关概念和技能； ② 使用数学和统计概念解决应用问题； ③ 进行数学和统计推理和解释； ④ 简洁而系统得进行数学和统计交流； ⑤ 合理选择和使用科技
专业数学	① 理解组合数学、几何、三角、复数、向量、矩阵、微积分和统计的有关概念和技能； ② 使用组合数学、几何、三角、复数、向量、矩阵、微积分和统计的有关概念解决应用问题； ③ 恰当选择和使用科技； ④ 数学和统计推理、解释数学和统计信息，如确定问题解决方案的合理性； ⑤ 简洁而系统得进行数学和统计交流； ⑥ 构建证据
数学方法	① 理解代数、公式、微积分、概率统计的概念和技能； ② 使用代数、公式、微积分、概率统计的概念和技能解决应用题； ③ 数学和统计推理、解释数学和统计信息，如确定问题解决方案的合理性； ④ 简洁而系统得进行数学和统计交流； ⑤ 合理有效选择和使用科技
地球与环境科学	① 对地球和环境科学充满兴趣，理解这一多学科知识如何解释当下的有关议题； ② 理解地球作为一个动态星球包括四个互相作用的系统，即地壳圈、大气圈、水圈和岩石圈； ③ 领会地球的复杂交互互动，包括长时间内持续改变地球系统的多元平行过程； ④ 理解地球和环境科学知识经历了长时间的发展，在多种背景下得以应用，受社会、经济、文化和伦理观念的影响，反过来也影响以上方面； ⑤ 实施多样实地调查、研究和实验室调查，搜集和分析定性和定量数据，并解释相关证据； ⑥ 批判性地评价地球和环境科学概念、解释、要求和结论； ⑦ 使用恰当的表述、文体和体裁交流地球和环境知识、发现、论据和结论等

澳大利亚基础教育课程的独特之处还在于，英语和数学学科分为若干水平层次，学生可根据自身情况进行选择。作为 11—12 年级唯一的必修科目，英语分成了标准英语、高级英语、英语拓展 1、英语拓展 2、作为第二语言的英语及英语基础等。数学在此阶段虽不是必修科目，但大多数大学的理工专业要求数学成绩，所以也是学生选修的重要科目。高中数学同样分为通用数学、数学拓展 1、数学拓展 2 等几个层次。

澳大利亚公立高中还设置了相当数量的职业教育课程供学生选择。职业教育课程由学校与当地的职业教育学院合作开设，涉及财会、建筑、汽车制造、娱乐、家政、信息技术、零售、旅游等领域。学生可根据自己的能力倾向及未来的发展愿望选择课程，为上大学作准备。可以看出，澳大利亚公立高中课程设置既为学生的全面发展奠定基础，又不会让学生感到负担沉重、压力巨大。它尊重学生的差别，课程设置层次丰富、类型多样，满足不同学生发展的需要。

四、特色课程

澳大利亚的中学在课程设置上充分满足学生的需求，关注学生的个性发展，还开设各种形式的特色课程。

如西莫尔顿学院的课程大体上分成基础课程、扩展课程、职业技能课程和生活技能课程四大类，涵盖英语、数学、科学、人类社会与环境、技术和应用研究、创造艺术、外语、个人健康发展与体育等学科领域。其中的基础课程除了自然科学（如数学、化学、生物等）、人文科学（如历史、政治、宗教等）、社会科学（如经济学）外，还有多语种的外语课程，如汉语和日语等。在上述种类繁多的基础课程之外，西莫尔顿学院还开设了形体舞蹈、戏剧表演、工艺美术、黑管、萨克斯等扩展课程，以及服装设计、木工制作等职业技能课程，充分关注学生的个性发展，多方位地培养学生的兴趣，发展学生的综合能力。

澳大利亚教科书制度实行自由制，即教科书的发行和使用完全自由，发行由出版社控制，使用由各学区或学校自行决定，无需上级教育行政部门的批准和认可。[1]

---

〔1〕 肖万. 世界上的教科书制度[J]. 内外教育，1982，4:20.

(表 3-11)

表 3-11 澳大利亚教科书制度〔1〕

初等教育教科书								中等教育教科书							
发行、审定等					供应			发行、审定等					供应		
发行者		审定	认定	自由选用	无偿供应	无偿出借	有偿	发行者		审定	认定	自由选用	无偿供应	无偿出借	有偿
国家	民间							国家	民间						
	√			√		√	√		√			√		√	√

澳大利亚基础教育课程经历多次变革,特别是 20 世纪 80 年代以来,随着世界基础教育课程改革的深入推进,澳大利亚也掀起了基础教育课程改革浪潮。其特点为:一是澳大利亚基础教育课程改革最大的特征是由分权制、分离式课程走向集权制、统一式课程;二是国家统一课程的研制和实施过程稳步推进,不断修订、不断完善,实施过程也由点到面,提高课程的科学性和适应性;三是课程设置采取模块化方式,如高中数学课程由普通数学、基础数学和数学方法等方面构成,加强知识系统性和关联性。

〔1〕 沈晓敏.世界各国教科书制度对我国的启示[J].全球教育展望,2001(9):66-71.

第四章

澳大利亚基础教育学校教学

基于澳大利亚灵活的办学体制、权力下放的管理体制和精细化的课程体系，使澳大利亚中小学校教育灵活多样，环境创设丰富，其特点是突出学生主体和个别差异，尊重学生发展需求。

第一节 澳大利亚小学课堂教学模式

在当代澳大利亚小学教学中，结构主义教学模式占主要地位。结构主义教学模式的核心，是鼓励学生建构自己的知识，提供机会让学生去认识客观世界，或教师和学生共同工作，一起解决问题，以发展学生的智力，提高他们的批判性思维能力。

一、教学策略以问题解决为主

澳大利亚教学秉持指导性的实践过程，它允许学生通过自身的经验来体验制作过程，从而建立起有关的知识。维多利亚州格陵兰小学(Glendal Primary School)教师大多使用这一教学方法。

以“如何制作蛋糕?”这一课为例。

在课堂中，教师展示制作蛋糕的所有原料，并逐步示范从混合各种原料到把蛋糕拿出烤炉的全部制作过程。

学生根据自己的观察，分组讨论如下问题：一是制作蛋糕需要哪些原料？二是每种原料的数量是多少？三是教师是如何依次完成烘烤蛋糕的？随着讨论的展开，根据学生的讨论难点与问题，教师不断补充更多的信息。

随后，教师将全体学生分成四个小组自己动手制作蛋糕。在自己动手制作的过程中，学生遇到一些在观察教师制作蛋糕时没有注意到的问题，如将制作原料混合到何种程度等细节问题。届时，教师给予及时帮助和指导。通过以上过程，学生不仅知道了如何制作蛋糕，理解了什么因素会导致失败，而且也学会了如何解决在制作蛋糕过程中遇到的困难。

这就是澳大利亚小学通常使用的问题解决式教学法，通过观察、动手和解决问题逐步构建知识。

二、教学始于已有知识

概念是通过对观察的事物分类而形成的抽象的形式。概念能使我们把具有相同属性的事物组织起来。概念的形成可以通过自己的发现，也可以通过接受性学习获得。对于结构主义来说，学习中强调的是如何让人们吸收新的知识到现存的智力体系中，以及他们如何重构这些智力体系。结构主义教学模式认为，教师的功能是作为一个促进者或合作者，引导学生在新的知识与现存智力体系之间建立联系。

在格陵兰小学四年级的科学课上，为了让学生掌握“哺乳动物”的概念，教师首先要求学生回忆他们所知道的动物，把这些动物的名称写在黑板上，通过讨论、分析、比较，找出这些动物的共同点和不同点，然后根据动物的特点进行分类，最后区分出哺乳动物和非哺乳动物两大类，从而理解“哺乳动物”的概念。

在这个过程中，学生根据原有的知识，通过分类，提炼出不同类型动物的本质特征，归纳出新的概念。这个新的概念是通过对现有知识的比较、分析、归纳而形成的，是建立在现存的智力体系之上的。比起传统的教师讲授概念、学生记住概念的学习过程来说，在这种教学方法中，学生表现出更大的学习热情和主动性。这个学习过程也和人类认识世界的过程是一致的。

三、教学注重综合多方面能力

在格陵兰小学一年级的课堂里，教师向学生呈现 1 组 4 幅图画，其中第 4 幅是空白纸。要求学生根据对前三幅画的理解和想象，写出一个故事，然后根据每人所写的故事情节及想象，画出第四幅画，并根据第四幅画来结束这个故事。在这个过程中，学生运用语言能力来写故事；运用分析能力来判断四幅画之间的关系；运用想象能力来结束故事；运用运动方位能力来完成第四幅画。

此外,在格陵兰小学四年级课堂中,当教师介绍完中国的中秋节以及中秋节与灯笼的联系后,就开始介绍如何设计、制作中国灯笼。在课程的前半段,学生们理解了一些有关的中国文化及其历史,同时掌握了制作灯笼的基本技能;在课程的下半段,学生们开始自己制作灯笼。由于各个学生的不同喜爱和创新,千姿百态、色彩各异的灯笼充满了整个教室。在这样一种愉快的学习气氛中,学生不仅获得了有关中国的历史和文化知识,也掌握了制作灯笼的基本技能。这是一堂成功的混合了技术与社会科学的课。

由此可见,澳大利亚小学课程是综合的课堂,既是学生语言能力、思维能力和想象能力等多方面能力的综合课程,同时又是知识与技能整合的课程,课堂上既有静态知识,又有动态认识和学习的过程,在动态学习过程中掌握静态知识。

四、突出讨论式教学方法

在南得瓦丁小学(Nunawading Primary School)四年级的课堂中,在"决心""信心""诚实"等概念教学过程中,教师把学生分成3个小组,给他们一些相关的阅读材料和需要思考的问题,并要求他们讨论这些问题。教师提供的阅读材料包括有关"信心""决心""诚实"的一般定义和相关故事。每个学生根据他们所在小组的讨论情况来完成作业。一名学生写道:"决心意味着需要坚持,永不放弃;建立你的目标和做任何你能做的事。"关于信心,另一名学生这样表达:"不要说你不能做,再试一次,你将会达到。""诚实就是当教师问我问题时,我以实回答。"

五、赏识每一个学生

在澳大利亚学校的课堂里,教师总是强调学生的学习过程,鼓励学生尝试不同的解决问题的途径,不管答案是否正确,教师总是以一句"好孩子"来赞赏,表扬学生尝试想问题、提出假设的积极性。

在技术课和社会科学混合课上,教师仅仅是介绍一些有关制作灯笼的基本技能。每个学生创造出的不同形状、不同颜色的灯笼,有的复杂而精致,有的简单而粗糙,但在教师眼里,每个灯笼都是最好的,因为都通过了学生想象、创造和实践的过程。

在教学中，如果期望学生成为一个独立的和有效的思考者，学生就必须有机会实践高一级的思维形式，即发散式思维。这是服务于批判性思维、创造性思维和评论性思维的一种手段。在格陵兰小学一年级的教室里，教师给学生一些字母：W、S、I、M、N、G，然后要求学生根据这些字母造字、造句等，也就是说你能用这些字母做任何你想做的事。教师并不限制学生的思维方向，而是提供给学生多种选择的机会。

六、给学生信心和积极的态度

在澳大利亚小学的教室里，教师相信没有失败的学生，只有更好的学生。每当教师检查完学生的作业后，总是这样评价学生："这很好！但是你如果再修改一下，你会做得更好。""你做得对，但你是否可以换个角度来尝试一下呢？"他们总是设法让学生对学习、生活有强烈的自信，通过正面的评价和强调来鼓舞学生的积极态度和自信。采用学生的建议和主张，也是一种非常有用的鼓舞学生自信心的好方法。

在格陵兰小学的中文课上，教师在教授学生如何用中文表达方向和数字时，往往先要求学生造一些关于表达方向和数字的句子，然后大声朗读。如有学生举手提出建议，可以通过以下游戏来进行：一个学生遮住眼睛，另一个学生抛一个骰子，骰子上的数字是多少，这个学生就大声要求遮住眼睛的那个学生往前、或往后、或往左、或往右走多少步。教师接受了这个建议，把学生分成不同的组进行比赛，看哪组的错误率最低。抛骰子的学生需要口头表达能力，遮住眼睛的学生需要运用听力。[1]

---

〔1〕 马东蘋.澳大利亚小学课堂教学模式[J].西南师范大学学报(哲学社会科学版),2000(3):92-95.

第二节 澳大利亚中学课堂教学

澳大利亚的中学教育与许多欧美国家的基本相同，他们创设宽松、和谐的学习环境，注重学生提出问题、分析问题和解决问题能力的培养，尊重学生的意愿，满足学生个性发展的需要。通过课堂环境布置、教学理念、教学方法和教学目标等方面的介绍，可以呈现澳大利亚中学课堂的教学模式。

一、教学环境布置突出个性

在有学者参观考察的近10所学校中，学校教学设备比较齐全，每班有学生桌椅20多套(每个教学班学生在20～30人)。九年级以下的年级，每个教室有五六台电脑；九年级及以上的年级，由政府为学生每人配备一台电脑。教室放置橱柜若干供摆放教具、学具或学生自带物品，有的教室讲台旁有投影设备，使用浅绿色的新型黑板和无粉尘的易擦彩色水笔。桌椅摆放大多按学生喜欢的样式，有五组梅花式、四组方阵式、半围讲台的会场式，以及和我们相同的四组竖排式。根据学生的爱好布置教室内的环境，张贴学生自己创作的作品，橱柜内摆放学生自己制作的工艺品和体育、娱乐用品。

学生上午9点上课，允许迟到(但学生的纪律观念都比较强，除特殊原因外，都能准时到校)；两节课后吃早茶点，然后再上两节课；12点吃午餐；下午1点上课，3点下课后便是自由活动时间，学生可以参加体育、艺术、劳技活动等，也可以回家。

二、教学理念突出学生快乐成长

澳大利亚的学生家长认为这样的学习时间足够了，少年儿童时代应该让孩子们尽情地享受快乐。家长们总是设法满足孩子们健康玩耍的需要，双休日在休闲娱乐场所随处可见“亲子”活动。公立学校1—10年级不允许布置学科知识类的书面家庭作业，私立学校有一点作业，但学生能非常轻松地完成。十一年级和十二年级有一些作业，但实际负担并不重，有的教师每周只让学生做一张练习卷。

教师的教学着重于学生的理解能力、思维能力、想象能力和一些技能方面的培养，让学生在快乐中学习。而学生的学习则着眼于个人兴趣的满足、思维能力和动手能力的提高，以及取得成功的快乐。

此外，澳大利亚教师可以根据教学大纲自主处理教科书的讲授内容和安排教学进度，教师可以自己确立一个主题或实验来组织教学。物理、化学、生物、地理、计算机、劳动技术等课程都有专用教室，学校提供大量专用仪器设备和教具，教师在教学演示以后，就可以让学生自己动手做，直到学生完全学会为止，重在培养学生的动手实践能力。

三、课堂教学注重联系实际

英语文学课，教师可以完全不使用教科书，而是让学生去买一本自己想看的长篇小说，让学生在课上借助词典阅读。在读完几个章节后，组织学生讨论小说的情节，谈自己的想法。有的教师要求学生不要看小说结尾，让学生续写结尾，或是就读过的部分写评论。到一本小说读完时，学生的文学欣赏能力、口头表达能力和写作能力都有较大的提高。

英文和历史教师常常会根据国内外大事组织学生研讨一些问题，例如，在澳大利亚会不会发生类似于“9·11”那样的恐怖事件，阿富汗难民是否可以进入澳大利亚，澳大利亚政府参与两次世界大战是否有意义，澳大利亚应该怎样应对能源危机等。

教师组织学生到互联网上或图书馆查找资料，访问家人、朋友、邻居和社会人士，了解他们的看法，然后进行分析，提出自己的看法。不管学生发表怎样的见解，教师基本都会给予充分的肯定，教师也可以在讨论的过程中陈述自己的观点。这种教法对于培养学生的分析问题和解决社会实际问题的能力是十分有效的。

四、课堂教学注重培养学生能力

教师不照本宣科是澳大利亚中学教学的一大特色。下面从生物课、营销课、数学课来看澳大利亚课堂教学如何注重培养学生能力。

生物课：在学习“光合作用”时，教师会从家庭种花、种果树说起；学校每学期都要组织一次为期数天的生物课，教师常常以学生在日常生活中遇到的生物现象为例导入新课。

营销课：教师在教学结束前会发动学生在校内举办一个小型商品交易会，让学生把自己不用的物品、玩具或自己做的工艺品拿去卖，要求他们运用各种方式尽力推销商品，去赚取最大的差价和利润。

高中数学课：在90分钟时长的课堂教学中，教师讲授时间为30分钟，其余时间学生自己看书理解、做练习，不懂则提出问题，教师给予辅导，仍不懂教师再作辅导，一周的数学作业相当于我们一张8开纸的练习卷。

澳大利亚教师致力于教法的研究，使教学目标、教学内容、教具学具和学生实际有机地融为一体，形成教学过程的最优化，他们充分发挥自己的创造力和想象力，设计出行之有效的教学方法，激发学生的求知欲，让课堂充满欢笑和活力，让学生增长智慧、提高热情。〔1〕

第三节 澳大利亚特色教学模式

澳大利亚各州(区)教学模式各不相同，现以维多利亚州E5教学模式和新南威尔士州优质教学模式为例介绍澳大利亚的特色教学模式。

一、维多利亚州E5教学模式

在维多利亚州的课堂上，师生关系非常轻松，这种和谐的师生关系是建立在

〔1〕 马长泽. 思考与借鉴——有感于澳大利亚中学的课堂教学[EB/OL]. [2014-03-10]. http://www.auaac.com/wzlb/2013310.html,2013-10-28

彼此相互尊重的基础上。教师支持学生学习和解决问题，给学生挑战和不断激励学生。如果学生有任何困难或问题，教师都会不遗余力帮助学生。在维多利亚州公立学校里，教师创设条件和环境促进学生建立自己的知识架构，使学生更积极地学习而不是“死记硬背”，自由地表达、分析和发展自己的想法和意见，用最适合学生个体的方式学习。

教师通过多种方式和多种途径理解学生不同的学习风格，并使用最新的科技实施教学，让学生提问、与同学和教师进行互动的信心，成为一个独立、自信的学生——我们注重对分析思维和“动手能力”的培养，与您的老师建立个人关系——这是助您成功的一个关键因素。

维多利亚州的典型教学模式为 E5 教学模式，即——参与(Engage)，探索(Explore)，解释(Explain)，阐述(Elaborate)，评估(Evaluate)。[1]

基于以上特点，澳大利亚维多利亚州采用 E5 的教学模型，即“Engage(参与)，Explore(探索)，Explain(解释)，Elaborate(阐述)和 Evaluate(评估)”。[2]该教学模型启动于 2009 年，经过一年半的开发与检验，成为维多利亚州每堂课坚持的高质量教学模式。

1. 参与阶段

在这一阶段，教师培养积极的师生关系和学生之间的关系，与学生一起建立对学习和师生互动的共同期望。教师需要激发学生的兴趣与好奇心，鼓励学生提问，并建立课堂教学内容与现实生活之间的联系。在课堂伊始，教师安排学生一定的学习任务以回顾已有知识，鼓励学生温故知新。教师提出具体学习目标，制定明确的学生学习成绩和评价标准。同时帮助学生思考和确定实现学习目标的学习过程安排。

2. 探索阶段

在明确学习目标的基础上，教师布置学生富有挑战性的作业，不断鼓励学生提出问题、研究问题、收集相关资料。届时，教师为学生提供相应工具，告知学生

---

〔1〕〔2〕 Department of Education and Early Childhood Development. How you learn[EB/OL]. [2014-03-11]. http://www.study.vic.gov.au/deecd/learn/study-in-victoria/cn/teaching-methods-australia.cfm.

合理的步骤，供学生思考和组织学习过程。教师评价学生的思维，适时提出疑问，帮助学生扩大视野，反思自己的学习。

3. 解释阶段

教师为学生提供机会表达自己看法和理解。在学生表达完之后，教师清晰地讲授相关知识、概念和技能。教师为学生提供策略，帮助学生将新旧知识联系和组织起来。教师帮助学生更好地表达自己的观点，或用图文并茂的方式，引导学生参与听、看、读、写和说的各项活动。教师逐步评定学生的理解水平，创造机会让学生练习新的技能。

4. 阐述阶段

通过让学生参与对话，不断加深和提高学生的理解水平。教师支持学生辨识，并界定概念之间的关系，支持学生建立原则或规则。教师选择学生熟悉的和陌生的背景，不断构建学生转换和归纳知识的能力。教师支持学生提出假设并予以验证，通过学习和研究得出结论并加以证明。教师监测学生的理解水平，提供特定的反馈，并据此调整教学。

5. 评估阶段

教师支持学生不断完善和提高自己的学习。根据各个阶段的学习目标正式记录学生的进步，教师提供反馈，帮助学生评估学生进步和成绩。支持学生反思自己的学习过程，反思自己的学习努力程度对学习成绩的影响。

该E5教学模式并不是给每个教师开出的固定“药方”，而是作为教师课堂教学的告知谈话，引导观察，批判与课堂实践反思一个指导框架。教师有效教学方式和方法有很多。所有教师运用其专业判断，根据他们的教学的具体环境和特定的学生群体而调整自己的教学方法。

二、新南威尔士州优质教学模式(Quality Teaching)

自2003年以来，新南威尔士州采用优质教学模式，这一教学模式突出智力素质、优质学习环境和学生对学习的重视三个要素(图4-1)。下面分别介绍这三个要素具体内涵(表4-1—表4-3)。

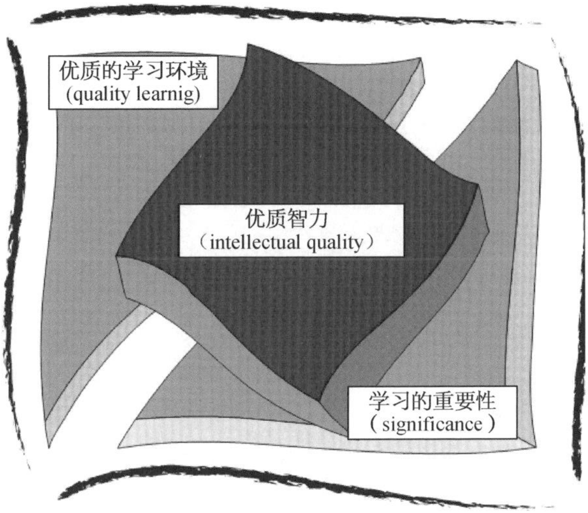

图 4-1 优质教学模式示意图

表 4-1 维度 1〔1〕——智力

智 力 素 质
1.1 深层的知识
与某个主题、科目或者关键学习领域(KLA)相关的主要概念,或者对主题、科目或者关键学习领域非常关键的知识,都是深层的知识。当老师或者学生提供信息、原因、论证等来强调某个关键概念或者思想的重心和复杂性时,或者与其他关键概念有复杂的关系时,说明是深层的知识。深层的知识与课堂中表达内容的方式有关
1.2 深层的理解
当学生表现出其理解了中心思想和概念时,说明是深层的理解。当学生系统、全面、多方面探究关系、解决问题、整理说明、得出结论时,学生会表现出深层的理解。深层的理解与学生表现出来的学习有关
1.3 不确定的知识
当对某一知识的理解不是确定的,而是由社会因素构成的,与政治、社会、文化影响相关时,这种知识被认为是不确定的。许多对立的、有潜在冲突形式的知识体现出并被认为是开放的。例如,在讨论"我的家庭"时,家庭成员可以指不同的人(一个、两个或者多个父母;没有兄弟姐妹或者很多;大家庭或者小家庭),家庭的概念由环境决定

〔1〕 NSW Department of Education and Communities. Using the NSW model of pedagogy as a framework to reflect on PDHPE programs and practice[EB/OL]. [2014-03-12]. http://www.curriculumsupport.education.nsw.gov.au/secondary/pdhpe/prolearn/reading/pr_005.htm.

续表

1.4 高阶思维
高阶思维要求学生掌握知识和思想,进而转变他们的意义和影响。为了分析、综合、解释、推论或者得出某种结论或解释时,学生把事实和思想联系起来,就会产生这一转变。在这些过程中掌握知识和思想可以鼓励学生解决问题,并创造新的意义和理解。当学生进行高阶思维时,可能会产生意料之外的概念、思想、结论等,促进学习的新方向。除非有机会参与高阶思维,否则学生很难实现对某一概念的深层理解
1.5 元语言
关于元语言的课程在谈论语言及文本如何工作时要求比较高。在需要注意课程中的重点或者当学生理解有困难时,老师或者学生经常需要注意特定的文本要素(例如,词、图片、符号)。这种讨论常常重点指出不同的句子、各种类型的文本、论述和符号表征如何工作;比较对比不同文本;从而表现出语言和符号如何构成文本、知识和力量。关键学习领域(KLA)专业术语和科目不包含在它的元语言中,除非用它来解释非专业术语。符号系统作为语言的形式构成某种意义。当语言是关于或者用来评论这些符号系统如何工作的,才被认为是元语言
1.6 实质性的沟通
在具有实质性沟通的课堂上,关于课程内容会有持续的交流与互动。具有实质性沟通的课堂有以下三个特征: • 持续的互动 • 沟通聚焦于课程主旨 • 互动是相互的 这一要点表明要求提高一致共识的沟通(口头、书面或者符号)质量。鼓励学生针对研究和讨论的主题提出问题,并运用这些理解课程

表 4-2 维度 2——学习环境

学习环境质量
2.1 明确质量标准
高级明确质量标准由学生提出,通过频繁、详细、明确的关于工作质量的陈述表达出来。当老师和(或者)学生检查他们自己的工作,或者别人的工作时,明确质量标准可作为参考要点。提供带注释的范本,工作样本或者范本,根据这一标准表明高素质学生的表现。这些范本可以来源于过去的学生或者其他人
2.2 参与
表现在对课堂任务认真投入的专心的行为可以表示对课堂的高度参与。这些行为包括持久的兴趣和注意,专注于工作,对工作有热情,认真对待工作。学生主动提出问题、完成小组作业、帮助同伴等也明显表现出高度课堂参与。但是,认真参与经常缺少可论证的形式

续表

2.3 高的期待
当老师或者学生沟通交流关于班级所有人都可以学习对他们来说有挑战的、重要的知识和技能的期待时,被认为是高的期待。鼓励学生在学习中理解概念。当期望学生在各个方面,可以掌握在智力、体力、或者以绩效为基础等方面的挑战,被认为是高的期待。 这一要点强调的不是多少学生参与了这个课程,而是多少学生参与了具有挑战性的工作
2.4 社会支持
具有高的社会支持的学习教室环境,鼓励学生在相互尊重的氛围中,即使可能失败,也努力尝试。这一环境的特点是,老师和学生的表现、评论以及行动都鼓励和重视在学习过程中的努力、参与,以及意见的表达。如果课堂上出现了不同意见和冲突,在全面考虑的基础上,可以以建设性的方式解决。 教师有义务建设保持具有相互尊重氛围的教室环境
2.5 学生自律
当课程进度不被打断,学生的行为表现出自主性,且不影响课堂学习时,被认为是高度自律。这种情况下,在课堂上,几乎没有花时间或者说没有必要花时间约束或者管理学生行为。 确保活动目的明确,内容生动有趣,让学生觉得非常值得自律
2.6 学生导向
高度学生导向的课堂把学生活动视作下列一项或者几项的主导力量: • 活动的选择 • 活动的时间 • 课堂节奏 • 评判标准 当学生对自己参与的活动、如何完成活动等有责任感时,这种活动就常常以学生为中心(例如,小组任务、个人研究和实践调研项目等)。 教师根据教学内容以及学生的程度,可以适当调整学生控制上述四方面内容的范围

表 4-3 维度 3——学习

学习的意义
3.1 背景知识
当课程需要学生把所学知识、经验及课程主旨联系起来时,背景知识很重要。背景知识包括学前知识或者课外知识,例如当地知识、文化知识、个人经历和媒体流行文化知识等。 这一要点的重点是背景知识和课程主旨是否有联系,对课程主旨学习是否有价值

续表

3.2 文化知识
当需要了解、评价、接受不同社会群体的传统、信仰、技能、知识、语言、实践、礼仪等时，文化知识非常重要。当课程需要可靠、详细、深刻的认识并评价来自不同社会群体的知识时，文化知识非常重要。不同社会群体在主流澳大利亚文化统治下，有不同的特征，例如在社会经济状况、性别、种族划分、种族、年龄、性行为、残疾、语言、和宗教等当面。 这一要点与认识并评价不同社会群体的知识紧密联系
3.3 知识整合
当不同主题或者不同科目进行有意义的联系时，知识整合非常重要。例如，当学生处理需要来自不同主题或者科目领域的知识时，知识整合程度就要求很高。 知识整合，对其他主题领域的理解和技能只有在对加深关键概念理解有帮助时，才能提高学习效果
3.4 包容性
当教室内的、来自不同文化、不同社会背景的所有学生都参与到课程公共任务，以及他们的贡献都被重视时，表明课堂高度包容。当课堂否定偏见和歧视，任何个人，不论他们所属社会群体，都能感到被鼓励积极参与课程教学时，表明课堂高度包容。 这一要点特别要求认识重视来自不同社会群体的学生
3.5 连通性
当学习在课外和校外有价值和意义时，表明课堂具有高度连通性。当课堂传授了一些关于解决公共问题或者学生将会碰到的实际经历和情况时，表明课堂具有高度连通性。通过和别人交流知识，对社会问题提出解决办法，向他人提供帮助，或者创造业绩或产品，探索他们的利用及美学价值，尝试与课堂外的人进行交流互动，也表明课堂具有高度连通性。 明确并让学生探索他们的环境和重要概念之间的联系
3.6 叙述
当编写、讲述、阅读、观看、聆听一个故事，以生动的形式阐明帮助学生在课堂上学习知识时，使用叙述方法很重要。叙述包括个人故事、自传、历史事件、案例分析、文学文化文本等。如果故事与课堂主旨没有联系，或者对学生学习没有启发性时，叙述将无意义。只有课堂中的叙述可以提高课程主旨意义时，叙述才能有用。 课堂中可以把叙述当做内容(例如学生阅读或者听故事)或者当做一个过程(例如学生编写或者讲述故事)

第四节 澳大利亚基础教育教学组织

澳大利亚中小学教学组织方式不同,在小学阶段主要以包班教学为主,中学阶段有的学校实行走班制。

一、包班教学

澳大利亚的小学普遍实行小班化教学,每班学生人数在 20~25 人之间。在6—12岁的小学阶段,实行包班教学,基本由 1 名教师负责全班所有课程(甚至有多个年龄段孩子组成的复式教学班),每个班级约有 20 名左右的学生。中学阶段后采用分科教学,由拥有专业背景的学科教师承担具体课程教学。

小学教育共有 5 大学科,有英语(语文)、数学、社会研究、艺术(包括音乐、美术、手工和戏剧)和保健(包括体育和品质培养)等。澳大利亚小学实施包班制,一名教师或称班主任全包一个班,除一些学科如体育、计算机外,班主任传授所有课程。包班教师还有一名或以上的助理教师,帮助给学习有困难的学生进行辅导补课。英语课作为最重要的学科(相当我们的语文课),一般学校会配备专门的英语阅读教师,通过阅读培养学生语言表达能力和分析问题能力。教师的教学过程并不是以知识的传授为主要目的,而是让学生在学习过程中培养学生真正的能力。另外,图书管理员除了管理图书外还要给学生上课,指导学生如何利用图书资料收集所需要的信息。

澳大利亚小学普遍推行复合班,即两个年级被安排在一个班里学习。通常是低一年级程度好学生与高一年级程度差一些的学生放在一道学习。他们认为这种班式有许多好处,有利于学生取长补短,协调发展。而复合班也是在定期或不定期进行重新组合,这个月你在二/三年级,下个月你可能到三/四年级去了。在同一班里学生通常根据不同目的、个性被分成四五个小组,进行分层教学。另一个方面通过助教形式给位于学习程度两端的学生进行额外辅导与补课。

二、走班制

以昆士兰州西莫尔顿学院为例，该学校设有小学部和中学部，中学部为7—12年级。全部实行走班制，每天安排3节大课，每节课由两节50分钟左右的小课组成。

西莫尔顿学院全部采用走班制，每天安排3节大课，每节大课由两节50分钟左右的小课组成。早上学生到校后到指定的教室向带班老师报到，然后就按照自己选修的科目，到相应的教室上课。上课前学生都必须在教室的走廊上列队，任课老师会与孩子们亲切地问好，有些学生还会跟老师开些有趣的小玩笑，师生间的交流非常轻松愉快。

学生在进入教室前，必须统一将书包放在教室门口的铁架子上，只带着与这节课相关的讲义、笔记、文具进教室。这样，学生无论是坐在座位上，还是在教室内走动，都无需与庞大的书包"抢"空间，教室环境显得更整洁、更美观，为教师的教、学生的学营造出一个更加宽松的学习氛围。

上午的第一节大课结束后，有25分钟的上午茶(Morning Tea)时间。学生背上书包，三三两两来到草地上、休息区席地而坐，吃着从家里带来的点心，聊聊天。随后，各自再到下一节课的教室外排队。这种自由、快乐的氛围，一定程度上缓解了课业的负担和压力，孩子们怀着愉快的心情进入下一堂课的学习。

这种走班制看似松散，实则非常有序，因为走班制的课堂管理依托于严格、完善、规范的校园网络管理平台，老师上课的第一件事就是网上点名。教师用自己的用户名和密码登录到校园网后，会看到自己负责课程的列表，里面详细标有当天的课程名称、任教年级和学生人数，点击进入课程后，就会出现本节课所有应到学生的名单列表，上面有每位学生的照片、姓名等信息。学生应答"到"后，教师只需点击"确认"按钮，教学管理处就会同步收到该走读班学生的出勤信息。这就保障了全校的走班管理安全而高效，真正做到"形散而神不散"。[1]

---

〔1〕 澳洲教育:形散神不散的走班制[EB/OL].[2012-12-05]. http://www.ausens.com/blog/? p=932.

三、澳大利亚教学环境设计特点

在澳大利亚中小学,教学建筑物的设计都注重创造一种体验,而不是单调的教室。教师可能带领学生走出教室到更广阔的世界,同时将广大的社区带回学校。其教学环境具有以下特点。[1]

1. 以学生为中心

学校设计始于学生。环境对人们的学习方式有影响。高质量的教学,必须在能让学生积极学习的高品质设计的建筑中进行。

2. 创造体验的地方

创新的、清新而且现代化的教室设计使学生感到学习是开放的、令人兴奋并充满可能性的。教学空间可以随学生个人或者小组的使用需要而变化。学生也可以在社交活动或在课外一同进行非正式的学习。

3. 灵活的空间,适合不同的学习风格

优秀的设计是灵活的。澳大利亚学习环境多样,学校拥有不同类型的教学空间,因为学生以不同的方式学习,需要做各种的活动。学校的设计服务于:

- 独立学习
- 小组学习
- 自我反思
- 启发创造性
- 使用科技
- 培养动手能力

4. 不仅是"讲课"

我们的教师将课程与学生个人的需要联系在一起。精心设计的空间使学生更容易一起学习,无论是小组或是全班一起。

5. 教室外的课堂

如果学生使用他们所有的感官与连接到他们身边的环境,他们能更好地吸

〔1〕 Department of Education and Early Childhood Development. Learning Spaces [EB/OL]. [2014-03-14]. http://www. Study. vic. gov. au/deecd/learn/study-in-victoria/cn/australian-classrooms. cfm.

收知识。我们的学生不仅是在教室内学习。课堂不仅在室内也在室外。学校会组织各类户外活动,让学生对自然环境以及社区有更多的了解。

6. 应用现代科技

科技将我们带出课堂,让学生有机会接触到外面的世界。笔记本电脑,互动白板,数码相机,个人音乐设备(如 iPod 播放器)和移动电话都是我们现代学习环境的一部分。短信和互联网语音(VoIP)工具如 Skype,让我们的学生能与身处世界另一端的学生联系上。

7. 着眼于未来

当我们设计或重新设计学校时,我们都以长远的眼光来建设校园。生态可持续发展的校舍设计让我们的学生懂得要为创造和保持一个可持续发展的未来承担责任。

第五节　澳大利亚特色学校案例分析

下面将围绕教学环境创设主题,分别介绍贝莱尔小学和 YEA 高中两所学校在教学环境创设方面的做法与特点。

一、贝莱尔小学(Bellaire Primary School)构建开放灵活的学习环境

贝莱尔小学主要通过“打掉墙,推开门”来创新物理教学环境,积极引导教师和学生转变观念来创新心理教学环境,使教学和学习活动自由、开放、高效地进行。

贝莱尔小学拆掉走廊的一堵墙,打通原有 3 个教室和 1 个教师办公室,同时充分利用一个通道的空间。在现有的空间基础上,学生自主设计学习环境,学生提出自己对学习环境的设想和期望。以小剧场为例,学生希望构建一个可以开

展一些艺术活动及摆放不同类型家具的空间。学生自主选择一些不同类型的家具,如懒人沙发、笔记本电脑等之类的东西。学校放权给学生,让学生设计课程,让学生自主设计教学环境。

贝莱尔小学聚焦于发展学习社区,传统的教室环境中间的墙已经没有了,墙拆掉了,安装上六角旋转门。在开放的物理环境基础上,如何创设开放的学习文化更为重要。学校需要去发展一种文化,打开门,作为一个学习社团的团队教学的文化,而不是之前分离的团队工作,改变过去"你在那端,你在另一边,这是我的桌子,这是你的桌子,呆在那里,我们不想看到彼此"之类的环境,一定要打开这扇门。所以,发展这种环境的最重要在第一步就是要建立一种意识,类似"是的,我们要团队教学""是的,我们要建立联系",这样有助于学生学习个性化,因此,把门打开成为中级单元的文化,教师开始在不同年级进行团队教学。

充分利用学校的走廊空间是贝莱尔小学教学环境创设的一大特点,具体方法是把走廊当做学习空间进行试验。教室所有的门都是开放的,这样学生可以在走廊里学习。所以走廊里没有任何书包挂钩之类的东西,所有放书包的地方都移到了最后面。在走廊上放置了白板和一些懒人沙发,建立一些学习角,效果非常好。不过也有一些缺点,如整个走廊管理非常难。

整合学习空间与办公空间是贝莱尔小学教学环境创设的另一特点。如图4-2所示,学校的走廊一半是学习的空间,另一半是公共的办公空间。把桌子移出教室,移到走廊,让它成为一个教学空间,既能满足独立空间的需要,也有利于教师之间集体办公和相互协作。

在物理环境创设基础上,如何引导教师和学生转变观念和认识,实现从传统的教室环境到新的学习环境至关重要。因为这种转变需要经过较长时期,并分阶段实现。初始阶段,大家仍然处于稍偏传统教室的环境中,这样做可以鼓励他们接受,直到他们融入更大、更开放的环境中。如图4-3所示,学习空间非常大,大概可以踢50米远的球。从已有的环境中创造开放的环境,是非常大的转变,非常实用,在学校其他领域中也可以反映出来。

图 4-2 办公空间

图 4-3 学习空间

在开放教学环境创设的高级阶段,每个学生都有各自的时间表。周一工作非常灵活,工作室和传统的课程相似。学生自己报名,可以选择任何教师。实践表明,某些孩子和某些教师在一起学习效果更好,所以可能一些学生在选择的时候会因为教师而选择,一些学生可能选择根据他们提供的来选择,教师与学生之间开展一系列独立的会谈,讨论学习内容。[1]

二、YEA 高中创造环境促进家长和社区参与教育

YEA 高中通过澳大利亚教育蓝图项目(The Big Picture Education Australia)这一项目,加强学校与家庭、与社区的密切联系,创造环境和途径使家长和社区参与到学生教育中来。已有研究表明,学校和家庭对学生成绩的影响比重分别为 80%和 20%,为此,YEA 高中非常重视家庭参与学校教育。该学校实行咨询组织教学,每个咨询组织有 11～17 个学生,其组织结构如图 4-4 所示。学生处

〔1〕 Innovative Learning Environments Expo 4[EB/OL].[2014-03-17]. http://www.education.vic.gov.au/Documents/school/teachers/support/ileexpo4bellaire.doc. 2010-10-25.

于咨询组织的中心位置，家庭、顾问、导师、专家和顾问小组共同参与学校教育，促进学生学习和发展。

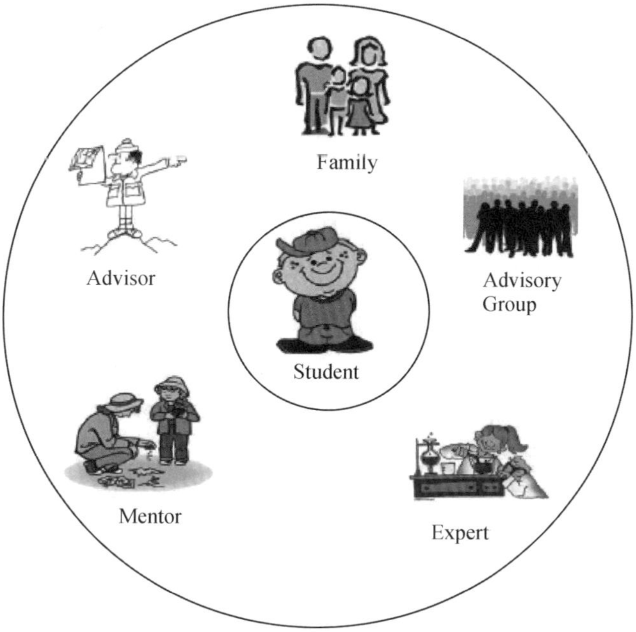

图 4-4 学生咨询组织结构图

YEA 高中秉持的教学理念是教育者设法独自完成所有的教学工作，让学生在系统的环境中学习。学生确实需要来学校，在学校学习。但是实际上他们可以在其他很多地方进行学习，可以在家里中学习，也可以在社区学习。这些学习环境也很重要，YEA 高中希望可以在学校、家庭和社区这三个学习环境之间找到一个连接点。

在家庭参与学校教育方面，学校采取一系列措施加强与学生家庭的联系。许多研究表明家庭对学生学习效果的影响。Alma 近期的工作也证明了这一点。大约 20%与学校相关，其他 80%的影响则来自家庭。但是作为教育者，我们许多工作都重视这一点。因为我们知道，如果我们要求优秀教师在课堂中好好教课，我们将会收获好的结果。但是因为家庭作用比例很大，所以如果你能深入挖掘，你也可以收获很多。学校希望家庭与学校保持友好的联系。当家长去学校的时候，作为家长，很多人害怕去高中。去小学的一般没有问题，因为是学生家长所在地的学校,但是当你去高中的时候,高中学习规模更大,让人觉得很难掌控。或许学校前台人员确实不怎么友善,你必须考虑很多事情。所以,学校尝试建立家庭友好的环境,具有包容性的想法,为建立与家庭合作的关系创造条件。

此外,加强与社区创建联系,让家庭外部的对其他对教育有兴趣的成年人参与进来。例如,在学校导师项目中,有年轻的布里奇特(Bridget),她是一个音乐家,而她是小布里(Brea)的导师,为学生学习提供咨询和指导。

学校非常重视将学校、家庭和社区三种环境联系起来。澳大利亚教育蓝图项目创设一系列的模式,使学习课程与学生兴趣紧密联系,同样通过导师及有关项目与社区联系在一起。社区学习需要父母、社区导师、学生和教师共同完成。因此,这确实是非常大的学习社区。同时这一项目对家庭参与也有较高的要求。

学生和老师约翰在指导室交谈的场景,如图 4-5 所示,她是在帮助学生解决问题。因此,我们要确保与家庭保持紧密的联系。作为指导老师,一个学期至少要和父母进行 3 次联系。在学期初,指导教师会和父母或者家里人以及学生一起坐下来聊一聊这学期的学习计划,学生谈一谈他们计划的思维导图。在一个学期,至少要打一次电话,确保所有事情都没问题,在学期末指导学生组织学生做一次展览,邀请学生家长来观察和体验学生的进步。

图 4-5 指导教师与学生一起讨论问题

学校确实在努力建立与家庭的紧密联系,约翰会通过简讯,电话等联系家长,或者家长来学校坐一坐,和指导教师聊一聊。作为指导老师,鼓励学生来这里,让学生知道在学校总有人他们可以随时联系。指导老师和学生待在一起的时间很长,既教他们英语,每周还要进行 10 次咨询会谈。所以,学生一半的时间与指导教师在一起。这样,在学校学生会觉得有个港口,让他们觉得有个一直在那里可以依靠。导师是联系学生和社区的基础角色。

在指导小组内,学生不仅仅可以向指导教师学习,学生之间也可以向彼此学习,这样指导小组内部就会形成非常紧密的关系。学校为指导小组提供很大很宽敞的开放学习空间,这一空间由门隔开,学生可以很轻松地学习,同时配备信息技术工具——投影仪、白板、软木板等,在宽敞的开放学习空间里,学生可以自由地在整个房间穿梭。学生可以通过软木板或者相似的东西展示他们的学习成果。如当学生上交他们的英语作业时,可以把它钉在通告板上,这样大家都可以看一看某个学生在英语课上的表现,看看他是如何完成某一具体任务的。软木板可以分享诸如此类的事情等。

此外,学校放置一些沙发,如图 4-6 所示,为了学生感觉到自己是受欢迎的,这样学生无论在休息时间,午餐时间还是上课之前,都有一个供他们休息的空间。之后当他们需要学习的时候,就到学习区去。

除了学习区外的区域,还有教学楼外的区域。如果学生想要更多的空间,他们可以出去外面,在那里也可以进行学习,如图 4-7 所示。

图 4-6 供学生使用的沙发

图 4-7 室外学习空间

另外,学校用开放的存储箱代替了老式的存储箱,如图 4-8 所示。这有助于建立信任。帮助学生建立彼此之间的信任,使学生信任在一起学习的人。在澳大利亚教育蓝图项目中,为每个咨询小组的学员配备一个笔记本,方便学生上网,查询相关资料,以完成自己的研究。

图 4-8 开放的储藏柜

学校在墙周围都放上了软木板,如图4-9所示。这些软木板让每个学生可以展示他们自己,拥有一块属于自己的空间。所以,当他们把这些放到窗沿上的时候,每个软木板上有学生的名字。每个学生展示自己"必须做"清单和日历,这里是他(她)的学习计划。

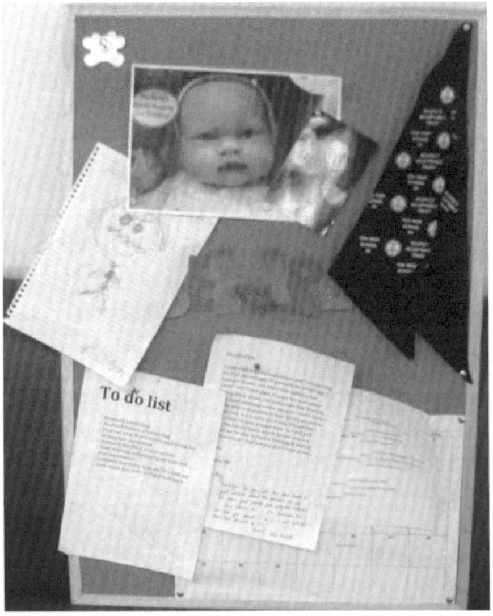

图 4-9 学生展示板

这是另外一种组织方式,使用软木板是一种能让学生更有责任感的工具,因为当学生走进教室,转一圈看看大家的软木板时,就会立刻意识到对于他们来说最紧急、最中心、最重要的以及他们目前正在完成的东西。

学生们在澳大利亚教育蓝图项目中学生学习英语、数学、体育等。上文提到过一周10次咨询会谈,通过咨询,学生们将会做项目工作。除了数学、英语和体育,其余课程基本上都是大家自由选择。这样,学生的想法和他们在咨询时谈到所做的事情,就是他们设计的项目,这一项目将会持续一个学期,学生都会带着热情或者兴趣来完成。在指导老师和同事的支持下,他们可以设计出满足这些学习目标的项目,同时也是他们感兴趣的,所有都基于兴趣,基于热情。

这里有一些示范主题是学生今年已经完成的、他们已经做的项目,以及可以满足学习目标的项目。例如,美发——布列塔尼(Brittany)一整年都在做这项研究——在这一过程中,她观察不同化学物品对头发的作用,研究会产生什么效果。使用不同的化学物品,记录反应,所有都是由她自己完成。因为指导老师不是科学教师,所以需要联系一位专业教师,和他约好时间,让他来看一下并指导一下实验,进而进行设计,看看怎么设计可以更好的检验这个理论等。所以,和科学教师一起工作,动手做实验,思考她发现的情况,观察数据,都是她在这一实验中要做的。

在每学期末的时候会进行展览,一年进行4次。展览有不同的作用。如上文提到,会让父母来参观,看看学生这一学期完成的工作成果,这也是学生庆祝自己的成绩的机会,展示学习成果,实现了学习目标,同时也标志着他们将进入下一学期,鼓励他们下学期做得更好。展览最棒的部分是学生反思在他们学习过程中遇到的情况,谈论这一学期他们学到了什么,并且他们已经把自己当做学者和学生这两种角色。[1]

澳大利亚基础教育教学模式,突出学生主体地位,关注学生个体差异,突出教学环境的支持。这些多样化、灵活性、开放化的教学模式,注重联系学生已有知识,尊重学生个体差异。同时,教学环境设计充分利用学校条件,突出学生体验,方便师生交流。

---

〔1〕 Innovative Learning Environments Expo 3. [EB/OL]. [2014-03-05]. http://www.education.vic.gov.au/Documents/school/teachers/support/ileexpo3yea.doc, 2010-10-15.

第五章

澳大利亚基础教育质量监测与评价

2000—2008 年，澳大利亚的教育、幼儿发展和青年事务部长会议(MCEECYA)每年发布《澳大利亚全国学校教育报告》，从 2009 年开始，澳大利亚全国学校教育报告的发布由澳大利亚课程、评价与报告管理局负责。澳大利亚课程、评价与报告管理局(ACARA)是一个独立的部门，它负责制定国家课程和国家评价项目，并负责收集和报告全国的数据。本章将从国家评估项目的概述、科学素养评估、公民素养评估和信息技术素养评估四个方面介绍澳大利亚基础教育质量监测与评价。[1] 澳大利亚基础教育质量监测系统如图 5-1 所示。

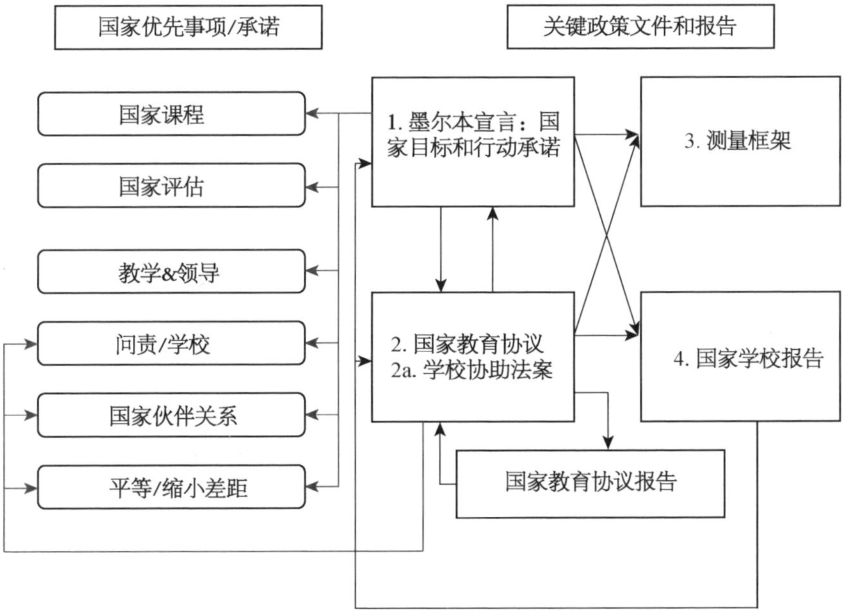

图 5-1 澳大利亚基础教育质量监测系统图

〔1〕 本章内容主要参照 ACARA. National Assessment Curriculum[EB/OL]. [2014-03-20]. http://www.nap.edu.au/nap-sample-assessments/napsa-assessment-frameworks.html.

第一节 澳大利亚国家评估项目概述

从20世纪90年代起，澳大利亚将教育质量摆在教育发展的关键位置，并通过制定国家课程标准、推行国家评价项目(National Assessment Program)和发布教育评价报告等举措，努力保障澳大利亚中小学教育的质量(表5-1)。

表5-1 澳大利亚基础教育质量监测概况

测量指标	对象群体	数据来源	评价频率
1. 读写素养			
(1) 达到或超过国家阅读最低标准的学生比例 三年级—2级 五年级—4级 七年级—5级 九年级—6级	三、五、七和九年级	国家读写和算术素养评价项目	每年
(2) 国家读写和算术素养评价项目阅读平均成绩	三、五、七和九年级	国家读写和算术素养评价项目	每年
(3) 达到或超过国家写作最低标准的学生比例 三年级—2级 五年级—4级 七年级—5级 九年级—6级	三、五、七和九年级	国家读写和算术素养评价项目	每年
(4) 国家读写和算术素养评价项目阅读平均成绩	三、五、七和九年级	国家读写和算术素养评价项目	每年
(5) 达到或超过OECD国际学生评价项目(PISA)综合阅读指标熟练标准(3级)的学生比例	15岁学生	PISA	三年一次(2012,2015)

续表

2. 算术素养			
(1) 达到或超过国家算术最低标准的学生比例 三年级—2 级 五年级—4 级 七年级—5 级 九年级—6 级	三、五、七和九年级	国家读写和算术素养评价项目	每年
(2)国家读写和算术素养评价项目算术平均成绩	三、五、七和九年级	国家读写和算术素养评价项目	每年
(3)达到或超过 OECD 国际学生评价项目(PISA)综合算术指标熟练标准(3 级)的学生比例	15 岁学生	PISA	三年一次(2012,2015)
(4)达到或超过国际数学和科学学习趋势(TIMSS)数学指标熟练程度(中级)的学生比例	四和八年级	TIMSS	四年一次(2010,2014)
3. 科学素养			
(1) 达到或超过科学素养熟练标准(2 和 3 级)的学生比例	六年级	国家科学素养评价项目	三年一次(2012,2015)
(2) 达到或超过 OECD 国际学生评价项目综合科学素养指标中熟练标准(3 级)的学生比例	15 岁学生	PISA	三年一次(2012,2015)
(3) 达到或超过 TIMSS 科学指标熟练程度(中级)的学生比例	四和八年级	TIMSS	四年一次(2010,2014)
4. 公民素养			
达到或超过公民素养熟练标准的学生比例 六年级—2 级 十年级—3 级	六和十年级	国家公民素养评价项目	三年一次(2010,2013)
5. 信息通讯技术素养			
达到或超过信息通讯技术素养熟练标准的学生比例 六年级—3 级 十年级—4 级	六和十年级	国家信息通讯技术素养评价项目	三年一次(2011,2014)

一、实行国家评价项目的原因

国家评价项目是澳大利亚政府、教育部门、学校和社区,藉以判定澳大利亚青年是否达到重要的教育结果的评价工具。

澳大利亚的未来取决于每个公民的素质,这些公民需要拥有必要的知识、技能和价值观,以便在一个有教养、公正和开放的社会中,过上一种颇有建树和收获丰厚的生活。高质量的学校教育是实现这一愿景的根本。

在一个人们的流动性日益加剧的社会中,今天的大部分学生在他们的一生中,会在澳大利亚甚至海外的许多地方生活和工作。因此,建立全国一致和明确的学生成就测量标准,并利用这些评价结果指导未来的政策制定、资源分配、课程规划以及实行必要的干预项目,就显得非常重要。国家评价提供有用的学生成就信息,并可以在全国进行比较。参与这些评价的学校,不仅有利于的本校的学生,而且也有利于每个州和领地的学生。

二、实行国家评价项目的目标

1. 推进学校改进

澳大利亚所有的学校都可以从全国考试结果中受益,这些总体结果通过国家和学校层面的综合报告呈现出来,并可以在网上获取。学校可以获得关于自己成就的详细信息,也可以识别自己的优势以及需要进一步关注的劣势。

在系统层面,国家评价为教育部长提供了他们政策的成效和课程资源优先配置的领域的信息,并可以监测旨在提高不同学生群体(如女生/男生和土著学生)的政策的成效。

2. 加强教育问责

国家评价也发挥了一种问责的功能。澳大利亚民众期望对教育资源进行有效的分配,以确保所有学生在校期间能够取得满意的学习结果。国家评价结果的报告,使澳大利亚公众对全国学生成就形成了一种总体的看法,同时也更加明确地了解到他们学校的运作状况。

三、开展国家评价项目的历史

1999年,澳大利亚各州教育部长共同发布了《阿德莱德宣言》(21世纪国家学校教育目标)。在这份宣言中,各州部长同意运用国家关键成就指标作为报告的基础,报告各州和领地达成国家目标的进展情况。为了测评学生达成国家目标的状况,各州部长同意设立一个国家评价项目,以便收集、分析和报告全国学生读写、算术、科学、信息通讯技术和公民素养的可比数据。

《阿德莱德宣言》发布之后,国家评价项目的抽样评价也于2003年开始,并首先抽测了学生的科学素养。

2008年《阿德莱德宣言》被《墨尔本宣言》(澳大利亚青年教育目标)所取代。《墨尔本宣言》与《阿德莱德宣言》相比,拥有更大的框架,并确立澳大利亚青年的教育目标。这些目标是:澳大利亚学校要促进公平和卓越;所有澳大利亚青年要成为成功的学习者、自信和创新的个人、积极和明智的公民。

各州教育部长同意了实现这些教育目标的八项行动。其中之一就是"促进世界一流的课程和评价"。《墨尔本宣言》也指出,"要对学生的进步进行严格和全面的评价。此种评价需要反映课程的状况,需要综合利用教师的专业判断和考试(包括国家考试)的信息"。

《墨尔本宣言》也指出,英语和数学的学习领域是各级教育的基础,要重视读写和算术技能,而这是国家读写和算术素养评价项目考试所评价的内容。

第一次国家读写和算术素养评价项目考试于2008年举行,由教育、就业、培训和青年事务部长委员会(MCEETYA,即目前的教育、幼儿发展和青年事务部长委员会 MCEECDYA)实施。这是澳大利亚三、五、七和九年级全体学生,首次使用同一年级水平的考试,评价读写和算术素养。国家考试取代了此前澳大利亚各州和领地实施的许多考试,提高学生成绩在各州和领地之间的可比性。

四、国家评价项目的机构

澳大利亚课程、评价和报告管理局(ACARA)是一个独立的机构,负责国家评价项目的管理和开发。澳大利亚课程、评价和报告管理局聘用一批技术娴熟的核心人员，他们与许多合作伙伴一起督导国家评价项目的实施。澳大利亚课程、评价和报告管理局除了管理国家读写和算术素养评价项目，以及国家评价项目抽样评价所有方面的团队之外，还拥有一支致力于科研和提供基于事实的国家评价项目改进建议的团队。科研团队与西澳大利亚大学教育学院密切合作，并可以获得他们的专业经验支持。

澳大利亚课程、评价和报告管理局利用外部的专业人员，开发国家评价项目的基本方面。这些外部的承包者负责：一是研制国家读写和算术素养评价项目考试题目；二是提供目标达成评审和国家读写和算术素养评价项目考试的专门印刷版；三是研制、实施和报告国家评价项目抽样评价；四是对数据的主要分析；五是进行“等值”测验。

澳大利亚课程、评价和报告管理局所聘用的国家评价项目承包者，都是在相关专业领域中声誉卓著的专家，他们在与澳大利亚课程、评价和报告管理局合作时严格遵守有关的要求。

考试管理局是政府的部门或机构，它负责在各州或领地实施和管理国家读写和算术素养评价项目考试。澳大利亚课程、评价和报告管理局员工与每个州或领地的考试管理局进行合作，共同确保国家读写和算术素养评价项目考试管理在全国范围的一致性。

在实施国家读写和算术素养评价项目考试时，澳大利亚课程、评价和报告管理局也与专家顾问小组进行合作。这个小组由五位评价和教育测量领域的专家构成，他们在国家读写和算术素养评价项目考试的研制过程中提供建议。这个小组是澳大利亚课程、评价和报告管理局管理结构中一个正式的顾问小组，与其他顾问小组平级。澳大利亚课程、评价和报告管理局的年度报告上都有这个小组成员的名字。

五、开展国家评价项目的程序

1. 考试研制（开发）

国家读写和算术素养评价项目以及国家评价项目抽样评价考试的开发，由澳大利亚课程、评价和报告管理局咨询有关专家并与其进行合作，这些人员包括读写、算术、信息通讯技术、科学和公民素养领域的专家，以及澳大利亚各州和领地、国立和非国立学校部门的教师和教育部门的评价专家。

国家评价项目考试的开发依据的是《国家英语和数学学习明细表》。国家评价项目抽样评价考试的开发依据的是《国家科学、信息通讯技术和公民教育学习明细表》。

这些考试的设计旨在评价某个年级学生相应的知识、技能和理解；它们对于整个澳大利亚的学生都一定的意义和吸引力；并对所有能力水平的学生都提出了挑战。

在未来，澳大利亚课程一旦在所有州和领地实施，国家读写和算术素养评价项目以及国家评价项目抽样评价的考试要求将做出必要的调整，以反映和测评新课程的基本内容。

国家评价项目中考试的开发和评审过程需要 18 个月的时间才能完成。这一过程涉及一系列具体的步骤，所有这些旨在确保考试达到最高的标准。

2. 发布考试开发指南

考试开发指南，包括确定问题(题目)的形式和适当的阅读材料话题，都要作为常规质量保障过程的一部分提前进行评审。这要确保作者在开发考试问题时，有一套可以遵循的明晰指南。

3. 题目开发

考试开发者从事问题(题目)开发的工作，这些问题要满足认可的考试要求。澳大利亚课程、评价和报告管理局将这项任务外包给某些专业组织，这些组织成功地展示了自己在考试开发领域出色的专业经验和能力。

4. 考试题目评审

每个州和领地的考试管理者以及非国立部门的评审代表，会对考试题目提供建议，以确保它们适应课程的要求和辖区或部门的环境。

5. 试测

在考试开发过程中，开发者还会从每个州和领地抽取有代表性的学生样本参加潜在考试问题的试测。试测结束后，将会对测试数据进行分析，然后选择满足考试要求的问题设置每次考试。

6. 征求建议

澳大利亚课程、评价和报告管理局的专家顾问小组由五位测量和评价领域的专家组成,他们也会评审这些考试和试测数据,并在试题最终确定之前提供建议。

7. 等值检验

在考试开发过程中,还要进行等值转化,以使不同年份的国家读写和算术素养评价项目考试结果能够按照相同的评价尺度进行报告。第二次全国抽样的学生还参加了额外的"等值"考试项目,这一项目通常在主要考试之前实施,以便将考试结果关联起来。

8. 分析

一旦考试进行评分后,就要由教育测量领域的专家对结果进行多方面的分析。

9. 报告

国家评价项目的结果以多种方式进行报告:一是每个学生获得一份关于他们学业状况的报告(仅仅是国家读写和算术素养评价项目);二是学校获得关于本校学生学业状况的信息;三是发布显示全国学业状况的总结性国家报告;四是学校的平均成绩在"我的学校"网站上发布。

2012年,澳大利亚将对这一评价过程做出改进,具体措施包括:一是提高考试题目的质量要求;二是在最终的考试中,根据澳大利亚课程、评价和报告管理局科研和开发团队进行的研究,尝试替代性的题目格式,以纳入潜在的内容。

第二节 澳大利亚国家科学素养评估

澳大利亚中小学科学素养评价项目包括3年1次的国家科学素养抽样评价项目,国际学生成就评价项目(PISA),以及4年1次的国际数学和科学学习趋势项目(TIMSS),他们分别针对六年级、15岁学生以及四和八年级学生。

澳大利亚已经从2009年开始实施国家科学素养评价项目。这个项目对于评价的领域和学生发展的路线图做出了具体说明。

一、科学素养的意义

科学素养对于全体公民来说是一种重要的能力，它有助于他们：

- 关注和理解周围的世界
- 运用科学话语和参与科学的讨论
- 怀疑和质疑其他人针对科学问题做出的论断
- 能够识别问题和进行研究，并得出基于事实的结论
- 能够针对自己的环境和健康与幸福做出明智的决定

科学素养有助于促进国家的经济和社会福祉，提高公众和个人的决策水平。经济合作与发展组织的国际学生评价项目(PISA)就关注成人在功能性知识技能方面的准备程度，这些知识技能使公民可以积极地参与社会之中。PISA认为，具有科学素养的人"不仅能够运用科学知识和程序理解自然世界，而且也可以利用它们参与影响世界的决定。"

OECD的PISA项目对于科学素养的定义是"有能力运用科学知识，发现问题(进行研究)，得出基于事实的结论，以便理解自然世界和人类活动对它的改变，并帮助人们在此过程中做出决定。"澳大利亚的国家科学素养评价项目就采用了这一定义。

二、科学素养的发展图

1. 科学素养的内容

科学素养发展图是根据科学素养的构成和对各州和领地课程评价框架的分析而制定的。发展图描述了科学素养在三类知识领域的发展。

科学素养包括五个方面的内容：

- 展示对科学概念的理解
- 科学地识别能够研究的问题
- 在科学研究过程中发现所需要的事实依据

- 得出或评价结论
- 公布有效的结论

这五个方面可以归为三大类。第二和第三个方面以及从事数据收集的研究归为第一类,第四和第五个方面以及收集数据的研究归为第二类,第一个方面归为第三类。

(1) 第一类

第一类素养主要是提出或发现能够研究的问题和假设,设计研究计划,收集所需事实。这一过程包括:提出研究的问题或假设,或者科学地识别能够研究的问题;发现变量和设计控制变量的程序,制定研究计划;通过测量和观察收集数据;运用多种信息通讯技术,以描述、绘画、表格和图表的形式记录数据。

(2) 第二类

第二类素养主要是解释数据和得出结论,批判性分析数据的可信性和他人做出的论断,公布自己的发现。这一过程包括:识别、描述和解释科学数据变量之间的模式和关系;得出基于事实的结论,并保持它们与所提出的问题或假设之间的关联;批判性地分析数据的可信性和他人做出的论断;利用多种科学形式和信息通讯技术公布自己的发现。

(3) 第三类

第三类素养主要是利用科学认识描述和解释自然现象,理解对这些现象的报告和决定。这一方面的概念理解能力包括:描述、理解和解释自然现象;理解和解释与科学问题有关的报道(例如电视纪录片,报纸或杂志的文章或谈话);让学生针对自己生活中的科学问题做出决定,这可能涉及对社会、环境和经济方面成本收益的某些考虑。

2. 科学素养发展的阶段

科学素养发展图描述了个人在如下三个方面从1—6级的发展过程。

(1) 增加复杂性,从解释一种现象的一个方面到几个方面,再到各个方面之间的关系。

(2) 从解释关于和限于直接经验的现象(具体的),到超越直接观察的现象,涉及抽象的科学概念(抽象)。

(3) 从描述对象和事件发生的变化，到利用科学程序解释变化的“过程”，再到利用科学概念解释变化的“原因”。

如下分类是为了描述学生对于评价任务的反应。基本的可观察性学习成果结构(SOLO)包括：

- 前结构层次：非逻辑的应答
- 单点结构层次：只关心一个方面
- 多点结构层次：关系一些不同的方面
- 关联结构层次：在某种或经历过的背景中能够进行归纳(描述各方面之间的关系)
- 抽象拓展层次：能够推广到没有经历过的情景

单点结构、多点结构和关联结构也可以作为学习周期，运用到四种感知模式：

- 感知运动：通过运动和活动来理解和感知世界
- 图像表征：通过内部的图像来感知世界
- 具体表征：运用文字或其他符号来感知和描述经验世界
- 形式表征：运动抽象的概念体系来感知和解释世界

科学素养发展图详细地描述了科学素养的熟练标准，这是澳大利亚 2003 年进行第一轮国家评价时确定的部分标准。“熟练”标准是一种较高水平的能力，学生需要展示超过最低或基础水平的技能。在 2003 年的科学素养评价中，澳大利亚大约 58%的学生达到或超过了熟练标准。科学素养框架见表 5-2。

表 5-2　科学素养框架

水平	年级	层次	科学素养类别		
	50%的学生应该达到此项标准的年级	基本的可观察性学习成果结构(SOLO)分类法	第一类： 提出或发现可以研究的问题和假设，制定研究计划和收集数据。 过程类别： 实验设计和数据收集	第二类： 解释现象和根据自己或他人的数据得出结论，批判性分析数据的可信性和他人做出的论断，发布自己的发现； 过程类别： 解释实验数据	第三类： 利用理解描述和解释自然现象，解释关于现象的报道。 概念类别： 应用对概念的理解

续表

1级	二年级	初级单点结构层次(C—U)	回应教师的问题和建议,操作事物和观察所发生的现象	分享观察结构;讲述、演示或绘制所发生的现象;关注数据的一个方面	描述(或识别)一种对象或事件属性的一个方面,这是他们经历过的,或是具体的单一结构思维
2级	四年级	初级多点结构层次(C—M)	针对熟悉情景中的一个问题,识别要改变的一个变量(不一定使用"变量"描述被改变的变量)表现出对公平测验的认识达到直觉水平;进行观察和描述或做出不标准的测量和记录有限的数据	在所观察的对象或事件之间进行比较,通过一种简单的结果表格比较数据的各个方面;能够根据既定的表格条目或准备的坐标轴,完成简单的表格和柱状图	描述对象或事件属性之间的变化和差异,这些是学生经历过程的或具体的多元结构性事物
3级	六年级	初级关联结构层次(C—R)	提出简单的科学验证问题,并做出预测。表现出对公平检验需求的认识,重视"公平验证"的科学意义,识别要改变或测量的变量,但并不提出需要控制的变量;做出简单的标准测量;以表格、图标和描述的形式记录数据	以表格的形式展示数据或在给出每个坐标轴变量的情况下绘制柱状图;以规则的形式识别和归纳科学数据中的模式。识别需要改变的方法。通过解释和预测运用规则	描述经历过和报道过的单个事件之间的关系(包括因果关系),能够归纳和运用规则预测未来的事件。 SOLO: 具体的关系思维
4级	八年级	高级单点结构层次(A—U)	提出科学问题,识别需要改变和测量的变量,此外至少找出一种需要控制的变量;运用重复的试验收集和记录涉及两种及以上的数据	根据多次试验或重复计算平均值,并在适当的时候绘制曲线图。解释曲线图或柱状图中的数据。得出结论,概括和解释科学数据中的模式。能够提出改进研究的总体建议(如进行更多的测量)	能够以不可观察的属性和抽象的科学概念,解释经历过或报道过的事物之间的相互关系、过程或效果。 SOLO: 抽象的单一结构思维

续表

5 级	十年级	高级多点结构层次(A—M)	提出需要验证的科学问题或假设,并制定可以控制大部分变量的实验方案,选择适当的设备和试验测量程序,以改进技能和确保安全。当提供一种涉及多个自变量的试验设计时,能够识别要研究的问题	得出的结论要利用科学概念解释数据的模式,并与数据保持一致。对改进或扩展现有的方法(如控制更多的变量,改变测量工具的某个方面)提出具体的建议;解释或比较两种或多种来源的数据,批判性解释研究报道,指出设计中重大漏洞或数据的不一致性	运用抽象的科学概念,解释现象,或关于现象的报道。SOLO:抽象的多元结构思维
6 级	十二年级	高级关联结构层次(A—R)	运用科学知识提出问题、假设和预测,并能够识别需要改变、测量和控制的变量。尝试和完善技术,以提高数据收集的可信性	选择某类图表或单位有效地展示数据;得出的结论要与数据相一致,利用科学概念和原理解释模式和关系,并将其与问题、假设和预测联系起来。批判性地分析所报道数据的可信性(如适当地控制变量,样本或测量以及确定方法时做出的假设之间的一致性),保持数据和论断之间的一致性	利用某些抽象的科学概念或原理,以及它们之间的关系,解释复杂的相互作用、系统或关系。SOLO:抽象的关系型思维

第三节　澳大利亚国家公民素养评估

澳大利亚国家公民素养评价项目每三年举行一次抽样评价,主要针对澳大利亚全国的六和十年级学生。前四轮国家公民素养评价项目分别于 2004 年、2007 年、2010 年和 2013 年完成,下次评价时间是 2016 年。评价工具内容根据国家公民素养评价项目的评价领域确定。

一、国家公民素养评价框架

澳大利亚中小学公民素养评价依据的是《国家公民素养评价框架》。2010年的评价框架是国家公民素养评价项目评价领域的修订版,在咨询2010年国家公民素养评价项目评审委员会后形成。评价框架根据2006年的课程改革,以及澳大利亚公民教育背景中其他变化,扩展了评价领域的范围。

二、国家公民素养评价框架的结构

澳大利亚公民素养评价框架包括四个不同的方面,并根据它们的内容进一步加以分类。

1. 公民教育内容

公民教育内容归纳为三个内容领域:行政和法律、民主社会的公民教育、历史观点。每个内容领域又进一步划分为构成的概念,这些概念又通过包含它们的详细内容表达出来。

2. 理解公民教育的认知过程

理解公民教育的认知过程明确地体现在十三种认知过程。

3. 公民教育的情感过程

公民教育的情感过程明确地体现为三种情感过程。

4. 公民和公民参与

公民和公民参与明确地体现在参与的行为、有目的行为和技能上。

评价框架的第一和第二层面提供了公民教育的内容和认知过程,这些可以用以设置国家公民素养评价框架的测试题目。评价框架的第三和第四层面描述了澳大利亚学校教育中公民教育的预期结果:态度、倾向、行为和行为目的。

三、国家公民素养评价框架的具体内容

1. 公民教育内容

(1)政府和法律

政府和法律探讨澳大利亚民选政府和法律的核心运作原则和实践。这包括:作为澳大利亚代议民主制根基的制度、原则和价值,如澳大利亚宪法的关键

特征;民主在建构和谐社会和公民社会中的作用;个人、集体和政府决策的方式;政府和议会的选举和构成方式;各级政府及其职能;权力、领导力和社区服务的概念;法律的目的;澳大利亚法律体系对于民主原则、权利和自由的贡献。

政府和法律领域包括四个核心概念,见表5-3。

表5-3 政府和法律领域包括四个核心概念

概念	含　义	具体内容
民主原则	民主原则指的是当代民主社会,特别是澳大利亚民主体制中有效的核心观念	① 民主价值观,包括公正、平等、法规、言论自由和媒体自由。 ② 代议制民主的关键特征,包括宪法、议会、选举、政府和公民参与。 ③ 澳大利亚民主体制与其他国家的政府体制相似和不同之处
民主实践	民主实践指的是个人、集体和政府在做出决策和选举代表时的普遍责任,以及当代澳大利亚民主体制中宪法、制度和程序的具体运作	① 民选代表、公民和公民领袖的作用和责任。 ② 澳大利亚三级政府的作用和责任,联邦制的运作,以及人民如何影响政治过程。 ③ 核心的选举过程,包括无记名投票和义务选举。 ④ 议会和政府构成,联邦、州/领地和地方的决策方式。 ⑤ 政党和独立人士在澳大利亚民主制中的作用。 ⑥ 权力分割
法律法规的原则	法律法规的原则指的是法律法规的缘起和目的	① 法律法规的社会、公民和哲学基础。 ② 法律法规之间的差异。 ③ 澳大利亚法律法规的关键原则包括:法律规定及相关的正义和合法原则;如任何人不得凌驾于法律之上;法律面前人人平等;司法独立;无罪假定;上诉的权利和补偿正义的原则。 ④ 一般的宪法原则。 ⑤ 澳大利亚法律体系的效力
法律法规的实践	法律法规的实践指的是当代澳大利亚民主社会中法律法规设置、修订和执行的正式和非正式方法(包括运用相关的国际法),包括违背法律法规的后果	① 澳大利亚宪法。 ② 议会、公民和法律的关系。 ③ 法律制定和修订的方式和原因。 ④ 法律的执行和实施,包括关键人员在法律体系中的作用。 ⑤ 地方、国家和国际对于法律法规的影响,地方、国家和国际背景中法律法规的关系

(2) 民主社会中的公民

民主社会中公民探讨了澳大利亚民主体制中公民的权利和责任;民主参与、决策和解决问题的概念,以及各项原则之间的关系,包括社会多样性、融合、公民和公民身份(表 5-4)。

表 5-4 民主社会中的公民包括四个概念

概念	含　　义	具体内容
民主社会中公民的权利和责任	民主社会中公民的权利和责任指的是人民在地方、国家和国际背景中,认识到和实际拥有的权利和责任,以及权利和责任之间的关系	① 澳大利亚公民的政治、社会、法律和经济权利与责任。 ② 人权和个人责任之间存在的关系,以及公共利益的概念。 ③ 在《联合国人权宣言》和《联合国儿童权利宣言》等重大宣言中规定的权利
民主社会中公民参与	民主社会的公民参与指的是个人参与社会和奉献社会的方式,以及个人和群体决定参与或不参与社区和公民社会的原因和解释	① 个人、群体和政府积极参与或奉献社会的正式和非正式方式。 ② 人民选择参与或不参与正式或非正式公民议程或机构的原因。 ③ 媒体和信息通讯技术在影响公民观点和民事行为中的作用
在民主社会中做出决定和解决问题	在民主社会中做出决定和解决问题指的是运用民主程序和价值观,做出决定和预见、解决问题的方式	① 有助于作为个人和群体的一部分,有效工作的个人技能和特征,包括沟通技能,扮演角色,管理冲突,解决问题和做出决定。 ② 为代表性群体和集体决定做出贡献的方式。 ③ 在做出决定、解决问题和公民互动中,平衡大多数原则和对少数人的尊重
民主社会中多样性和凝聚力	多样性和凝聚力是指人们具有何种相似性和差异性;他们如何通过认同、关系、群体和网络保持联系;他们如何承认和推崇社会和公民的多样性和凝聚力,他们如何在一个良好的民主社会背景中,拥有共同和独特的价值观和信仰	① 多样性、社会团结和广泛的民主价值观之间的关系及其重要性,包括土著居民和托雷斯海峡岛民的观点。 ② 跨文化理解和澳大利亚与亚太地区的社会和文化联系。 ③ 全球公民和人权的概念。 ④ 个体和群体(包括政府)行动的关系,以及多样性和社会团结的重要性。 ⑤ 社会团结、多样性和个人主义概念之间的平衡点

民主社会中公民探讨了民主社会中公民的权利和责任，以及公民为明智而积极地参与地方、州、国家、地区和全球事务时，所需要的知识、技能和价值观。要探讨澳大利亚的文化背景，以及在亚太地区和世界中的位置。要审视环境的可持续性，以及公民学会决策的机会，增强他们面向未来的思维能力。要考察个人和政府运用媒体和信息通讯技术施加影响的方式，以及媒体和信息通讯技术对于公民争论和公民参与的影响。也要利用机会在课堂、学校和社区中实践民主价值观和过程。

(3) 历史观

这一内容探讨了历史和相关的观点（如文化、经济和地理）影响和持续影响澳大利亚民主社会和公民社会的方式。历史观探讨了过去对于当代澳大利亚公民社会的影响。这一领域考察了英国殖民统治对于土著居民和托雷斯海峡岛民，以及他们追求公民权利的影响。这一领域探讨了个人、事件和民众运动影响澳大利亚民主法治的方式，以及过去的社会对于澳大利亚民主的影响。这一领域考察了地区和位置，包括本地、州、国家、地区和全球事务、问题和观点对于澳大利亚国家认同变化的影响，以及政府政策对于澳大利亚作为一个文化多样性国家发展的影响（表 5-5）。

表 5-5 历史观的四个概念

概念 1.3.1——1788 年之前澳大利亚的治理
1788 年之前澳大利亚的治理指的是，欧洲在澳大利亚开拓殖民地之前，土著居民和托雷斯海峡岛民多样化的社会组织和治理方式。这一概念包括如下内容：
• 土著居民和托雷斯海峡岛民的传统社会组织
• 土著居民和托雷斯海峡岛民的传统决策体系和治理方式
• 土著居民和托雷斯海峡岛民的规则和法律
概念 1.3.2——1788 年之后澳大利亚的治理
1788 年之后澳大利亚的治理指的是，澳大利亚从 1788 年至今公民机构和治理体制的持续发展。这一概念包括如下内容：
• 1788 年以来，英国对澳大利亚的殖民统治对澳大利亚治理方式的影响及其发展
• 澳大利亚治理制度的延续和变革
• 其他国家政府体制对于澳大利亚的影响

续表

• 法律体制和决策方式的延续与变革
• 公民权利(包括选举权)的延续与变革
• 社会、文化和经济因素对于公民意识延续和变革的影响
• 欧洲殖民统治对于土著居民和托雷斯海峡岛民,及其社会组织和治理体制的影响
概念 1.3.3——澳大利亚的认同和文化
澳大利亚的认同和文化指的是,有助于界定澳大利亚人民身份的经验、价值观和理想,以及社会变革对它们的影响,还包括澳大利亚的认同和文化概念如何体现在公民机构和程序中。这一概念包括如下内容:
• 澳大利亚价值观、认同和文化之间的关系
• 土著居民和托雷斯海峡岛民对澳大利亚认同和文化的影响
• 不同文化和种族群体对于澳大利亚认同和文化的影响
• 在澳大利亚认同和文化发展中的关键事件,如 1967 年的全民公决和废除澳大利亚白人政策
• 澳大利亚的多元文化主义
• 澳大利亚的公民意识
• 体现和影响澳大利亚认同和文化的重要澳大利亚人物、事件、趋势和象征
• 澳大利亚认同感的变迁
概念 1.3.4——地方、地区和全球的观点及其对澳大利亚民主的影响
地方、地区和全球的观点及其对澳大利亚民主的影响指的是,地方、国家、地区和国际社会及其发展与澳大利亚民主体制的相互作用和影响的方式。这一概念考察了澳大利亚与其他国家以及全球趋势和事物的关系,澳大利亚政府应对地区和全球事物的方式,以及作为一名全球公民的行为方式。这一概念包括如下内容:
• 澳大利亚在亚太地区的位置
• 澳大利亚的地区和全球关系、协议和联盟
• 澳大利亚在形成和管理国际条约、公约和宣言中的作用
• 澳大利亚在地区和国际援助、冲突和维和以及改变全球需要中的贡献

2. 理解公民教育的认知过程

这个方面包括理解和应用评价框架中 3 个内容领域的知识。它包括学术技能领域。具体而言,包括对公民价值观、制度和过程的认知、推理和分析;对公民参与、动机和能力的认知、理解和分析(表 5-6)。

学生需要记忆或认识公民教育概念和内容的关键特征、定义和描述,并能够用例子加以佐证。推理和分析包括学生如何使用公民教育的信息,得出比任何单一概念内容更加宽泛的结论。

表 5-6 理解公民教育的认知过程

2.1 认识
认识包括如下过程:
2.1.1 —界定:认识到界定特定公民教育概念和内容的陈述
2.1.2 —描述:认识到描述特定公民教育概念和内容的主要特征的陈述
2.1.3 —例证:认识到支持或阐明特定公民教育例证概念和内容的陈述
2.2 推理和分析
推理和分析包括如下过程:
2.2.1 —解释信息:认识到以文本、图片和图表形式呈现的信息,能够根据特定的公民教育概念解释意义
2.2.2 —关联:使用公民教育概念的关键层面,将例证与特定概念联系起来
2.2.3 —证实:使用事实和公民与公民教育的概念,建构或识别支持相应观点的原因
2.2.4 —整合:识别公民教育内容中不同概念之间的联系
2.2.5 —推广:依据在具体情境中的事例,识别或建构广泛或普遍的概念,解释如何将它们应用到其他公民教育情景中
2.2.6 —评价:认识或建构对于特定观点或特定公民与公民教育概念、问题和行为的相对优势的判断
2.2.7 —解决问题:识别或建构可能的行动、行动路线或思想,以便运用它们预测或解决公民教育问题,这些问题表现为解决的或未解决的冲突或张力,以及未解决的或对立的观念或问题
2.2.8 —提出假设:提出假设,并利用事实作支撑,解释或预测特定的公民或公民教育政策、策略或行动
2.2.9 —理解公民的动机:认识激励个人和群体参与或不参与民主过程或公民行动的因素
2.2.10 —理解公民的延续和变革:认识和解释具体的因素和程序如何和为何导致公民价值观和制度的延续和变革

3. 公民教育的情感过程

这方面包括与公民和公民理解相关的价值、信念、态度和倾向。公民教育的情感过程还包括如下不同的方面。这些情感过程和结构代表了明确的和内在的价值、信念、态度和倾向,它们是澳大利亚公民教育的预期结果。

(1) 公民认同和关联性

情感过程涉及学生个体对于他们在公民群体中的地位、价值和作用的感知，以及他们与其他社区人们之间的关系感。公民认同和关联性，包括个体发展或获得的对于自身以及他们与他人关系的公民和公民价值观；他们认识到自己倡导和质疑的公民和公民价值；他们认识到自己面临的有关公民的行为两难；他们对于这些两难的态度。它也包括个体对于自己社区和不同社区中(公民观念和行动)多样性水平的信念和容忍；承认他们不同社区的多种公民教育价值观和信念体系，对于这些社区成员的影响。与这些过程有关的旨趣结构体现在如下方面。

第一，对于澳大利亚认同的态度。

对于澳大利亚认同的态度，涉及学生拥有的关于澳大利亚的态度，以及他们将澳大利亚作为祖国的认同程度。一些题目应该能够判定学生如何看待澳大利亚作为一个国家或社区的独特性和多样性，而其他一些题目也可以解决多种认同的问题。

能够解决这一结构的几类题目例如：

- 生活在澳大利亚的人们应该能够首先将自己视为澳大利亚人，而不管自己的背景或原国籍
- 我为生活在澳大利亚而感到骄傲
- 澳大利亚是一个拥有不同背景的人们和平共处的地方

第二，对待澳大利亚多样性和多元文化主义的态度。

赏识澳大利亚作为一个多元文化社会的独特性和多样性，是公民教育的一项基本内容。学生需要了解和学会赏识澳大利亚的社会、文化、语言和宗教的多样性和历史。

体现这一结构的题目例如：

- 应该鼓励移民保持他们的文化传统和语言
- 澳大利亚因拥有来自许多文化和背景的人们而受益匪浅
- 所有的澳大利亚人应该了解学校中不同的文化和传统

第三，对待澳大利亚土著文化和传统的态度。

培养学生对于澳大利亚土著文化和传统的理解和肯定,是澳大利亚教育的一项重要目标。这一结构包括对待澳大利亚土著文化和传统的普遍观念,以及澳大利亚土著人和非土著人之间共处的态度,还包括对澳大利亚土著人传统的土地所有权的承认。

体现这一结构的题目例如:

- 澳大利亚应该支持澳大利亚土著人的文化传统和语言
- 承认澳大利亚土著人传统的土地所有权极为重要
- 所有澳大利亚人需要深入了解澳大利亚土著文化、传统和人民

(2) 公民效能

这一情感过程涉及学生对某些时机做出自我判断,以便采取行动对公民和公民行为结果产生积极的影响。这包括既相信自己的公民能力,又相信作为一个积极的公民的普遍价值。相信公民行动的价值,并拥有自我效能感,是公民参与民主社会的两个重要因素。

与这一过程有关的旨趣结构包括如下两个方面:

第一,相信公民行动的价值。

只有学生相信公民行动的价值,才能期望参与任何形式的公民活动。因此,测评学生对于民主社会中公民行动的普遍价值的信念极为重要。需要针对每个年龄段的学生设计相应的题目。

体现这一结构的题目例如:

- 如果学生在学校共同行动,他们就可以带来真正的变革
- 学生参与学校的运作过程,可以使学校变得更好
- 公民能够对政府政策施加强大的影响

第二,积极参与的信心。

公民教育旨在为学生提供机会,使他们成为积极和明智的公民。因此,测评学生的自我效能感,衡量他们对于自己作为积极的公民有意义地参与社会的能力,具有一定的意义。这一结构根据学生感到自己从事具体公民活动的能力来测量。题目也将按照每个年龄段的学生有针对性的设计。

体现这一结构的题目类型包括:

- 你认为自己会如何完美地成为一个好公民
- 提出自己对于政治或社会问题的观点
- 组织一群学生以实现学校的变革
- 为报社写一封信,阐述自己关于当前某个问题的观点

(3) 公民信念和态度

这一情感过程涉及学生对于公民、公共利益和良好公民的信念。此外,它还包括公民和公民身份的信念、观念和兴趣,以及将它们表达给他人的方式,他人包括其他的公民、民事决策者和领导者。它也涉及学生对于他人、制度以及具体的公民政策和实践的态度。

与这一过程有关的旨趣结构包括如下四个方面。

第一,对公民问题的兴趣。

对于学生而言,成为积极和明智的公民,需要形成对公民问题的兴趣。学生对于公民问题的兴趣可以通过某些题目进行测评,这些题目可以要求学生对他们感兴趣的不同公民问题进行排序。

体现这一结构的题目类型包括:

- 你所在社区发生了什么事情
- 澳大利亚政治
- 其他国家发生了什么事情

第二,对民主价值和权利价值的信念。

公民教育的目标包括让学生致力于民主、公平和正义的国民价值观,促进他们对于权利价值的信念。学生对于民主价值的信念可以通过询问学生对于某些反映民主价值观的支持来测量,或询问学生对于某些质疑民主价值观的反对来测量。

体现这一结构的题目类型包括:

- 人民应该拥有自由选择他们领导的权利
- 人民拥有自由表达观点的权利
- 媒体中表达的观念应该不受政府的控制

第三,对公民责任的信念。

作为公民教育的一部分,应该为学生提供机会,发展他们作为积极、明智和负责的公民行事的能力。因此,通过对良好公民的不同行为的相对重要性做出判断,可以测评学生对于公民责任的感知。

体现这一结构的题目类型包括:

• 成为一个良好的澳大利亚公民,下列行为具有何种重要性?

了解澳大利亚的历史

讨论政治

参与促进人权的活动

第四,对公民制度和过程的信任。

学生对于澳大利亚公民体制的批判性认识,是学校公民教育的一个重要内容。公民体制是澳大利亚民主体制的核心,对它们基本功能的信任可以从不同方面影响公民的参与行为。因此,引导学生对于公民体制的信任极为重要。

引导这一结构的题目类型例如包括:

• 你对澳大利亚如下团体或机构的信任程度有多大?

澳大利亚议会

法院

媒体(电视、报纸和广播)

4. 公民和国民参与

这一方面涉及一个领域的参与技能,它指的是学生在负责任地参与公民生活和追求个人幸福和集体利益时,所使用的技能。对社区的积极贡献,以及执行、组织和影响变革是公民参与的可能背景。这一方面也包括学生对当下和未来众多参与机会的意识和参与度。

公民和国民参与包括实际的行为和行为意图,也涉及对参与技能的自信。

(1) 实际行为

实际行为反应了参与学生活动以及社区和学校的公民活动的频率和性质。

与这一过程有关的旨趣结构包括如下三个方面:

第一,参与社区的公民活动。

学生在校外社区中的活动是真实行为的一个指标。学生经常性地参与社区活动可以通过某些题目来测评,这些题目要求学生表明他们是否参与了不同形式的社区活动(例如,参与慈善筹资,参与与工会或政党有关的青年组织)。每个年级的学生可以会接触和参与不同的活动。

引导这一结构的题目类型例如包括:

• 你在校外是否参与过下列任何活动?

一个环境保护或意识的组织

一个帮助社区的志愿者团体

一个青年发展组织(如童子军,引导员或探险者)

第二,参与学校的公民活动。

学生的校内活动不一定反映自愿性的公民参与,但是也反映了此类行为的实际体现。校内公民活动可以通过某些题目进行测评,这些题目要求表明他们是否参与了不同形式的学校活动(如,参与讨论学校问题的学校会议)。

引导这一结构的题目类型例如包括:

• 在学校中,我

投票选举过班级代表

被推选为学生会、学生代表委员会或班级/学校大会的成员

参与过同伴支持、“伙伴”或指导项目

第三,参与公民活动的交流。

之前的研究表明,与家长讨论和参与媒体信息,与公民和国民教育的结果呈正相关。公民活动的交流可以通过某些题目进行测评,这些题目询问学生在多大程度上对媒体上的政治和社会问题进行询问和获得信息,以及如何与家长和同伴进行讨论。

引导这一结构的题目类型包括:

• 在校外,你会用多长时间

阅读报纸上的时政新闻

使用互联网获取时政新闻

与家长讨论政治或社会问题

(2) 行为意图

行为意图关系到学生在不远的将来和成人时,对于参与社区公民活动的期待。鉴于六年级和十年级学生可能参加的公民活动比较有限,评价学生对于未来作为成人参与公民活动的准备程度的认识就比较重要。

与这一过程有关的旨趣结构包括如下方面。

第一,对参与促进重要问题的活动的期待。

公民参与常常与对重大问题和趋势的关注有关,它可能体现在对这些问题的支持(如参与解决环境问题的活动)或反对(如反对政府过多的控制)。学生对参与此类活动的期待可以通过某些题目进行测评,这些题目要求学生对参与不同形式活动的概率进行排序(如参与和平游行或征集签名请愿)。

引导这一结构的题目类型包括:

- 你有许多不同的方法来表达自己对于重大问题的观点。
- 你在未来是否会做出如下任何一种行为?

佩戴一枚表达自己观点的徽章,或者穿着一件这样的 T 恤

选择不购买某些产品或某些品牌的产品以示抗议

在网上签名请愿

第二,对未来积极参与公民活动的期待。

成人积极参与各种组织、民选团体和民主过程的热情是民主社会的关键要素。此外,了解学生在多大程度上认为他们在不远的将来或成年后会积极参与公民活动,可以为我们提供有益的信息。学生对于积极参与的期待可以通过某些题目进行测评,这些题目要求学生对参与不同形式的公民活动进行排序(如加入一个青年组织或积极地参与选举活动)。

引导这一结构的题目类型包括:

- 人们在参与社区活动时有许多不同的方式
- 你在将来会从事如下何种活动?

自愿付出时间帮助所在社区的人们

发起一场针对社会和政治问题的网络讨论

在选举投票之前获得关于候选人的信息

(3) 学生的参与技能

这一过程涉及学生与他人一起建设性和负责任地工作的能力，它要求学生运用积极的沟通技能，扮演多种角色，化解各种冲突，解决多种问题，并做出最终决定。

尽管我们承认学生的参与技能是公民和国民教育的重要结果，但是将其作为国家评价项目的单独部分目前还不成熟。我们可以根据有关的过程和结构，推测出学生参与的某些有效信息。

第四节 澳大利亚信息技术素养评估

澳大利亚国家信息通讯技术素养评价项目每三年举行一次抽样评价，主要针对澳大利亚全国的六年级和十年级学生。前三轮国家信息通讯技术素养评价分别于2008年、2011年和2014年开展。

一、国家信息技术素养评价领域

澳大利亚各州教育部长会议将信息技术素养界定为“个体能够适当地运用信息技术，获取、管理和评价信息，形成新的理解，并与他人交流看法，从而有效地参与社会中。”这个定义是考虑澳大利亚和国际社会对于信息技术素养的界定而采纳的。在此过程中，研究者进行广泛的文献综述，并查阅了澳大利亚和国际的调研、会议和框架。其中有影响力的文件包括国际信息通讯技术素养委员会制定的《信息通讯技术素养框架(2002)》，OECD国际学生评价项目(PISA)的《信息通讯技术素养可行性研究(2003)》。这个定义也与《知识社会的学习——信息经济的教育和培训行动计划》相一致。

2001年7月，澳大利亚决定为了评价学生的信息通讯技术素养技能，信息通讯技术将被界定为用以获取、收集、处理、呈现和发布信息的技能。然而，处于公平和实用的目的，2005 年澳大利亚第一次全国信息通讯技术素养抽样评价侧重于计算机工具的使用。

二、信息通讯技术素养发展的过程、组成及应用

1. 信息通讯技术发展的过程

信息通讯技术素养不仅包括技术能力，而且也包括对信息收集、形成新认识和发布信息的评价。信息通讯技术素养领域包括六个过程：

（1）获取信息——识别需要的信息，并指导如何找到和提取信息。

（2）管理信息——组织和存储信息，以备提取和重新使用。

（3）评价——反思信息通讯技术方案的设计和建构过程，判断信息的完整性、相关性和有用性。

（4）形成新认识——通过综合、改进、应用、设计、发明或编写，创造信息和知识。

（5）与他人交流信息——通过分享知识交流信息，并创造适应受众、情景和媒介的信息产品。

（6）适当地使用信息通讯技术——做出批判性、反思性和战略性的信息通讯技术决定，关注社会、法律和伦理问题，负责任地使用信息通讯技术。

2. 信息通讯技术素养的组成部分

按照信息通讯技术素养的定义，它的要素可以归结为三类——利用信息，创造和分享信息，以及负责任地使用信息。这三类旨在描述不同的要素构成。第一类和第二类是信息通讯技术应用的逻辑过程分类，而第三类则集中于对负责任地使用信息通讯技术的理解。

信息通讯技术素养领域包括如下三个方面：

第一类：利用信息。

这一类别包括识别需要的信息；制定和执行查找信息的策略；判断信息来源和内容的完整性；组织和存储信息以备提取和再用。

第二类：创造和分享信息。

这一类别包括改编和创作信息;分析和选择信息产品的性质;重构和扩充现有的信息,以便形成新的理解;与他人进行合作并相互交流。

第三类:负责任地利用信息通讯技术。

这一类别包括理解信息通讯技术对个人和社会的影响力,以及使用和发布信息的法律和伦理责任。

3. 信息通讯技术素养的应用

信息通讯技术素养定义中所描述的过程,可以应用在所有学习和现实情境中,而不限于使用特定的技术、软件和信息产品,它们具体体现在学生可以运用的许多背景和情境中。

在进行评价时,信息通讯技术素养能力体现的环境、信息产品、软件和背景中(表 5-7)。然而,模拟环境也是必要的。

表 5-7 信息素养框架

环境	环境可能的范围包括: • 独一无二的环境 • 网络环境 • 在线环境
信息产品	信息产品包括和融合了数字资料、文本、图像、声音和视频。 如信息产品包括: • 印刷形式的信息,可能包含文本、插图、图表等资料的文献 • 数字形式的信息,如多媒体、报告、网页,其中可能包含文本、声音、视频等 • 图形和符号形式的信息,如图表、图形和地图等 • 图片形式的信息,如照片、绘画等
软件	此类软件是: • 互联网及其开发应用,如电子邮件、浏览器、在线服务和电子商务 • 文字处理 • 电子制表软件 • 数据库 • 多媒体工具 • 文件管理工具
背景	此类背景是: • 个人背景 • 教育和职业背景 • 社会背景

三、信息通讯技术素养发展图

信息通讯技术素养发展图是展现了学生知识能力发展的层级水平(5-8)。学生的技能和理解分为6种熟练程度,其要求逐层提高。信息通讯技术素养发展图按照学生使用信息通讯技术的复杂性和难度逐步提高,最低水平是一级。每个层级的界定是累积性的,它是建立在学生前一层级的理解和技能之上。发展图的推进是反复的。每一轮的评价之后都可能会有进一步的微小完善。

表5-8 信息通讯技术素养发展图

水平	第一类:运用信息	第二类:创造和分享信息	第三类:负责任地使用信息通讯技术
	这一类包括识别所需要的信息;制定和执行一种查找信息的策略;对信息来源和内容的完整性做出判断;组织和存储信息,以便提取和重新使用	这一类别包括:改编和创作信息;分析和选择信息产品的性质;重构和扩展现有的信息,以便形成新的理解;与他人进行合作和交流	这一类别包括:理解信息通讯技术对于个体和社会的影响力,以及使用和交流信息所应担负的法律和伦理责任
6级	运用多种专业化的信息开发工具。 根据可信的外部来源,确证信息的正确性。 运用工具、程序和协议去检索和提取信息	运用专业化的工具,控制、扩充和创作信息。 制作复杂的产品。 对作品进行批判,并且在不同的环境和背景中进行交流时,应用影响解释的习惯性知识	解释信息通讯技术逐渐发展的影响力,承认社会、法律、经济和伦理问题对参与社会的利益、制约和影响
5级	搜索和综述所需要的信息,重新界定搜索词,缩小或扩大搜索范围。 判断信息的可信性、准确性、可靠性和全面性。 使用适当的文件格式和程序,存储、保护、检索和交换信息	运用工具质询、重构和改编信息。 运用一系列工具创造和提高信息产品的设计、风格和意义,使其适应某种目的和观众	认识到在不同环境和情景中使用信息通讯技术所带来的社会、法律、经济和伦理结果
4级	提出问题或关键词组合,选择适当的工具确定信息。 评价所确定信息的相关性、准确性和可用性。 使用工具建构、组合和重组信息,以便提取	根据多种来源整合和解释信息。 选择和综合各种软件和工具,以便建构、关联和呈现作品。 根据不同的目的、环境和情景交流作品	解释在不同的情景中使用信息通讯技术时为何需要行为和程序的规则和准则。 认识到信息通讯技术使用不当可能带来的危害,以及解决这一问题的方法

续表

3级	识别要搜索的问题、关键词和适当的来源。 浏览和提取信息。 比较和对照具有相似来源的信息。 组织和重组相关的信息和文件	根据相似的来源,使用主要的观点,重组信息。 选择多种软件和工具合并和改变文本、图像和其他元素。 根据不同的情景,使用不同的表现形式交流作品	认识到公平的应用,软件的限制和法律的要求。 认识到在不同情景中使用信息通讯技术的责任。
2级	在搜索中识别和运用关键词,以从多种来源确定和提取信息。 识别和记录相关的内容	在与他人沟通时,利用软件的多种功能编辑、格式化、改编和创作作品,以达成特殊的目的	认识到信息通讯技术的行为准则,以及人类工程学实践
1级	使用提供的关键词,从一种特定的来源检索信息。 识别所需要的信息。 打开软件,保存文件	识别和运用某些基本的符号和软件功能记录观点	识别和运用基本的信息通讯技术术语和一般程序。 描述信息通讯技术在日常生活中的运用

信息通讯技术素养是个体适当地运用信息通讯技术获取、管理和评价信息,形成新的理解,并与他人进行交流,以便有效地参与社会的一种能力。

四、信息通讯技术素养的评价

信息通讯技术素养的评价任务包括根据发展图所描述的各个层级,绘制学生所处的水平。这些任务将通过计算机环境进行管理。学生需要尝试1个普通技能模块,以及若干主题相关的评价模块。

评价模块通常包括一系列模拟任务,这些任务会最终产生1种产品(或艺术品)。这些任务所使用各种应答形式包括:

- 多项选择
- 拖放(匹配信息)
- 简单的软件命令(如保存文件到某个位置)
- 简短的结构性书面回答
- 建构艺术品

某些项目(如多项选择)将自动进行评分,而做出书面回答或制作出艺术品的项目则由受过培训的评分员进行人工评分。

尽管信息通讯技术素养表现在三个方面，但是当报告全国抽样评价的结果时，我们还是采用对信息通讯技术素养的单一指标来总结学生的表现。学生的表现根据他们在发展图中有关类别上的熟练程度来进行描述。此外，其中两类是熟练标准，一个针对六年级，另一个针对十年级。

信息通讯素养关键能力测评（与对读写、算术和科学等的测评一样）都是为了考察六年级和十年级学生中达到或超过熟练标准的比例。2005 年，澳大利亚举行进行首次信息通讯技术素养抽样评价之后，制定了这些标准，它们概括了所有利益相关者认为学生应该在理解和技能方面达到的"熟练"程度。

澳大利亚国家教育评估项目从读写、算数、科学、公民和信息 5 个方面对学生学业成绩进行评估，既突出核心关键领域，又涉及学生全面发展，突出与社会发展和全球化、信息化等趋势的契合；同时，国家评估项目评估方式从整体评估和抽样评估两种方式，注重评估的科学性和经济性；此外国家评估项目的执行由专业、独立机构澳大利亚国家课程、评价与报告管理局执行，该机构同时负责课程开发，由此有利于课程内容与评估内容的高度统一，也有利于通过评估对课程体系完善提供借鉴。

第六章

澳大利亚基础教育教师发展

自19世纪50年代,澳大利亚教师教育产生以来,教师教育经历了较大的改革与发展,特别是20世纪六七十年代高等教育学院建立以来,联邦政府开始重视师范教育,并由此采取了一系列改革措施。经过150多年的发展,澳大利亚教师教育管理体制由最初的州政府负主要责任变为联邦政府、州政府共同管理,先前单一的职前师范教育体系变为职前与在职一体化的教师教育体系。本章将从教师教育体系的演变、教师职前培养、在职培训和有关改革举措等方面,阐述澳大利亚基础教育教师发展。

第一节 澳大利亚教师教育体系的历史演变

澳大利亚教师教育体系自产生以来经历了州立师范院校、高等教育学业和教师教育体系一体化三个主要发展阶段。

一、早期州立师范院校主导时期(1850年前)

19世纪50年代,澳大利亚最早的教师培养机构"模范学校"(Model School)产生,但还不是严格意义上规范的师范教育。20世纪20年代,澳大利亚的部分州开始建立师范院校(Tteachers College),教师培养期限不断延长,从最初的四个月培养课程延长至1年。小学教师需在中学毕业后接受为期1年的实习培训或者到师范院校接受1年的专业课程教育,中学教师需在完成3年高等院校专业课学习之后再接受1年的专业学习。[1] 此时,澳大利亚教师教育在一定意义上属于职业培训。

〔1〕 牛道生.澳大利亚基础教育[M].广州:广东教育出版社,2004:25.

二、高等教育学院时期(1860—1988)

20世纪六七十年代,随着澳大利亚教育的改革发展,以及相关教师协会和团体要求提高教师职业社会地位,政府不断认识到加强教师职前培养的重要性和意义。因此,联邦政府开始参与教师职业培养的事务。高等师范教育机构应时而生,标志着师范教育由职业培训走向专业教育。高等教育学院是由联邦政府资助的自治院校,负责教师培养的教育学院是其组成部分之一。1972年,联邦政府将之前州立师范院校并入高等教育学院中。从此,澳大利亚绝大多数中小学教师都由高等教育学院培养,教师培养年限也延长为3～4年,教师教育课程不断拓展。这一时期的教师培养主要采用以"教学工艺"为导向的学徒制模式,教给师范生从事"教学工艺"所必需的技能和学科知识。[1]

三、教师教育体系一体化阶段(1988—至今)

20世纪80年代,澳大利亚继续推进教师教育改革。到20世纪80年代末,高等院校教育学院成为教师培养的主要职责,培养年限延长到4年。这一时期的教师培养机构为大学,采取更加学术化的培养路径,不仅包括为课堂教学做好实践培养,而且包括学习教育基本知识。1985年,教育质量评价委员会(The Quality of Education Review Committee)发表报告,提出在未来政府将更多参与教师教育事业,教师教育将由职前教育发展为职前和职后共同发展。为此,20世纪90年代初,联邦政府发布一系列报告,提出必须加强教师职前及在职培训、专业发展,政府拨款用于改进教学、帮助在职教师提高专业水平。此后,澳大利亚教师职前培养机构主要是各高等院校的教育学院。[2]

现在,澳大利亚的教师教育由最初的州政府负主要责任逐渐发展为目前由联邦政府、州政府共同参与制定政策,先前单一的职前师范教育体系日渐转变为现在的职前师范教育和在职教师专业发展有机结合的教师教育体系。由于政府在职前师范教

---

〔1〕 Tania Aspland. Changing Patterns of Teacher Education in Australia [EB/OL]. http://www.erpjournal.net/wp-content/uploads/2012/07/ERPV33-2_Aspland-T.-2006.-Changing-patterns-of-teacher-education-pdf, 2006.

〔2〕 肖甦.比较教师教育[M].南京:江苏教育出版社,2010:238-240.

育和教师职后专业发展方面进行了投入和努力,教师队伍整体素质不断提高。

第二节 澳大利亚教师培养体系

随着世界教师教育改革的深入,澳大利亚教师教育也不断改革,特别是教师教育机构转型加快。从20世纪90年代开始,澳大利亚取消独立设置的师范院校,将教师培养机构合并整合,由大学教育学院培养师资。为适应基础教育改革与发展需求,澳大利亚教师培养机构主要有三大类型:公立大学师资培养机构、私立大学特定区域教师培养机构和天主教大学—特定教师课程的培养机构。[1]

一、培养机构多元化

1. 公立大学教师教育机构

公立大学教师教育机构是澳大利亚教师教育机构的主体,主要由州政府教育投资和管理(表6-1,表6-2)。大学教育学业拥有教师培养模式和培养课程设置自主权。

表6-1 澳大利亚各州公立教师教育机构

地 区	公立教师教育机构数量
新南威尔士州	8
维多利亚州	12
南澳大利亚	4
西澳大利亚	2
塔斯马尼亚州	2
昆士兰州	2

〔1〕 澳大利亚教师教育机构的历史演进[D].哈尔滨:哈尔滨师范大学,2011.

表 6-2 澳大利亚部分教师教育机构[1]

查尔斯达尔文大学教育学院	堪培拉大学(堪培拉)教育学院
查尔斯特大学教育学院	墨尔本大学(墨尔本)教育学院
迪肯大学(迪肯)教育学院	新英格兰大学(UNE)教育学院
埃迪斯科文大学教育学院	新南威尔士大学(新南威尔士大学)教育学院
弗林德斯大学教育学院	纽卡斯尔大学(纽卡斯尔)教育学院
詹姆斯库克大学教育学院	昆士兰大学(昆士兰)教育学院
莫纳什大学教育学院	南澳大利亚大学(南澳大学)教育学院
莫道克大学教育学院	南昆士兰大学(南昆士兰大学)教育学院
昆士兰科技大学(昆士兰科技大学)教育学院	悉尼大学(悉尼)教育学院
南十字星大学教育学院	塔斯马尼亚大学(塔斯马尼亚)教育学院
阳光海岸大学(USC)教育学院	西澳大利亚大学(UWA)教育学院

2. 私立大学的教师教育机构

澳大利亚有少数私立大学为特定区域培养师资。私立大学大多数是贵族学校,投资主体包括教会和私人。国家通过经费杠杆对私立大学进行管理,鼓励私立大学满足更多学生的教育需求。澳大利亚私立大学教师教育机构有新南威尔士州爱望谷学院、南澳大利亚的泰伯学院等。由于澳大利亚实行联邦制,各州(区)教育体制不同,私立大学培养的教师占澳大利亚所有教师培养机构培养总数的三分之一左右。如昆士兰州政府创办、由私人财团投资的邦德大学(Bond University)注重培养教师主动学习和主动思考的能力,培养学生注重自我研究的能力。

3. 天主教教师教育机构

澳大利亚天主教大学是一所公立大学,校区分布在布里斯班、北悉尼和史卓菲、新南威尔士州堪培拉、巴拉瑞特和墨尔本。学校基于基督教的价值观和天主

[1] Australian Education Network. Teacher Colleges Australia[EB/OL]. [2014-03-28]. http://www.australianuniversities.com.au/schools/teaching/.

教的思想传统，旨在培养学生强烈的社会责任意识、道德伦理和人文关怀，为天主教中小学培养师资。在天主教大学，师范生可以选择专攻宗教教育或者其他教育领域包括计算机、人文、原住民研究、数学、技术和视觉艺术等。

二、澳大利亚教师教育课程

澳大利亚教师培养机构拥有教师教育课程设置自主权，因此，各教师培养机构的教师教育课程并不完全一致。澳大利亚教师教育课程主要有以下三种类型：一是攻读3～4年本科学士学位教师，培养的课程内容有教学理论，以及与此相关的学科知识、教育学、学科知识，或者其他院系的教学内容。二是攻读4～5年双学士学位的教师，主要学习教育学学位所必修课程，以及特定学科学位所必修的课程。三是攻读1～2年教育硕士学位的教师，学生主要根据先前所学学科相关的教学类相关课程。〔1〕

三、教师培养模式

现行中小学教师培养模式主要有以下两种：

1. "四年制本科"小学教师培养模式

小学教师主要在高校的教育院系进行四年的本科学习，以获得教育学学士学位，或者完成四年本科学习之后获得双学士学位。四年制本科小学教师培养过程为：第一年在某学科专业学院学习，第二年接受一年教育专业课程理论学习，第三年和第四年在教育院系学习理论和到小学实习。近年来，师范生教学实习时间不断延长。由于澳大利亚小学实行"包班制"，每位教师负责整个班所有的课程，因此，小学教师培养不分学科，所有小学教师学习科目为教育学、心理学、社会学、教学法、艺术、健康与环境、自然科学和人文科学等。〔2〕

2. "3＋1"或"3＋2"中学教师培养模式

澳大利亚中学教师主要培养模式，是在获得某个学科领域学士学位的基础

---

〔1〕 肖甦. 比较教师教育[M]. 南京：江苏教育出版社，2010：254.

〔2〕 教育部外资贷款办公室. 澳大利亚的教师教育与管理[J]. 基础教育参考，2004(1-2)：6.

上，再进行系统的教育学学习，以获得教育学专门文凭证书、教育或教学硕士学位或者双学士学位。一般而言，中学教师主要通过"3+1"或者"3+2"的培养模式，即通过三年的专门学科学习之后，到教育院系再进行一年的教育学专门学习，获得教师资格证书，或者到教育院系进行两年学习获得教育硕士学位。为了获得教师资格证书，师范生主要学习教育理论、教学方法，并注重理论课程与实践实习相结合。[1]

以悉尼大学为例，其教育与社会工作系培养中小学教师，包括四年制本科小学教师培养课程和五年制中学教师培养模式(表6-3)。

表6-3 悉尼大学本科师范生培养课程(小学教师)[2]

学年	课程学习	教学实习
第一学年	学习教育学知识、自然科学常识；选修艺术、自然科学或者经济工商院系开设的课程；进行创造性艺术的专门学习(包括视觉艺术、音乐、戏剧和舞蹈)；学习教学导论及文学常识	完成8天的教学实习，拥有与孩子接触的经验
第二学年	学习教育学知识；选修由艺术、自然科学或经济工商院系开设的课程；专业研究；学习语言、数学、土著教育、个人发展和健康生理教育知识；学习教学法和课程的相关知识	完成15天的专业实习
第三学年	学习教育学知识；专业研究；语言、数学、戏剧、个人发展和健康生理教育的学习，自然科学和技术的学习；学习向不懂英语的个人教授英语的教学法	完成15天的专业实习
第四学年	学习教育学知识；专业研究；学习语言、数学、特殊儿童教育知识，个人发展和健康生理教育知识、自然科学技术知识和人类社会环境知识	完成15天的专业实习，并完成30天的学校教学实践

[1] 肖甦.比较教师教育[M].南京：江苏教育出版社，2010：252-253.

[2] University of Sydney. 2007 handbook for education and social work undergraduate. Sydney, University of Sydney, 2007/2014-03-29.

第三节 澳大利亚墨尔本大学“教学硕士计划”案例分析

2008年,澳大利亚墨尔本大学教育学院开始实施学士后教师教育新模式-教学硕士(Master of Teacher)计划。墨尔本大学是澳大利亚规模最大、声誉最高的教育学院。本部分主要从该计划产生的背景和原因、具体措施和培养特点三个方面进行分析。

一、墨尔本大学“学士后教师教育计划”改革的背景和动因

墨尔本大学教师教育新模式的产生有多样背景和原因,但最根本的原因是为了提高教师培养质量。

20世纪70年代和80年代,澳大利亚教育改革聚焦在班级规模和学校建设等硬件条件方面,对教师质量的重视不够。20世纪90年代以后,澳大利亚逐步认识到教师素质和质量在推进教育改革与发展、提高学生学业成绩方面的重要地位和作用,并实施一系列计划促进教师专业发展和提高教师质量。特别是2007年澳大利亚联邦议会发布《教师教育调查报告》,报告指出,大学和中小学在教师教育协同性不够、教学实习投入不足和对教育研究重视不够,是澳大利亚教师教育长期存在的主要问题。[1] 从此,澳大利亚开始对教师教育进行全面、系统改革,并把专业实践置于教师教育的中心位置。

提升教师培养层次是墨尔本大学学士后教师教育计划启动的直接原因。此

---

〔1〕 卧松.澳大利亚拟改革教师教育制度政府助教师成长[EB/OL].[2014-03-29]. http://www.jyb.cn/xwzx/gjjy/gjgc/t20070307_68523.htm,2007-03-07/.

次教师教育改革的核心内容是进行大规模的课程改革和学位调整，减少本科学位的数目，将部分专业课程调整为研究生课程。

二、墨尔本学士后教师教育模式具体内容

墨尔本大学“教学硕士计划”培养方案具体包括中学“教学硕士计划”、小学“教学硕士计划”和学前“教学硕士计划”。下面具体介绍中学“教学硕士计划”（以下简称“计划”）。

1. 培养目标

基于教师专业标准，从专业知识、专业实践和专业责任三个方面，提出“教学硕士计划”培养目标为“反思型实践者”，强调培养的教师应具备扎实的学科知识基础、较强的批判反思能力和丰富的教学体验。具体是指，未来新教师应该有智慧、能热情地投身到教学中去，能够适应并主导变化；能够在前沿理论和事实研究的基础上提出教学理念；能够掌握和应用扎实的学科知识和教育知识，并在教学实践中灵活应用；能够掌握备课、教学和评价三者与学习之间的联系；能够因材施教，满足不同学生的学习需求；能够培养学生热情、理性的批判能力和好奇心；了解多元文化及其对教育的影响；能够在课堂中利用多样化的教学技术辅助教学；能够处理好教师专业生活中各个方面的关系等。[1]

2. 培养模式

“计划”实施“文凭＋学位”双阶段的培养模式。中学“教学硕士计划”共200学分，分为文凭课程和学位课程两个阶段。一是文凭课程为150学分，修满合格后师范生可获得“学士后教学文凭”（Postgraduate Diploma in Teaching）。其课程具体安排如下：第一学期课程（75学分），主要包括专业实践和研讨，学生、教师和教学策略，社会和专业背景，语言与教学，学科知识一和学科知识二。第二学期课程（75学分），包括专业实践和研讨，评价、学习和教学、信息通信技术，学科知识一和学科知识二。

---

〔1〕 徐今雅，黄运红．澳大利亚学士后教师教育的新模式——墨尔本大学“教学硕士计划”评析[J]．比较教育研究，2010(2)：84-88.

二是学位课程阶段，共 50 学分，可修完文凭课程后 5 年内完成，修满后获得教学硕士学位。这类课程包括入职教育、教学实习、教育研究和专业发展四个模块。

3. 培养特点

一是以突出教学实践为中心。该计划的教师培养理念是用“专业体验”(professional experience)代替“实习”，把“专业体验”整合到整个培养过程中，并且尽可能在不同的学校环境和学生群体中体验“专业体验”。学生要在两个学期分别到两所不同的学校进行专业实践，专业实践又分为分散实践(每周 2 天共 10 周)和集中实践(每周 5 天共 3 周)两个阶段。

二是以合作密切的伙伴关系为保障。墨尔本大学的教师教育理念坚持教育理论与教师实践的相融，这就需要大学和中小学的密切合作。为此，墨尔本大学建立了大学与中小学合作分工的有效机制，并设立相关责任人。一是设立伙伴关系协调者，负责监测大学和中小学伙伴关系，开发新的合作关系，促进大学与学校更好合作；负责专业实践研讨会的学术内容、标准及具体组织，负责临床专家管理及其专业发展。二是中小学教学研究员，由中小学安排一名资深教师，负责给实习生安排实习任务，观察实习生实践情况并提出改进意见，与临床专家携手合作每两周召开一次实习研讨会，向大学提供教育改进意见。三是大学临床专家，与实习生和中小学教学研究员一起工作，负责具体学科教学实习指导。四是导师，大学为每位实习生配备一名导师，负责教授学生教学经验并评估他们的实习表现。五是大学教学法专家，在集中实践阶段负责指导实习生的教学方法。六是学校实习协调员，由中小学校长任命，负责为特定学科的实习生提供实习支持。通过以上纽带和桥梁，在教师培养过程中大学和中小学齐心协力，通力合作。

第四节　澳大利亚教师职前培养课程认证

从 1989 年《巴特莱特宣言》提出十大学校教育目标，到 1999 年《阿德莱德宣言》提出提升学生学业标准、筹划国家课程建设和促进教育公平三大目标；再到2008年《墨尔本宣言》提出促进教育公平和教育优质和使所有澳大利亚青少年成为成功的学习者，自信而富有创造力的个体、积极的、见多识广的公民两大目标。为了实现这两大目标，澳大利亚先后颁布了国家教师专业标准和国家校长专业标准。为从源头上提高教师队伍素质，2011年，澳大利亚公布了职前教师教育课程认证标准和程序，进一步健全教师教育标准体系，为全方位提高教师质量，进而为实现《墨尔本宣言》中的教育目标提供有力保障。从认证主体、认证标准和认证过程三个方面介绍澳大利亚教师教育课程认证体系。[1]

一、认证主体多元化

教师教育课程认证是一项涉及面广、科学性和系统性较强的专业工作，同时兼具专业性和行政性的特点，单靠专家或行政部门无法有效完成。而澳大利亚职前教师教育认证主体由专业组织和行政机构共同组成，体现了专业力量和行政力量的有机结合。

1. 认证主体由教师管理局、评审委员会和ATRA三方组成

澳大利亚职前教师教育课程认证主体包括教师管理局、澳大利亚教学与领导研究协会和认证专家，在认证过程中，各负其责。

澳大利亚教师管理局(Australasian Teacher Regulatory Authorities，简称ATRA)由澳大利亚教育、儿童发展和青年事务部部长理事会认可，旨在促进澳大利亚和新西兰所辖行政区教师职业管理合作和协作的专门行政机构。

澳大利亚教学与学校领导协会是由澳大利亚教育、儿童发展和青年事务部部长理事会指定，为全国职前教师教育课程认证体系制定、实施及质量保障的国家领导机构。

评审委员会由教师管理局和澳大利亚教学与学校领导研究协会共同提名，

---

[1] Accreditation of Initial Teacher Education Programs in Australia-Standards and Procedures. [EB/OL]. [2014-04-06]. http://www.aitsl.edu.au/verve/_resources/Accreditation_of_initial_teacher_education.pdf,2012-3-12/.

由4～6名来自一线教师、教师教育者、教师雇主和其他相关专业人员，以及1名主席和1名执行官组成。其中，教师管理局提名区内拥有广泛经验和专业知识的成员，每位成员在被正式任命为专家组成员之前接受国家培训。澳大利亚教学与学校领导研究协会从国家组成员中至少提名外州或外区1名成员。专家组主席由管理局提名1位教师教育者或有相关经验的专家组成员担任，执行官由管理局的参加过全国专家组培训的官员担任。

2. 三方认证主体分别履行领导、实施和监督职能

教师管理局履行认证体系的领导职能。对整个认证过程进行统筹领导和工作部署。根据认证体系的相关原则、目标和标准，接受教师教育机构的课程认证申请，组织评审专家进行评审，并专家委员会的提交的认证报告，做出最终认证决定。

专家委员会是实施主体。在教师管理局的具体领导和安排下，对各校提交的认证或再认证材料进行研究，根据相关原则、目标和标准，撰写和修改认证报告并提交教师管理局。

澳大利亚教学与领导研究协会是认证系统的监督主体。其主要职责：一是参与和监督课程标准的制定，以保障标准化系统的建立；二是提名一位教师教育机构所在区域之外的合格人员参加到评审委员会中，以打破地域之间的封闭性；三是制定认证过程的时间进度表，确保认证工作按时完成；四是建立国家职前教师教育课程认证数据库，并于其他机构保持密切联系，从而提高认证实施的有效性。教师管理局和教学与学校领导研究协会互相配合，共同促进认证地顺利高效实施。

二、认证标准系统化

澳大利亚职前教师课程认证体系基于全国初任教师专业标准和职前教师教育课程标准两个国家标准来实施认证。前者规定教师教育机构培养的师范毕业生应该达到什么标准，后者规定如何保障师范毕业生达到这一标准，两个标准环环相扣，相辅相成，缺一不可。该认证体系集过程标准和和目标标准于一体，具有极强的战略性和全局性。

1. 全国初任教师专业标准

该标准从专业知识、专业实践和专业参与三个方面对初任教师提出了7条

标准。

(1) 专业知识标准，一是要了解学生和他们如何学习，二是要掌握教学内容以及如何开展教学。

(2) 专业实践标准，一是要设计和实施有效的教与学活动，二是要创建和维护富有支持的、安全的学习环境，三是要评估、反馈和报告学生的学习情况。

(3) 专业参与标准，一是要参与专业学习，二是要与同事、家长或看护者和社区建立专业联系。

教师专业标准充分体现了教师职业的特点，教学工作是一项专业工作、是一项实践、是一项团队工作。

2. 职前教师教育课程标准

职前教师教育课程标准从课程目标、课程实施、课程准入、课程结构与内容、学校伙伴关系、课程资源整合和课程评价七个方面提出了 29 条国家标准。

(1) 课程目标

初始认证的教师教育机构须说明其毕业生能够达到全国教师专业标准中初任教师标准以及如何达到这一标准；再认证的教师教育机构须说明其毕业生达到全国教师专业标准中初任教师标准及满足澳大利亚资格框架的要求。

(2) 课程设置

教师教育课程设置要在与师范毕业生接收单位、专业教师机构和(或)一线教师、教育研究者、相关文化和社区专家的共同协商的基础上，综合考虑当今学校和教育体系需求、当前的专业知识、权威的有关教育研究结果以及社区期望的，既满足教育的需求，又反映时代的特征和社会发展的。

(3) 课程准入标准

职前教师教育课程对考生的智力水平、读写能力、算数能力和英语水平都有明确要求。读写和算术能力应该处于前 30%，要通过国际英语语言测试系统评价，或相当的英语语言能力测试成绩录取的教师教育专业学生，在入学或者毕业时取得了雅思 7.5 分的成绩。

(4) 课程结构与内容

课程结构必须具有连贯性，能够较好地反映理论与实践之间的关系。教育专业学习包括具体学科课程和教育学学习、通识教育学习和专业实践。如小学教师培养必须包括小学课程各个领域的学习，以此使小学教师能够胜任小学的教育教学工作。在本科小学教师培养中，小学每个学科学习领域的研究和具体学科课程和教育学研究至少要占培养课程的50%，还应包括至少3个月全职的英语(读写)、数学(算术)学科研究、具体学科课程和教育学研究。

(5) 学校伙伴关系

教师教育机构应与学校建立长期的伙伴关系来开展教师教育，特别是加强专业实践方面的交流与合作。本科或双学位教师教育中专业实践时间应不少于80天，研究生教师教育中应不少于60天的教学实习，教学实践的结构应该完整，并安排专门的指导和评估。教师教育机构应详细描述其与学校之间的伙伴关系状况、专业实习安排和持续时间、实习内容、实习计划的实施、实习评价标准和方法，以及对专业实习监督和专业支持具体情况。教师教育机构及其合作伙伴需确保实习指导教师的专业经历(特别是监督的教学实践)是合格的并经过注册的，保证监督实习的教师应该具备专业知识，对其开展专业培训和指导，并协助判断毕业生是否达到初任教师专业标准。

(6) 课程资源整合

职前教师教育课程，必须使用有效的教学与评估策略和教学资源，包括嵌入式信息通信技术实施课程。教师教育机构确保课程实施使用现代设备和资源，包括学生能够在学校中运用信息和通信技术；确保教学设施符合现代高等教育学习环境的一般预期，易于组织实施，并能够使用教育相关的图书馆资源及信息和通信技术。

(7) 课程评价

教师教育机构使用诸如学生评价信息、目的地调查、雇主和其他利益相关者的反馈等来促进课程完善，并定期进行评估。教师教育机构向教师管理局进行关于课程实施遇到的挑战或课程的任何调整的年度报告。教师教育机构根据要求提供数据以支持地方和国家教师劳动力供应报告，支持教师教育课程和机构入选，建立一个教师教育质量的累积证据数据库。

教师教育课程标准体现了目标、内容和实施三位一体的标准。从目标出发，既规定了课程自身的设置原则、内容和结构、准入对象等方面标准,还涉及课程的实施,如伙伴关系、资源整合和课程评价等。该标准充分体现了静态标准和动态标准的有机集合。从认证体系基于两大标准来看,将结果标准和过程标准有机结合起来,全方位保证教师教育质量;从其中任何一个标准看,初任教师专业标准从知识、实践和参与三个方面规定了教师专业标准,体现了教师职业横向战略性和系统性,职前教师教育课程标准将静态标准和动态标准整合起来,既规定了课程本身的要素要达到怎样的标准,又规定了课程的实施要达到的标准。

三、认证过程动态化

在有关原则、目标和标准的指引下,教师管理局、教学与学校领导研究协会和评审专家委员会三方主体共同完成认证,具体包括五个具体步骤。

1. 教师教育机构提交认证或再认证申请

所有教师教育机构至少每五年向教师管理局提交一次国家认证或再认证申请。在可行的情况下,所有同一类型的教师教育机构(例如培养高中教师的机构)应该同时被认证。如果一个机构同时有多个培养课程,最好同时对所有课程进行认证。教师教育机构通常应该在课程实施或认证过期之前8个月提交认证或再认证申请。教师管理局向教师教育机构确保申请材料包括所有必需文件,课程认证通过的课程大纲,证明课程达到课程标准和毕业生达到初任教师标准的进一步信息,再认证申请必需包括证明毕业生达到全国教师专业标准中的初任教师标准的证据。教师管理局将根据课程标准做出认证资格的初步决定。如果一个项目标准中呈现的是"几个资格的整合",教师管理局将向澳大利亚教学与学校领导研究协会汇报其决定,该协会将同所有教师认证部门进行协商认证结果。

2. 认证评审委员会实施评审

评审委员会每个成员将拿到所有文件并对提供的材料进行评审。根据国家课程标准和初任教师标准评价拟被认证课程。小组审议可能包括迭代的程序,例如提供进一步的信息和修订工作。对于初次认证的教师教育机构,在管理局自由量裁权下,必要时专家组可能会实地考察。一般而言,对于再认证的项目,专家组将实地考察通知其评估结果，并进一步明确可能存在的问题或难点。完成评估之后，专家组将起草认证报告并呈献给教师教育机构。

3. 评审委员会向教师教育机构反馈

教师教育机构将认真思考认证报告草稿。教师教育机构将回应认证报告草稿并提交适当的修订报告。

4. 评审委员会撰写最终认证报告

在认证报告定稿之前，专家组将正式考虑并评估教师教育机构的反馈和修订材料。在最终定稿和提交给管理局之前，专家组可能还会与教师教育机构进行沟通。在提交最终认证报告时，专家组可能建议认证或满足特定条件的再认证，并指出达到这些条件的时限。

5. 教师管理局作出认证决定

教师管理局将通知澳大利亚教学和学校领导研究协会作出书面决定，澳大利亚教学和学校领导研究协会将据此更新国家认证数据库。一般而言，教师教育课程认证或再认证周期长达5年。教师教育机构在修改建议之前，将寻求管理局批准认可计划的建议的重大变化。管理局将评估这些课程的变动。如果变动确实影响一个被认证的课程，管理局将召集认证专家组讨论课程变动，并建议该课程是否应该再认证。如果一项认证或再认证申请未被通过，那么教师教育机构将申请审查认证决定或提出上诉。对职前教师教育项目未通过认证提出审查或上诉的机构，将根据相关管辖区教师管理局的立法、政策和行政要求进行。管理局一旦得知有上诉或审查申请，会立即通知澳大利亚教学与学校领导研究协会。

总体而言，认证过程不是封闭式的，几上几下，动态调整，是质量保证和持续改进的动态过程。澳大利亚教学与学校领导研究协会将会同管辖区教师管理局、教师教育者和其他利益相关者，开发和实施一定的过程和机制，以确保认证过程和判断的质量和一致性。澳大利亚教学与学习领导研究协会将协调和整理有关职前教师教育认证和质量保证的有关权威研究，并管理全国项目认证数据集。此外，澳大利亚教学与管理研究所将积极参与国际职前教师教育入门研究，并将监控和评估认证专家培训，进而持续改进国家认证过程。澳大利亚教学与学校领导研究协会每年将向澳大利亚教育、儿童早期发展和青年事务部长理事会汇报职前教师教育项目国家认证操作情况。澳大利亚教学与学校领导研究协会至少每四年对国家标准和认证过程进行定期审查,确保借鉴相关研究和国际基准研究成果。

第五节　澳大利亚教师资格制度

一、澳大利亚教师专业标准

为此,澳大利亚政府在2009年开始了新的教师标准的制定工作,并于2010年公布了新的《全国教师专业标准》。以下进行简要介绍[1]:

1. 基本理念

新的《全国教师专业标准》的基本理念包括促成高质量的教学、为教师质量提供全国性基准、提升教师的职业期望和专业成就、促进统一的教师认证与注册体系建立等。

(1) 促成高质量的教学

标准的制定对于一个职业来说是质量保证的必需条件,各州力求以全国教师专业标准作为制定教师发展规划和教师展开教学设计的基准。全国教师专业标准从专业知识、专业实践及专业发展等相关方面为教师发展提供总体结构,以提高学生的学业成就,统一各地对有效教学实践的认识,正确理解何谓高质量的教学。

(2) 为教师质量提供全国性基准

针对不同地区对教师质量有着不同的衡量标准的现状,标准试图有效地解

〔1〕 Australian Institute for Teaching and School Leadership. National Professional Standards for Teachers [EB/OL]. [2014-04-07]. http://www.aitsl.edu.au/verve/_resources/AITSL_National_Professional_Standards_for_Teachers.pdf,2011-02-05/.

决这些差异，以排除地区间教师流动的障碍，促进国内教师朝着高质量、高素质的方向发展。

(3) 提升教师的职业期望和专业成就

考虑到全球化时代职业的灵活性和终身学习的趋势，标准设立了能够激励教师成就动机的专业发展阶段体系以及灵活出入教师行业体系，以吸收优秀人才加入教师行业。同时，新标准也为澳大利亚中小学教师职业晋升提供了一个全国统一框架，使教师能够不断反思工作的有效性，明确自身专业学习需求，规划自身的职业生涯。

(4) 促进统一的教师认证和注册体系建立

新标准为教师、教师教育者、教师培养机构、专业协会学会及公众之间展开专业对话提供了统一语言，也为职前教师教育课程认证、初任教师注册、教师绩效奖励、教师职业生涯的更高等级专业技能认证提供了透明、客观的全国统一标准。当前澳大利亚由各州和地区来负责教师的认证和注册，需要一个全国的评估体系加强联邦与各州和地区在教师质量方面的合作。

《全国教师专业标准》为教师专业发展提供了可参照的依据，它以比较权威、公开、客观的方式来明确一个好教师所应具备的基本要素。

2. 主要内容

与 2003 年《框架》中将教师的专业发展分为毕业阶段、胜任阶段、成熟阶段和领导阶段不同，该标准将教师的专业发展分为毕业教师、熟练教师、娴熟教师和主导教师四个阶段。四个专业等级围绕三项专业要素——专业知识、专业实践和专业发展，共形成了七大标准。该标准明确了对教师职业各等级教师的知识、技能和性格要求，为澳大利亚中小学教师的职业晋升提供一个全国统一框架。

(1) 三个领域

教师必须在专业知识、专业实践及专业发展三个领域证明自己是否达到标准，这三个领域相互联系，有依存也有交叉。实际上，教学活动涉及三个领域的诸多方面。

① 专业知识

教师要利用自身专业知识对教育环境和学生个体需求的变化做出回应。教师必须非常了解学生，包括学生的社会、文化、种族、宗教背景和特殊学习需求；教师必须理解并尊重在学校、家庭和社区之间建立密切关系的重要性；教师必须熟悉学生各发展阶段的身体、智力和情绪特征。

教师还必须了解并掌握所教学科的基本思想、原则和结构，并将这些与其他内容建立联系；教师必须了解有效传授所教内容的教学法，懂得如何应用 ICT 来支持和提高学生学习。

② 专业实践

教师必须能够创造一种尊重学习的氛围。教师要能够为学生创设一个安全、富有吸引力和挑战性的学习环境；必须能够在整个教学、学习周期的各阶段游刃有余地制定学习与评估规划、制定学习计划、教学、评估、提供学生学习反馈、向家长或监护人汇报学生学习等；必须擅长使用大量教学策略和资源让学生达到最佳学习效果；必须能够对学生学习成绩做出分析，并使用成绩来评估和改进教学实践；教师必须是拥有大量技巧的高效沟通者，能与学生、同行和家长建立密切关系。

③ 专业发展

教师必须能够不断反思、评估和提高专业知识及实践能力；教师要积极投身于个体和同行组织的各项专业学习中，以支持、提高自身的专业知识与实践能力；教师必须为学校、社区和教师职业做出贡献，为学生和同行的学习与幸福提供支持。

(2) 对不同专业等级教师的能力要求

教学技能随着专业学习、反馈和反思而发展。标准规定了教师能够达到的四个专业技能水平，教师可以此为基础规划、评估自身的专业学习与实践。所有教师都必须达到“毕业教师”和“熟练教师”等级；而经过努力，还可以达到“非常娴熟”和“主导教师”水平。

① 毕业教师

毕业教师拥有经过认可的资格证书，拥有规划和管理成功学习的知识、技能、价值观和特质，能够达到注册教师的所有要求。他们具有成为专业的学习者的愿望，并以学习者的姿态来期望学生；他们拥有献身精神、热情和人际沟通能力，在学校及广泛的社区中能够发挥专业作用，并为学校整体运行做出贡献。

② 熟练教师

熟练教师能够展示过硬的专业知识、成功的教学实践及有效的专业发展。他们能够达到基本专业标准。他们是专业团体的成员，能够与同行、学生及家长有效互动。

③ 娴熟教师

娴熟教师是拥有并不断完善教学内容、教学法和有关学生方面的知识，并能将这些知识应用于实践使学习效果最大化的教师。他们知道如何与同行、家长及社区团体合作，如何吸引他们参与并支持学生的学习及健康；他们能够对专业团体做出积极贡献。

④ 主导教师

主导教师是掌握所教学科的知识内容、教学法，了解影响学生学习的各项因素，并应用这些知识来改进教学与学习质量的杰出教师。他们拥有影响他人改进教学实践的专业和个体特质，能够成功开展一些有助于教学与学习质量提高、学校和专业团体的健康发展的创新计划；他们能够促进建立并保持富有成效的专业关系。

二、澳大利亚教师资格注册

由于澳大利亚教育管理权限在各州，因此，一直以来，澳大利亚各州教师资格认定制度由各州自行确定和实施，教师资格认证条件和程序均不同。

2008 年，澳大利亚和新西兰教师注册和认证管理局共同成立澳大利亚教师管理局，设在维多利亚州，统领全国教师资格注册和认证工作（表 6-4）。其成员主要有维多利亚教学研究院、南澳大利亚教师注册委员会、北领地教师注册委员会、西澳大利亚教师注册委员会、昆士兰州教师学员、澳大利亚首都领地教师质量研究所、塔斯马尼亚教师注册委员会。

虽然各州分别设有教师资格注册管理机构，但是教师资格注册条件、类型、过程等情况基本一致。下面以澳大利亚北领地为例进行说明。

表 6-4 澳大利亚部分州(区)教师注册管理机构[1]

州(地区)	机 构
塔斯马尼亚	教师注册委员会
南威尔士州	教师大学(研究、教学和教育标准局)
首都领地	教师素质研究所
西澳大利亚	教师注册委员会
南澳大利亚	教师注册委员会

1. 教师注册法规

澳大利亚北部领地于 2004 年颁布《教师注册法》(2004 年首次出台,经过 2007 年和 2010 年两次修订),标志着教师资格注册的开始。该法的主要目标是确保合适的、有一定教学资格和能力的人被聘为教师。随后,澳大利亚北领地又成立了教师注册委员会,具体负责教师资格注册。教师注册委员会由教师雇主、工会、高等教育机构以及其他相关组织和协会等利益相关者提名的教师、校长、教育者组成。教师资格注册委员会的主要职责包括评估注册资格、授予或拒绝注册、制定、改变或撤销注册条件、收取年度注册费用、授予或拒绝资格更新注册和保持教师注册等。该委员会每年召开 9 次会议,以商讨教师注册有关事项。注册委员会办公室由北领地政府官员组成,北领地教育和培训部长任命委员会主任。通过注册的教师可以在北领地的任何一所学校任教,如果学校雇佣未注册的教师或者未注册的教师从事教师工作均会受到惩罚,处以 6 650 澳元的罚款。[2]

《教师注册管理规定》主要对注册资格进行明确规定,2004 年首次发布,2010 年经过修订。

[1] Austalian Teacher Regulatory Authorities. Home[EB/OL]. [2014-04-09]. http://www.atra.edu.au/index.htm.

[2] Teacher registration board of the norther territory. Registration[EB/OL]. [2014-04-10]. http://www.trb.nt.gov.au/registration,2013-9-27/.

2. 注册条件[1]

(1) 规定注册资格

最低学术条件为获得高等教育机构授予的学位,该学位需完成4年全职(或者时间相当的兼职学习)教师教育学习,并完成至少45天的教学实践。

在高等教育机构完成4年全职学习(或者时间相当的兼职学习),并因此获学士学位和完成至少1年教师教育课程,包括至少45天的教学实习。

(2) 适合从教

注册委员会综合考虑以下情况,以确定申请人是否是教师的合适人选:

一是申请者的犯罪历史,注册委员会要全面审查申请者的犯罪历史。

二是申请者的任何行为,如不符合教师的预期行为,违反教师专业伦理规范、品格不好。

三是申请者是否具有某种情况,如在北领地或其他地区,是否有未通过教师注册的情况、是否被吊销或取消教师资格注册、注册委员会认为不达标、被注册管理当局认定不具备教师资格条件。

(3) 教学能力

注册委员会通过考虑以下情况确定申请者是否具备教学能力:

一是申请者是否能够根据教师专业标准进行教学。

二是是否具有较强的英语语言能力。

为了对注册申请作出决定,注册委员会提议根据北领地毕业教师专业标准和胜任教师专业标准,作为依据,如果申请者最近完成教师教育课程,那么注册委员会认为该申请者具备毕业教师的教学能力,如果申请者是一名有经验的教师,那么注册委员会认为该申请者达到一名胜任教师的资格条件。

(4) 专业经历和实践

完全注册的专业经历和实践要求如下:

在申请日之前的最近5年内,在澳大利亚或新西兰至少担任180天的全职

---

[1] Teacher registration board of the norther territory. Eligibility[EB/OL]. [2014-04-10]. http://www.trb.nt.gov.au/registration/new-applicants/eligibility.

校长或教师(或时间相当的兼职教学),或者在非学校工作过至少180天,从事根据课程实施教学,评估学生参与教育课程的情况,任何层次的教学管理工作等。以上工作情况不包括教辅人员、助教、实习教师和志愿者。

3. 注册类型

注册类型包括正式注册和非正式注册,有效期分别为5年和3年,最长不能超过6年和4年。[1] 每年需在12月31日前缴纳注册费用,否则来年不得从教。

正式注册的条件包括:达到规定的注册资格条件,注册委员会认为申请者适合教学,有一定的教学能力,达到正式注册规定专业经验以及满足正式注册的其他规定条件。非正式注册的条件,满足除了不满足正式注册规定的专业经验以外的条件。

此外,还需满足其他规定的条件。北领地教师资格注册与其他州(区)可以互认。

4. 注册过程

北领地教师注册委员会每年将收到1 000多份申请书。教师资格注册程序非常严格,主要有以下步骤:

(1) 对申请书加盖日期。

(2) 检查申请材料是否齐全,所提供文件是否有效和得到正确认证。

(3) 首先对材料齐全的申请进行评估。

(4) 若申请材料不齐全,注册委员会将通过邮件提醒申请者直到材料齐全方可得到评估。

(5) 由签发机关发送犯罪历史记录检查表,注册委员会对照申请材料。

(6) 一旦收到完整的申请材料,注册委员会将确定申请者是否达到注册规定的条件。

(7) 在申请材料完备的情况下,教师注册评估过程通常为2～3周。延误教师注册的因素通常为申请者未及时提供完备的材料或者不能正确填写有关申请表格。[2]

---

[1] Teacher registration board of the norther territory. Granting registration[EB/OL]. [2014-04-10]. http://www.trb.nt.gov.au/registration/new-applicants/granting-registration.

[2] Teacher registration board of the norther territory. Assessment process [EB/OL]. [2014-04-10]. http://www.trb.nt.gov.au/registration/new-applicants/assessment-process.

此外,西澳大利亚教师注册类型包括临时注册、正式注册、有限注册和非实践型四种。临时注册教师的条件,包括接受经过认证的教师教育机构提供的教师教育,拥有英语口语和书面语能力,达到教师专业标准中规定的毕业教师的条件,适合从事教学。正式注册条件除以上临时注册教师资格条件以外,还需要具备一定教学经历和实践。有限注册需满足适合教学,有英语说写能力,满足其中一项规定条件。这些条件包括所受教师教育年限低于毕业教师或娴熟教师应达到的标准,拥有相关教学职位学科的高等教育学位等。[1]

自《提高教师质量国家合作协议》签订以来,澳大利亚联邦政府和各州(区)政府携手提高教师质量。高成就和主导教师资格认证就是全国统一的教师资格认证。由上文教师专业标准内容所知,澳大利亚将教师发展分为毕业教师、熟练教师、娴熟教师和主导教师四个发展阶段。2011 年 10 月 14 日,根据相关利益者如教师管理部门、教师雇主和教师工会的意见和建议,所有澳大利亚教育部长,通过了全国统一教师注册方法。这一全国统一注册方法包括一系列适合澳大利亚所有州和区的注册过程和要求元素,并由各州逐步实施。这一统一方法包括初期注册、固定登记期限、可选择教学权利、纪律和取消注册、适应性、资格、英语语言能力和互认。这一国家高成就和主导教师资格认证注重认证过程和提供相应反馈,充分展现了澳大利亚联邦政府和各州(区)政府提高教师质量的决心。

三、澳大利亚教师聘任

澳大利亚中小学教师全部采取公开招聘方式。各州由专门机构负责招聘、选拔合适的人选从教。下面以昆士兰州和西澳大利亚为例说明澳大利亚中小学教师聘任有关政策、过程及特点。

1. 昆士兰州专业机构主导教师招聘

昆士兰州政府专门成立教师申请中心(Teacher Applicant Centre)负责所

---

〔1〕 Teacher Registration Board of Western Australia. Registration Categories[EB/OL]. [2014-04-10]. http://www.trb.wa.gov.au/teacher_registrations/Becoming_registered/registration_categories/Pages/default.aspx.

有教师聘任工作，管理和维护教师职业申请信息。基于政府大楼安全管理需要，教师申请中心拒收一切书面投递申请，所有申请、询问、修改信息一律通过邮件。

所有在昆士兰州公立学校从教的教师，必须通过昆士兰州教师学院注册，并提交就职申请，应邀参加教学适应性评价过程。要想成为一名公立学校教师，需经过以下过程：一是在高等教育机构获得学位并具备从教的资格；二是经过昆士兰州教师学院申请；三是向教师申请中心提交教师就业申请表，并附相关材料；四是得到教学适应性排名；五是获取就职通知。所有申请者不得滥用药物、有性侵犯倾向、绑架、侵犯他人自由和道德等犯罪情形。[1]

聘任过程主要包括两部分，一是填写申请表，二是参加面试，并提交面试之前的所有专业经历。教师就职申请表与资格注册申请表是独立的。应届毕业生应在毕业当年尽早提交申请，其他申请者可随时提交申请。

教师招聘随时进行，并不是仅在学年开始。教师录用通知通常基于教学能力、教学地点偏好、从事某一职位的可能性、教学适应性评估、适应某一学校位置的程度等方面因素决定。为填补教师职位空缺，在发放新教师录用通知之前，地方人力资源部门需要考虑提出调换工作或休假结束的教师。[2]

2. 西澳大利亚和维多利亚州校长主导教师招聘

西澳大利亚校长有权根据《就业标准和填充公共部门职位空缺》有关规定，自主招聘、选拔和任命学校教职工。[3]

(1) 明确空缺职位。在教育和培训共享服务中心网站发布通知，要求填写空缺职位信息表，从后备人选中选择教师，若没有后备人选，则选择提出调换工

---

〔1〕 Queensland Government. Department of Education , Training and Employment. Apply to teach[EB/OL].[2014-04-11]. http://education.qld.gov.au/hr/recruitment/t eaching/apply/index.html.

〔2〕 Queensland Government Department of Education , Training and Employment. Offers of employment [EB/OL].[2014-04-11]. http://education.qld.gov.au/hr/recruitment/teaching/apply/offers.html.

〔3〕 Department of Education. Recruitment, Selection and Appointment of Teaching Staff[EB/OL].[2014-04-11]. http://det.wa.edu.au/policies/detcms/policy-planning-and-accountability/policies-framework/policies/local-recruitment-selection-and-appointment-of-teaching-staff-policy-prodecures-and-guidelines-2006.en?bbp.i=d0.a.1.2.1.6.1&bbp.8.policyID=14639146&g11n.enc=UTF-8&bbp.9.pane=3&selected=11.

作的教师,记录选择过程。

(2) 发布招聘通知。明确空缺职位后,教育和培训共享服务中心将通过招聘广告和管理系统发布招聘通知。

(3) 申请者提交申请。申请者通过以上系统在规定时间内提交申请。

(4) 专业顾问进行选拔。选拔委员会至少包括一名接受招聘、选拔和任命培训的专家组成员,设立裁判员,确保选拔过程的保密、程序公平和透明。

(5) 与申请者沟通。校长尽快与申请者沟通选拔结果。

(6) 选拔文件。每一位选拔专家组成员将通过手写或电子邮件的方式签字同意选拔报告。如有违反标准要求的,校长或其提名者应尽快通知申请者有关违反标准的要求,或劳动关系局收到的任何违反要求的内容。

(7) 反馈阶段。选拔小组主席将对有关疑义做出反馈,明确说明选拔标准和解释最终决定。

(8) 入职资格要求。在发出录用通知前,校长或其提名者对以下信息进行确认:拟被录用的教师是否通过西澳大利亚教师注册委员会注册,是否是澳大利亚或新西兰公民,或拥有澳大利亚永久居住权,如果是外来移民,是否具备合法的工作许可证,已申请或有有效的于儿童工作卡等。

(9) 任命。在收到申请者签收同意之后任命申请者和完成在线建议。

维多利亚州也是由校长主导教师招聘。维多利亚州学校注重通过人力资源规划(Workforce Planning)来实施教师员工管理,该计划的重要组成部分是支持所有招聘、变动和晋升决策的人员配置。在综合考虑学校发展战略规划、有关法律规定、州级课程或其他规定、财政支持等因素的基础上进行人员配置(图 6-1)。维多利亚州教师招聘过程,如图 6-2 所示。

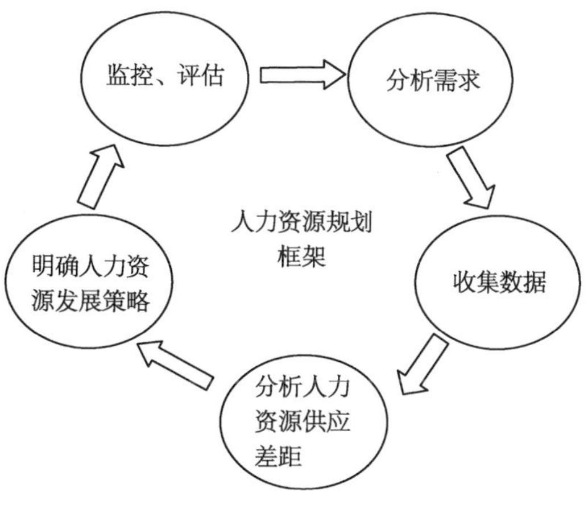

图 6-1 维多利亚州学校人力资源规划框架

由此可见,澳大利亚中小学教师

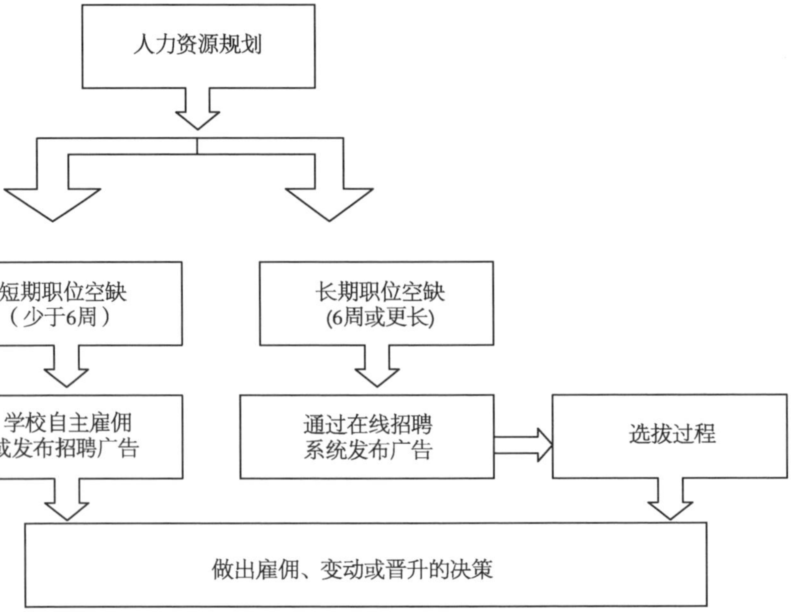

图 6-2 维多利亚州中小学教师招聘流程

聘任由专业主导，特别是校长具有教师招聘、选拔和任命自主权，整个选聘过程不见教育行政部门的踪影，充分体现了尊重教育规律。

第六节 澳大利亚教师在职发展

近20年来，澳大利亚一直在进行教育的改革与重建、教师课堂角色的转变和管理者角色的改变。社会价值观和社会结构的变化对教育领域产生了深远的影响。20世纪80年代以来，澳大利亚政府公布了许多有关教师教育的报告，如《澳大利亚国家中小学教师专业发展蓝图》《21世纪教师计划》《一种值得关注的道德—对新教师的有效计划》（*An Ethic of Care—Effective Programs for*

Beginning Teachers)、《联邦高质量教师计划——2003 年行动纲领》等。

特别是近几年来,国家层面出台教师专业学习的宪章和框架,各州也相应出台教师专业发展框架,对教师专业发展的意义、内容、形式和定位均作出了新的规定。我们可以通过《澳大利亚国家教师和学校领导专业学习宪章》《澳大利亚国家教师绩效和发展框架》《昆士兰州教师继续专业发展框架》西澳大利亚教师发展学校等相关政策和项目,了解澳大利亚教师在职专业发展。

一、国家层面重视加强教师发展文化

2012 年 8 月,澳大利亚教学和学校领导研究所颁布了《澳大利亚教师和学校领导专业学习宪章》[1],强调教师专业学习文化的构建,并提出专业学习文化的相关性、合作性和面向未来三个主要特点。

1. 专业学习文化

教师专业学习的有效性取决于其所根植的文化背景(图 6-3)。如果学校能够使教师成为主动的学习者,通过不断反思,获得关于教学实践的反馈,并能改进教学实践,从而提高学生学业成绩,这样的文化必将提高教师专业学习效率。

高质量的专业学习文化具备以下特征:一是领导支持教师学习和冒险;二是改进教学实践的集体责任意识;三是学科教师之间合作;四是彼此相互信任、互动和依赖;五是通过学校结构、明确规划和分配时间支持教师专业学习;六是聚焦有利于改进专业实践和提高学生学业成绩的专业学习。

虽然教师参与多种不同类型的专业学习活动,但是研究表明,有些专业学习活动的效果好于其他专业学习活动。OECD 的一项调查表明,来自世界范围的教师表示个体和写作的研究、资格项目和正式对话对教学实践的影响最大,而参加会议、学术交流、参观其他学校的影响较小。有关研究也得出同样的结论,即观察、实践新的教学方法和获得反馈比讨论、讲座和实地参观学校更有效。基于

---

[1] Australian Institute for Teaching and School Leadership. Australian Charter for the Professional Learning of Teachers and School Leaders[EB/OL]. [2014-04-13]. http://www.aitsl.edu.au/docs/default-source/default-document-library/australian_charter_for_the_professional_learning_of_teachers_and_school_leaders.pdf,2012-08/.

有关研究成果，宪章提出有效专业学习的三个特征：

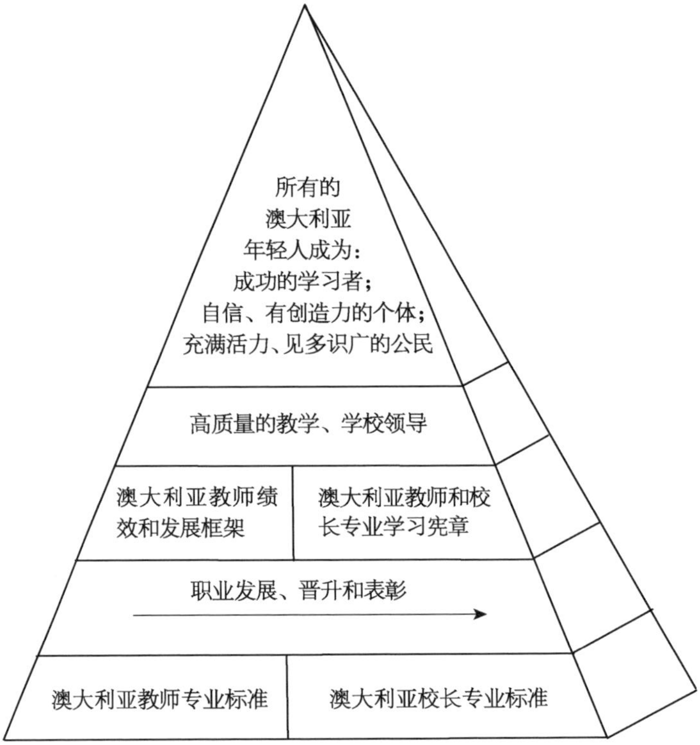

图 6-3 澳大利亚教师发展背景

(1) 相关性

提高学生学业成绩，是所有教师、学校领导以及他们参加的专业学习活动的终极目标。专业学习活动，能够协助教师解决和适应他们在提高学生学习成绩、促进学生参与学习和提高他们幸福感过程中遇到的种种挑战。

专业学习活动的相关性具体体现在：一是协助教师满足学生实现中期目标和长期目标的需求；二是鼓励教师通过挑战自我，对教学实践的假设，来发现老大难的解决方法；三是建立在有关有效教学和学习的现有研究基础上；四是与学校、学区和教育系统发展目标和创新密切相连；五是与教师的已有经验、优势、现有知识、职业发展阶段和发展目标相匹配。

(2) 合作性

合作性有利于强化和扩大专业学习活动，并且让教师个体参与学习活动有新的和有价值的发现。合作性还将体现在教师与学校内外的同事和外部专家的联系上。

教师专业学习活动的合作性，具体体现在：一是通过让教师参与专业学习活动设计、内容选择、实践过程和评价，来提高教师对学习活动的所有权；二是为教师提供获得实践反馈和观察他人实践的机会；三是通过训练、指导和反思，来支持改进教学实践；四是为教师提供接触专家和向专家学习的机会；五是在学校内部和学校之间建立专业学习共同体；六是通过科技来扩大合作和学习。

(3) 面向未来

有效的专业学习活动，不仅能改进当前实践，还应该使教师理解在不同形势下的实践有所不同，以及何时、如何采取一系列战略。

面向未来的专业学习活动具有以下特征：一是促使教师应对当前和未来的挑战；二是促进行动研究和调查，并将教师视为研究者；三是为教师提供适应并超越飞速发展和彼此联系的世界中所需的高技能；四是支持教师探索挑战他们思维的研究，鼓励他们创设自己的实践理论和使用多元化的有效教学策略；五是促进教师创新。

2012 年 8 月，澳大利亚教学和学校领导研究所颁布了《澳大利亚国家教师绩效和发展框架》，聚焦学校如何创造教师发展文化。大量研究表明，提高教师绩效是促进教师发展的有效途径，可以创造强有力的和富有支持性的文化。绩效和发展程序固然重要，但是过多关注过程，是教师发展效果差的途径的重要特征。该框架提出促进教师发展的有效途径的 5 个特征和 3 个过程。[1]

二、提高教师专业发展效能

1. 聚焦提高学生学业成就

促进教师发展本身并不是目的。所有教师发展项目都应集中提高学生学业成就。并不是简单地将教师发展与学生成绩直接相联系，而是呼吁教师所做的一切以及为教师提供的一切支持，都应该对学生学习产生积极的影响。该框架对学生

[1] AITSL. Australian teacher performance and development framework[EB/OL]. [2014-04-28]. http://www.aitsl.edu.au/verve/_resources/Australian_Teacher_Performance_and_Development_Framework.pdf, 2012-08/.

学业成绩的界定比较宽泛，包括学生学习成绩、参与学习的程度以及自身幸福等。

2. 准确理解有效教学

要促进教师发展进而提高教师教学效率，那么首先必须明确何为有效教学。澳大利亚国家教师专业标准已经明确教师应该掌握的知识和具备的能力。标准从专业知识、专业实践和专业投入三个方面呈现了有效教学的整体面貌。同时，专业标准呈现了教师工作的全部，而学校或者个体教师无法立即聚焦专业标准的所有领域。不同学校的教师应该根据学校的背景和发展重点对有效教学做出自己的理解。

3. 有效领导

众所周知，学校领导不仅对提高学校发展绩效至关重要，而且对创造教师发展文化也很关键。澳大利亚国家校长专业标准，已明确校长在领导学校教学和学习中的职责，所有这些都将指向创造有效的发展文化。校长的作用固然重要，但是教师发展文化的创造，不是校长一人能完成的，必须来自不同层面的领导和合力。有效的教师发展必须发挥教师的自主权和专业自治。

4. 灵活性

每所学校均有所不同，需要根据自己独特的背景和发展历史进行发展。虽然框架明确了有效教师发展的基本要素，但是这些要素在不同学校所占比重或者呈现状态应该有所不同。

5. 相关性

教师发展活动的规划与设计，应该与学校其他活动的安排保持步调一致。教师专业发展过程和教师发展目标，应该反映学校发展的整体路径，并符合学校发展规划。教师和学校领导应该将专业发展活动与他们参与的其他活动整合起来，而不是孤立地进行，或者额外添加。

三、注重教师专业发展周期

教师专业发展呈现一定的周期特征，整个周期的不同部分是相互交织的，并且不严格按照顺序发生，所需时间长短也依赖于环境。在整个专业发展过程中，有四个关键要素，这四个要素是整合了相关研究、实践者的建议和对现有实践分析的基础上得出的。

1. 专业反思与目标设定

教师发展周期始于设定发展目标。要有目的地参与教师发展项目，教师必须在校长或其委派的代表支持下，根据教师专业标准的要求，明确表达自己的发展目标。发展目标包括通过参与发展项目而产生的对课堂内外的影响。教师应该根据有关证据和反馈，自我反思教学实践、学校战略发展规划，以及学校教师团体设定，或应该遵循的目标，或者发展优先事项等，设定发展目标。此外，目标的设定必须可测量，并与反馈和反思证据类型相关。

2. 专业实践和学习

上文提到的专业发展目标是后续行动和改进教学实践的基础。改进教学实践的有效途径，应该有意识地努力收集和反思有利于洞察教师实践有效性的证据，应该能够促进成长，并有机会参与高质量的专业学习。这一过程的发展，应该时常伴随正式和非正式的反馈。有效专业实践的重要组成部分，是收集支持持续反馈、反思和进一步发展的证据。教学是一项复杂的工作，能够产生丰富而多样化的证据，以利于开展教学实践形性和终结性评价。证据来源包括教学对学生成绩影响的证据、直接观察教学、教师对同事和学校整体的影响、学生反馈、同伴或导师反馈、家长反馈、教师自我评价等。

3. 反馈与审查

实施有效教师发展途径的学校，通常建立持续提供各种正式和非正式的反馈和指导的教师发展文化(表 6-5，表 6-6)。这一阶段主要是及时向教师提供反馈，以支持教师改进教学实践、指导教师选择专业学习、促进对发展目标的反思和修正。

表 6-5 昆士兰州教师专业发展活动列表[1]

1. 课程班、工作坊、会议、假期学校或在线课程
2. 由昆士兰州研究机关或学校实施的教学大纲、课程和教育评价专业发展活动
3. 为了或由于参加国家和州测试培训

[1] Queensland College of Teachers. Continuing Professional Development Framework[EB/OL]. [2014-04-28]. https://www. qct. edu. au/PDF/PSU/CPDFrameworkPolicy_AmendedforAustralianStandards. pdf, 2012-08/.

续表

4. 为了向同事介绍课堂实践、研究结果或当代教育问题所做的准备，以及从中获得的发展
5. 引导校本课程和(或)政策发展
6. 通过担任师范生或新入职教师导师为他们提供专业支持所做的准备以及从中获得的发展
7. 积极参与海外教师交流、前期准备、现场专业发展和后续汇报等
8. 与研究、准备文章、向同事介绍和专业实践相关的一系列专业阅读
9. 为获取教育领域或教学领域相关专业资格的正式学习

表 6-6 昆士兰州教师专业发展要求[1]

时间	每年教学时间	每年专业发展时间
2010—2012 年	全职教师	至少 30 小时
	200 天或以上	至少 30 小时
	160～199 天	至少 25 小时
	120～159 天	至少 20 小时
	80～119 天	至少 15 小时
	40～79 天	至少 10 小时
2013 年及以后	20 天或以上	至少 20 小时

澳大利亚教师发展政策，注重从源头上保证教师质量，步步把关，政策始终贯穿教师职业发展全过程。一是加强教师职前培养课程认证审批制度，只有通过首次认证的机构才能获得教师培养资格，并且需要进行持续认证，保证其课程和培养模式适应教师发展；二是教师专业标准从地方标准上升为国家标准，特别是注重教师专业标准在教师资格注册、任职和晋升中的应用；三是严把教师入职关，每个州(区)在国家教师资格制度框架下制定具体的条件，并设立专门的机构对新入职教师进行认证，同时对在职教师进行定期考核注册；四是教师专业发展在国家标准和国家框架(宪章)双重引领下进行。

〔1〕 Queensland College of Teachers. Continuing Professional Development Framework[EB/OL]. [2014-04-28]. https://www. qct. edu. au/PDF/PSU/CPDFrameworkPolicy_AmendedforAustralianStandards. pdf,2012-08/.

第七章

澳大利亚基础教育学校管理

澳大利亚学校管理机制主要是校本管理。校本管理(School-based Management),意为以学校为本位或以学校为基础的管理。对于校本管理的定义,人们存在着不同的看法,归纳起来,校本管理主要指一种以权力下放为中心的学校管理思想和模式,其核心就是强调教育管理重心的下移,强调教育行政部门给予学校更大的权力和自由,使中小学成为自我管理、自主发展的主体,可以根据自身的需要确定自己的发展目标和方向,从而提高学校管理的有效性。

校本管理的主要特点,是通过权力下放来实现学校自主管理和共同决策,使学校全体同仁凝聚和形成共识,提高学校的活力和办学效益。

20 世纪 60 年代中后期,澳大利亚建立学校与社区合作的学校管理模式的努力,促成了校本管理的产生。当时,澳大利亚一些教育工作者对集权式的学校管理模式提出批评,并要求在每个学校设立董事会,建立一个教育局、校长、家长、社区人员、教师、教育管理人员共同合作的学校管理模式。经过几年的大辩论,南澳大利亚州和首都直辖区先后于 1972 年和 1976 年建立起新的学校管理体制:每个学校设立董事会;董事会由校长、社区成员、教师代表、家长和市民联谊会代表及中学生组成;董事会有权决定学校的教育政策和经费开支、评估校舍设备和仪器的需求情况等。[1]

第一节 澳大利亚校本管理模式

一、产生背景

20 世纪中期,澳大利亚首都处于新南威尔士州的管辖之下。1966 年,新闻媒体对当时的中小学班级规模过大和教师培训机会少提出批评,新南威尔士州

[1] 叶莎莎.校本管理如何管出实效[N].中国教育报,2005-01-09(3).

教育部官员不仅不接受批评，而是宣布中小学的班级规模将继续扩大，并要求所有的小学校长都应当全部参与一线教学。这一声明激怒了首都地区的家长和教师，他们希望能够参与学校管理，以提高教育质量。1967 年 11 月，居里代表工作组公布了一项研究报告，首次提出“校本管理”的概念，“校本管理，就是给予教育公共机构权力和责任以管理自己，而不是授权于一种体制。校本管理不仅要求教育者参与到教育管理的决策过程中，而且还要使那些受教育影响并对教育感兴趣的人也能参与决策。主要目标是创造真正的合作伙伴关系，教育机构的这种改进或自我更新，是为了使学校能够更有效地为学生提供优质服务”。[1]报告还提出建立独立的学校权力机构以监测整个教育系统，建议在每个学校建立学校董事会。

二、澳大利亚校本管理模式的合法化

校本管理模式从 1967 年提出，到被澳大利亚社会和官方认可，直到最后在各州(区)推广用了将近 10 年。

1972 年，澳大利亚学校委员会成立了一个由彼特·卡姆领导的临时委员会。1973 年，该委员会发表一个报告，报告提出社区参与教育对于学校具有重要的意义。而学校向家长开放是扩大教育影响和促进学生学习的一种手段，同时促进教师与家长之间的密切沟通和联系。在社区参与教育和将权力下放到学校层面，报告提出临时委员会不赞成学校管理的集权化控制。学校管理权力应该分配给所有关心和涉及教育的人群，应该与家长沟通协调，还应该征求学生的意见。[2]

1974 年，澳大利亚某官方委员会就居里报告思想的可行性发表一个主题报告。在此基础上，首都直辖区成立临时学校管理局和学校托管委员会。

1976 年，《首都直辖区学校管理局条例》正式颁布。根据条例，已有临时学

---

〔1〕 冯增俊，唐海海. 新世纪学校模式[M]. 广州：中山大学出版社，2001：212.

〔2〕 Australian Schools Commission. Schools in Australia: Report of the Interim Committee of the Australian Schools Commission. [EB/OL]. [2014-04-19]. http://apo.org.au/files/Resource/schools_in_australia_karmel_report_1973.pdf, 1973-05/.

校委员会转为正式法人团体即学校董事会。学校董事会成员包括:从家长和公民协会中推选出3名成员,从教师中推选出2名成员,由中央管理机构从当地社区指定一名成员,从学生中推选1~2名成员,学校校长也是成员之一。条例授予学校董事会的合法权利包括:决定学校教育政策;对学校校舍、设施、仪器、资金和教职工的需求提出建议;决定学校经费支出;对学校校舍和设施的校外用途提出建议;发展学校和社区组织的关系;对中央管理机构关于学校事务方面提出建议。[1]至此,以学校董事会的合法建立为标志,校本管理模式实现了合法化。

三、澳大利亚校本管理模式的推广

随着教育改革发展的深入,校本管理模式在各个州逐渐推广和应用。1972年,在首都直辖区就校本管理模式进行辩论时,南澳大利亚州在居里报告的影响下修订州教育法案,创办澳大利亚第一个学校董事会(首都直辖区直到1974年才创办学校董事会)。1975年,维多利亚州效仿首都直辖区建立学校董事会,并通过相关法案确保校本管理有效运行。1982年北部领地、1988年西澳大利亚州、1990年新南威尔士州、1995年塔斯马尼亚州等均通过了校本管理模式法案或规章制度。

在维多利亚州,1980年以后,学校董事会成员中家长代表的比例逐步加大。州教育部门规定,中学校董事会成员构成至少三分之一的家长代表,最多三分之二的教师代表,学生和社区代表不应超过五分之一;小学董事会成员构成至少二分之一的家长代表,最多二分之一的教师代表,社区代表不应超过五分之一。学校教职工不得担任学校董事会主席,校长担任学校董事会首席执行官。1983年,维多利亚州进行教育改革,进一步向学校下放权力。从1984年2月,维多利亚州学校委员会开始自主决策,决策领域包括学校发展一般教育政策;维护、修理、改进学校校舍及土地;有关教职工聘用、财务记录和清算;一般预算计划及校长和代理校长的选拔等。[2]

---

〔1〕 牛道生.澳大利亚基础教育[M].广州:广东教育出版社,2004:158-159.
〔2〕 牛道生.澳大利亚基础教育[M].广州:广东教育出版社,2004:160-162.

四、澳大利亚校本管理模式的现状

澳大利亚共有政府学校、天主教学校和独立学校三种类型学校，其管理机制均不同，此外各州(区)实施校本管理的进程、程度均有所不同。下面将以澳大利亚三类学校为主线，分别介绍各州(区)学校校本管理现状。

1. 政府学校管理

(1) 首都领地

澳大利亚首都领地于1976年开始实施校本管理模式，并于1997年将校本管理权限扩大至财政预算管理和学校教学设施管理。校本管理范围包括校长与领地教育部共同决策教学和学习方面的相关事项，领地实施统一的教职工配置，但是校长自主决定教职工数量、学科组成和层次水平；领地实施统一的课程大纲，但是高中学校拥有课程设置自主权，实施统一的学校预算和校长负责财政和设施管理。由于首都领地范围小，造成了领地教育部对学校管理多而支持少的错觉。校长和教育部均认为规模大的学校校长经验丰富，所以要求更多的自主权而需要较少的教育部支持，而规模小的学校校长经验少，因此需要更多政府支持。实行校本管理赋予校长的财政和人力资源管理自主权需要长期坚持，校本管理由于学校董事会而促使学校与社区之间紧密联系。[1]

首都领地《2004年教育法》规定，每一所政府学校须建立学校董事会，学校董事会是家长、看护者、学校教职工和学生参与学校决策的正式机制。学校董事会与学校校长共同制定学校战略发展方向和重点，监测和审查学校发展绩效，开发、实施和评价课程，审批学校财政预算以及学校资源使用正常和学校财政风险管理。

学校董事应该遵循以下两个原则：一是学校社区应当承担决策责任，能够自主设计相关教育政策；二是学校层面的决策应该由教育部成员、学校社区、家长、看护者和学生共同参与。总体而言，学校董事会要做好两件事情，一是设计和监测学校战略规划，二是向学校、社区和领地首长汇报学校发展取得成绩。

---

〔1〕 ACT Government Education and Training. School Board Manual [EB/OL]. [2014-03-02]. http://www.det.act.gov.au/data/assets/pdf_file/0004/459643/SBM-Updated-August-2013-web-accessible-version.pdf, 2013-10/.

澳大利亚首都领地各管理层职能划分见表 7-1。

表 7-1 澳大利亚首都领地各管理层职能划分[1]

主体 领域	学校董事会	校长	教育部长
教育规划	审批通过学校四年发展规划和年度实施计划	落实四年发展规划和年度实施计划	监测和协助教育规划制定过程
财政管理	审批和监测年度财政预算,监测每月预算报告	落实年度财政预算,监测阅读预算报告	监测和协助财政管理过程以确保责任到位
学校绩效	通过学校测验和校外测验(如国家评估项目)监测学生学习绩效	落实学校发展策略和项目以改进学校绩效	监测和协助学校绩效改进
课程	审批和监测学校课程实施情况	开发和落实学校课程	监测和协助学校课程开发与实施情况
教育政策	开发、审批、监测和审查校本教育和财务政策	落实教育部长政策,开发和实施学校政策	监测国家政策管理和协助学校政策管理

(2) 新南威尔士州

新南威尔士州于 1973 年开始校本管理讨论,讨论始于研究报名《社区与学校》。这一研究报告提出建立学校董事会,并于 1983 年在开始在部分学校建立学校董事会,但是,新南威尔士州教师联合会反对这一主张。1990 年,第三次改革浪潮旨在建立学校委员会,经过多方努力,学校委员会得以成功建立,但是这些委员会的决策权较小。一方面,新南威尔士州实行统一课程,学校在统一的课程框架下,可以自行对学生进行分组教学,统一的教职工配置标准和报酬,对学校的财政投入也是统一的。自 2009 年开始实施校本管理试验。州教育部长宣布赋予地方公立学校更多自主权,将更多决策权下移至学校和地方社区,如课程设置、财政预算、使用和管理等权限。[2]

---

[1] ACT Government Education and Training. School Board Manual [EB/OL]. [2014-03-02]. http://www.det.act.gov.au/data/assets/pdf_file/0004/459643/SBM-Updated-August-2013-web-accessible-version.pdf, 2013-10/.

[2] Department of Education and Communities. Final Report of the Evaluation of the School-based Management Pilot[EB/OL]. [2014-04-10]. https://www.det.nsw.edu.au/media/downloads/about-us/statistics-and-research/key-statistics-and-reports/sbm-evaluation.pdf, 2012-01/.

(3) 北领地

在校本管理实施方面,北领地教育部与校长之间存在观点分歧。这与北领地的地理条件相关。北领地地广人稀,学校大多分布在偏远地区,远离领地教育部的管理和控制。尽管如此,北领地实行统一的教学和学习框架,但校长拥有具体课程实施自主权。领地教育部统一招聘教师,并根据校长需求在学校之间进行分配,地方学校委员会可自主雇佣非教学职工。

(4) 昆士兰州

昆士兰州的学校、州和区官员共同决策学校资源分配、资源使用方式和资源水平。昆士兰州校长拥有较大的的教师任命、调动自治权,学校教职工和家长均参与校长选拔,校长拥有较大的权利自行支配学校可利用预算。昆士兰州实施教育机构结构改革,一方面减少对学校的控制,另一方面为学校发展提供更多的支持,同时缩小学校与地方支持办公室之间的物理距离。为适应校本管理,小学校长需掌握更多新知识和新技能,如战略领导与管理技能、关于国家发展和教育进展研究的新知识、从教育外的领域了解组织和文化变革、较强的问题和变动时期领导能力、人际沟通包括帮助教师、职工、家长和社区成员理解教育和学校管理的新发展。[1]

(5) 南澳大利亚

南澳大利亚校本管理实施程度比较低。南澳大利亚实行统一的课程大纲,包括每个课程领域的教学时间、统一分配学校资源,并规定如何使用这一资源。

(6) 塔斯马尼亚州

塔斯马尼亚州教育部与学校校长共同决策教学问题。教师招聘由州一级统一实施,校长自主招聘短期教职工。州教育部负责有关资源分配。

(7) 维多利亚州

维多利亚州是澳大利亚学校自治最充分的州(区)。在州统一的学习标准框架下,校长自主决定课堂教学。在有限的预算内,学校自主规定教职工的选拔、

---

〔1〕 Department of Education and Communities. Final Report of the Evaluation of the School－based Management Pilot[EB/OL]. [2014-04-10]. https://www.det.nsw.edu.au/media/downloads/about-us/statistics-and-research/key-statistics-and-reports/sbm-evaluation.pdf,2012-01/.

人数和专业构成，学校完全自主雇佣短期教职工。校长负责分配学校预算的94%。校长向州教育部管理部门提议解雇教职工，区域指导着做出决策。

(8) 西澳大利亚

西澳大利亚州教育行政部门严格控制学校教学与学习，但是地方可自行决定学习资源和课堂教育。西澳大利亚实行统一的教职工待遇和服务条件，教师身份为公务员。学校课程由州统一确定，学校可自行决定部分学科，但是十一和十二年级必须严格遵循州课程要求。资助和设施管理由州一级统一实施。2009年，西澳大利亚教育部长宣布，将赋予34所政府学校更多自主权，使学校根据学生和当地社区需要自行决策。这些学校将有更大的预算控制权，可以自行奖励和售卖价值15万澳元的固定资产，自主选拔教职工，实施更领域的教育课程，可以不经中央批准而辞退学生等。[1]

2. 天主教学校

澳大利亚设有国家宗教教育委员会(National Catholic Education Commission)，负责制定全国天主教学校有关管理规定和原则。天主教学校也实行以学校董事会为主体的校本管理。

天主教学校董事会成员应该遵循的基本原则有：一是热爱基督教，这是天主教教育建立在所有人对基督的热爱基础上。二是家长的角色，作为孩子的第一任教师，家长必须与天主教学校合作实现天主教学校的使命。三是忠于教堂使命，也是基督的使命，传播福音，包括对教堂教学的忠诚。四是教堂的神圣，教堂成员和机构的义务以支持教堂需要帮助的其他个体和机构，并为了整个教堂社区的利益而奋斗。五是支持共同利益，这是教堂成员的一般义务，不仅要支持教堂及其机构和成员，而且要确保教堂及其机构的工作有利于整个社会的利益。六是怜悯贫穷，这是教堂社区持续评估自身行为和政策，以确保他们有利于处境不利和边缘化的人群。七是教育质量，是所有天主教教育参与者的共同义务，为天主教学校学生提供尽可能高质量的教育。八是参与，使所有有关的人都参与

---

〔1〕 Department of Education and Communities. Final Report of the Evaluation of the School-based Management Pilot[EB/OL]. [2014-04-10]. https://www.det.nsw.edu.au/media/downloads/about-us/statistics-and-research/key-statistics-and-reports/sbm-evaluation.pdf, 2012-01/.

进来。九是全纳,天主教学校应该向所有愿意接受天主教教育的人开放,并欢迎和重视任何能力的个体,以实现教堂的教育使命。[1]

除了统一教育管理机构外,每个州和领地都有一个天主教委员会,以及每个学区有一个教区教育办公室。这就意味着,对天主教学校的管理是多层次、多方面的。天主教学校根据辅助原则运行,即决策过程应该由最相关的人参与。天主教学校的教学决策大多由学校自主决定,但是在一系列框架之内。不同教区之间教师招聘和待遇差异较大。大多数天主教学校都设有学校董事会,一些职位如校长、副校长和宗教主任由学校董事会任命,因此校长的权利是分散的。联邦、州和领地共同决定课程和对学校的支持,但是校长拥有教学计划和实施的权利。[2]

3. 独立学校

独立学校自主运行,但是独立学校的董事会制定有关教育政策,校长自主实施这些政策。独立学校通常在州制定的教育框架内运行,在董事会和相关法律条款的框架下,学校拥有自主决定地方教学决策自主权,自行决定教职工配备和待遇。此外,独立学校有较大的学校财务和设施自主权。

2007 年,澳大利亚独立学校委员会(Independent Schools Council of Australia)对独立学校校长和董事会主席进行调查,旨在发现独立学校治理模式及董事会面临的主要挑战。从整体情况来看,澳大利亚独立学校管理现状,具有治理结构完善和运行公平公开的两大特征。

(1) 澳大利亚独立学校拥有完善的治理结构

良好的治理结构主要体现在以下几个方面:一是学校经由公认的法律安排而成立。二是学校管理机构遵循一定的管理原则,如宪法、规则或指南,并由集中关心学校财务、战略规划和教育的委员会具体落实。三是管理机构受诸如战略规划、宪章和财政规划等政策的指导。四是成员构成比较广泛,特别是学生家长参与。五是教堂在宗教学校管理中起重要作用。六是平均而言,三分之二的

---

〔1〕 National Catholic Education Commission. Catholic School Governance [EB/OL].

〔2〕 Department of Education and Communities. Final Report of the Evaluation of the School-based Management Pilot[EB/OL]. [2014-04-10]. https://www.det.nsw.edu.au/media/downloads/about-us/statistics-and-research/key-statistics-and-reports/sbm-evaluation.pdf, 2012-01/.

成员为男性,三分之一的成员为女性。七是学校教职工是管理机构成员的主体,大概有6～15 名成员。八是成员任期通常为一个固定学期,也可以为多个学期。

(2) 独立学校管理机构运行公平、公开

管理机构从产生到具体运行都遵循公平、公开的原则:一是管理机构成员的选聘方式为选举和提名,大多数是通过两种途径完成,50%以上的成员为任命制,其余为选举产生。二是成员任期为一个固定学期。三是管理机构的大多数成员每年召开 10～12 次会议。四是管理机构通常通过民意调查和投票进行决策。五是通常为管理机构新成员提供信息帮助他们尽快适应角色,如有关角色和职责,以及学校战略规划等信息。管理机构作为一个整体,服从战略规划、宪法、财政规划和保密政策的政策。管理机构通常每年通过自我评价评估自身绩效。[1]

第二节 澳大利亚校本管理执行机制——学校董事会

澳大利亚校本管理模式的执行主体是各学校成立的学校董事会,各州(区)学校均成立学校董事会(School Boards)或理事会(School Council)。

一、政府学校董事会

澳大利亚各州(区)均通过法律规定,学校须建立学校董事会。如澳大利亚首都领地《2004 教育法》规定,所有政府学校都应成立学校董事会。对董事会的职责,包括选拔校长、董事会的构成、董事会会议议程及财政报告等职能。那么董事

[1] Independent Schools Council of Australia. Governance in Australian Independent Schools[EB/OL]. [2014-04-19]. http://isca.edu.au/wp-content/uploads/2011/03/ISCA-Research-Report-Governance-2008.pdf, 2008/.

会由哪些人组成,董事会有哪些职能呢?我们通过表 7-2、表 7-3 进行了罗列。

表 7-2 澳大利亚首都领地学校董事会的职能[1]

1. 制定学校发展战略方向和重点
2. 监测和审查学校绩效,并向董事会主任、学生家长和教师报告学校绩效情况
3. 开发、更新和审查学校课程
4. 制定和审查学校教育政策
5. 制定学校预算政策和批准学校预算
6. 制定学校固定资产有效使用和财政风险管理政策
7. 发展学校和社区、学校与社区组织之间的关系
8. 就影响学校发展的问题向董事会主任提供建议和执行董事会主任的决策
9. 鼓励家长参与学生学习
10. 执行其他职能

表 7-3 政府学校董事会构成[2]

1. 学校校长:校长负责学校日常管理,并向首长负责,校长作为学校董事会成员不需要选举或任命,校长是学校、学校董事会和首长之间的协调器,校长的职能是确保董事会的决定得以落实,并负责建立学校社区与学校董事会之间有效沟通交流机制。校长不得担任学校董事会主席或副主席
2. 任命成员:由学校董事会成员选举,主任任命 1 名成员,为学校董事会提供独立的观点,而不是首长的代理人,该成员任命无需选举,也无需向首长汇报。在任命前,可能与校长协商,明确校长对任命成员的期望。任命成员通常是学区外的,任期通常为不超过过 24 个月。任命成员可能被选举为学校董事会主席或副主席
3. 职工代表成员:经学校教职工推选和董事会主任任命 2 名成员,代表学校所有教职工,包括教学和非教学职工的观点和利益。职工代表成员必须定期与学校所有教职工沟通董事会讨论的有关问题和优先事项。职工代表成员不得担任董事会主席或副主席

[1] ACT Government Education and Training. Functions of a School Board[EB/OL]. [2014-04-16]. http://www.det.act.gov.au/_data/assets/pdf_file/0020/309008/Functions-of-a-School-Board.pdf.

[2] ACT Government Education and Training. School Board Manual[EB/OL]. [2014-04-29]. http://www.det.act.gov.au/_data/assets/pdf_file/0004/459643/SBM-Updated-August-2013-web-accessible-version.pdf, 2013-10/.

续表

4. 家长和公民代表成员：由学生家长和相关公民推选3名成员，并由董事会主任任命，代表学生家长和学校社区成员的观点和兴趣。家长和公民代表需定期与学生家长和社区公民交流董事会的有关问题和重要事项。此类代表成员可能被选举为学校董事会主席或副主席
5. 董事会任命成员：由董事会任命2名成员，学校期望学校社区的特定人员被任命为董事会成员，以代表学校的发展特色，他们没有资格当选学校董事会主席或副主席
6. 学生代表成员：由学校学生推选2名学生代表，代表学校所有学生的观点和兴趣，学生代表需定期与学校所有学生沟通学校董事会讨论的有关问题和重要事项

校长是董事会中的重要成员，其在学校董事会中的具体职责包括：一是作为学校董事会执行官，确保董事会的决策得以落实，并具体行使学校董事会的具体行政职能。二是确保学校按照有关法律法规制定的相关程序。三是向学校董事会汇报教育部的有关政策和工作重点。四是确保学校根据教育部工作重点制定年度预算。五是签署学校半年财务报告以确保财务安全。根据教育法案第45条规定，校长不得担任学校董事会主席或副主席。

学校社区与学校董事会之间的沟通交流是学校正常运转的重要方面。学校董事会需定期通过学校通讯或网站与学校社区的所有成员沟通的所做有关审议和决策。

二、天主教学校董事会

在南澳大利亚，大部分天主教学校受南澳大利亚天主教学校委员会(South Australian Commission for Catholic Schools)资助，属于系统资助，而其他天主教学校直接从联邦政府和州政府得到资助。南澳大利亚天主教教育办公室负责执行南澳大利亚天主教学校委员会的有关政策和决策，并为天主教学校提供广泛的服务。学校董事会在天主教教育中的地位和作用是辅助、陪伴和服务。

在南澳大利亚天主教学校委员会及教区有关政策和指南框架下，大主教或主教授予每所教区学校董事会的责任是努力谋取学校的整体幸福。为此，天主教学校董事会的职责包括：一是制定培育宗教文化和指引学校发展的有关政策；二是维护学校与当地教堂之间的关系；三是促进学校教育卓越；四是支持学校行政管理；五是促进学校社区内和谐而积极合作；六是保护儿童；七是监测学校建筑物和场地建设及维护；八是实施学校财务管理；九是确保遵守法律义务。

1. 董事会结构

董事会由教区牧师担任董事会主席，学校校长担任董事会执行长官，家长或法定监护人、教职工和家长组织及其他合适的专家被选举为成员。董事会通过达成决策的洞察力和合作精神，互相尊重和信任，以实现共同利益。董事会成员之间互相合作、尊重他人，听取社区意见，明确天主教学校的发展目标，以及致力于建立神的国度。

学校董事会是教区和学校、家长与教职工、学校与天主教教育的整体，也是学校社区、教堂社区和社会之间合作伙伴关系的有效标志。董事会成员任期为两年，成员共有以下几种：一是当然委员（ex-officio members），作为教区牧师或区域提名牧师的学校董事会主席，作为校长的学校董事会执行长官，为当然成员。二是特殊成员（special provisions），通常，教区或地区牧师是学校董事会成员。三是民选议员（elected members），主要是学校学生的家长或法定监护人，这类成员任期为 2 年。学校董事会通常有 6 名民选议员，规模小的学校民选议员人数可以少些。具体的民选议员人数需要向董事会年度大会提交议案。四是委任议员（appointed members），由天主教教区教育主任与董事会主席和校长协商后，向董事会提名一名议员。通常是新建学校，或者学校现行组织结构发生变化时，才会发生这一状况。五是增选委员（co-opted members），当然委员、董事会主席共同与其他董事会成员协商后，增选适当成员。增选委员提供建议但没有选举权。根据董事会的安排，他们可以参加全部或部分董事会会议。六是提名委员（nominated members），提名委员通常是社区或地区对当地教区学校工作有特定责任的成员，他们是学校社区的代表。提名委员通常由教区牧民议会、家长社区和学校教职工提名。学校教职工中，除校长和被提名的代表外，其他职工及其配偶均没有资格进行提名、选举和委任。

2. 董事会中不同角色的职责

学校董事会由不同成员构成，其中主要有董事长、主席、执行官、财务委员会主席和秘书长，分别承担不同的角色和职责。

(1) 董事长的职责：董事长是由大主教或主教决定的教区或地区牧师或教

区行政管理人员。董事长定期收到校长的报告，董事长应该根据天主教教堂的教义履行职责，参与董事会会议，确保维持天主教学校的宽容与正直，支持学校校长，支持学校教职工、学生和家长与校长合作的教牧关怀和精神。

（2）董事会主席职责：一是支持校长实现学校发展愿景，随时听取校长和其他成员的意见和建议；二是能根据标准会议备忘录主持召开董事会会议，并控制好会议日程；三是允许每位成员发言表达意见；四是与校长共同准备会议日程和报告；五是监测董事会有关任务；六是担任董事会新闻发言人；七是通过与财政委员会主席密切协作，确保董事会理解和认同学校财政绩效情况；八是通过通讯或其他合适的方式，向学校社区汇报学校发展有关情况。

（3）执行官职责：校长是学校董事会的执行官，其职责主要有以下：一是通知学校董事会影响教学、课程发展、财务、基本建设、维护和学校政策等方面的有关问题；二是根据需要作为学校董事会的新闻发言人和代表；三是向董事会提供报告、相关材料和研究证据支持董事会进行规划；四是提供信息和建议协助董事会讨论问题和进行决策；五是作为董事会与教职工进行官方沟通的通道；六是根据教育改革与发展趋势确定董事会成员的构成。

（4）财务委员会主席职责：一是确保符合《南澳大利亚天主教学校财务手册》要求的合理财务管理系统，包括学校财务五年规划符合主管教区政策和指南；二是代表董事会监测下一学年学校收入和支出临时预算过程；三是确保学校支出符合财政预算；四是确保财政报告，包括月度报告和审计报告呈献给董事会；五是确保董事会理解学校的财政报告，并能意识到学校的财政地位进而处理必要的问题；六是确保董事会根据《南澳大利亚天主教学校财务手册》要求委任审计。

（5）董事会秘书长职责：秘书长由董事会执行官即学校校长指定，需履行以下职责：一是准确做好董事会和年度股东大会会议记录；二是在向董事会成员分发会议记录之前，与校长一起仔细核查会议记录以确保准确性；三是确保在会议之前将会议记录和日程安排发放给董事会成员；四是确保会议记录标有“机密”，五是做好会议记录文件整理。

学校董事会下设专门委员会，包括学校家长共同体（the school parent

community)、辅助委员会(auxiliary Committees)和校外护理(out-of-school-hours care)。学校家长共同体和学校董事会各负其责,通过促进学习、教区和家庭之间的合作伙伴关系,共同促进学校发展。[1] 董事会的工作机制,主要是召开董事会会议、年度股东大会和其他额外会议三种类型的会议,分别解决不同的问题和议题。

三、澳大利亚学校管理的特点

通过以上澳大利亚学校实行以董事会为执行主体的校本管理模式,可以看出澳大利亚学校行政管理有两大鲜明的特色,即民主和简洁。民主体现在参与学校管理的面广;简洁体现在没有多层级的管理机构。

1. 民主

主要体现在家长、教师工会、学生参与学校管理,特别是家长和教师工会对校长有一定程度的制约作用。各校均由选举成立家长委员会,由 12～17 人组成。选举要经过严格的程序,选举前校长需发布安民告示,通知全体家长选举日期和地点,当场选出代表,代表任期一般为 2～3 年。家长委员会的主要职责:一是照管学校校舍和场地,签订维修校舍、场地和教师住宅的合同,按照规定,将校舍或场地出租给校外机构以创收;二是保证学校的清洁卫生工作;三是改善学校福利待遇;四是保证师生健康舒适的学习工作环境;五是保证学生准时到校;六是促进教师与家长的合作关系;七是代表学校开展募捐活动;八是调动公众对学校教育事业的兴趣,宣传学校的需求;九是向教师提出改进教育工作的意见;十是对学校事务特别是学科建设方面提出意见;十一是参与制定本校师生的职业指导计划和就业机会;十二是参与招聘本校校长;十三是参与制定学校发展规划;十四是参与学校工作总结,参与报告撰写。

教师工会在学校管理中也有举足轻重的地位。每所学校都有教师工会,学校教师自愿加入工会,教师工会的职责主要是保障教师的合法权益不受侵犯。

[1] Catholic Education South Australia. Manual for School Board Members[EB/OL]. [2014-04-29]. http://www.cesa.catholic.edu.au/media/files/5797.pdf,2012-11/.

一般学校有90%左右的教师加入教师工会,各州都有教师工会,每所学校有一名教师工会代表。教师工会在人事上有较大的权力,参与选聘校长。教师工会还参与重大项目的论证、组织工作,参与学校的规划制定、总结报告的撰写。教师工会有权组织教师罢课,要求政府提高教师工资待遇。

此外,学校充分调动学生参与学校管理,学生对教师有一定的选择权,学校在做出与学生切身利益相关的决定时,充分听取学生的意见。

2. 简洁

澳大利亚学校行政管理的第二大特征是简洁,首先是管理层面少,管理机构少,学校设正副校长,一般为一正一副或一正两副,8个教研室,每个教研室设主任1名,校长和教研室主任组成校务委员会,实施学校的行政管理。学生会议每周一次,每次10分钟,由校长或副校长讲话,通报学校有关情况。教师会议每周一次,每次1小时,每月第一周教研室会议;第二周全体教职工大会,校长阐述有关情况;第三周民主讨论会,全部由教师发言,校长不发表意见;第四周学生问题讨论会。第三、四周讨论的问题需反馈至校长室,校务委员会研究并提出解决问题的方案,在下个月第二周会议上由校长宣布。讨论会上限时发言,一般为3~5分钟,过时切断话筒电源。

第三节 澳大利亚家长参与学校管理

家长参与学校管理是澳大利亚学校管理的一大特色,充分体现了学校管理中的社会参与。澳大利亚成立澳大利亚州立学校组织委员会(Australian Council of State School Organization)。该委员会的基本政策是保证家长参与教育政策决策和在学校落实这些教育决策的权利。在澳大利亚,家长参与学校管理,在不同层面有不同的具体组织形式。

一、家长在州立学校层面管理中的参与组织

1. 家长机构

在学校层面，学生家长成立了家长和公民协会，或家长和朋友协会，或家长俱乐部，这些协会或俱乐部将所有的家长集合起来，并需缴纳一定的会费。除了北领地之外，所有州均有这类组织。最初产生这类组织的原因，是为支持学校活动筹备资金，后来随着学校管理机构的改进家长正式参与管理，而逐渐发展成为政策设计和咨询组织。在有些州，这一组织整合在教育系统内，而有的州属于独立的组织，在南澳大利亚，这类组织属于学校委员会。

2. 学校委员会或董事会

很多州试图成立家长参与学校管理的正式组织机构，通常被称为学校委员会或学校董事会，对家长代表选举具有主要发言权。如上文所述学校董事会，由校长、教师代表、社区代表，以及教育部任命的有关代表组成。澳大利亚首都领地、南澳大利亚、塔斯马尼亚和维多利亚学校董事会历史悠久，北领地的学校理事会是家长参与学校管理的唯一机构。

二、家长在州或区体制层面

在所有的州，州立学校的广泛家长团体均形成体制层面的组织，与政府和教育部互动进行教育决策。同样地，学校董事会和理事会均成立体制层面的组织，向政府和教育部提供决策建议。无论在什么情况下，家长组织的角色是顾问，一方面作为政府的直接代理，一方面参与咨询委员会和参照组。在很多情况下，家长组织对于学校课程和评估法定权利有投票权。只有澳大利亚首都领地有体制层面的家长组织。

三、国家层面的家长参与组织

澳大利亚各州和领地，北领地除外，家长参与管理的国家层面组织主要是由澳大利亚国立学校组织协会承担。所有广泛的家长团体，隶属于澳大利亚国立学校组织协会。在有的州和领地，由学校委员会执行家长参与管理这一职能。

同样,所有学校理事会最高机构隶属于澳大利亚国立学校组织协会。维多利亚州、南澳大利亚、北领地学校理事会最高机构,隶属于澳大利亚国家州立学校组织机构。塔斯马尼亚、西澳大利亚、昆士兰州和新南威尔士州,家长最高组织将覆盖更多学校理事会和董事会,或者增强自身独立性。[1]

维多利亚州家长与学校之间的关系体现在三个层面:家校合作关系、家长参与学校管理和家长参与学校问责过程。家长参与的程度是由学校控制的,而不是相互影响的。基于家庭背景是学生成功的重要影响因素之一,因此家校关系引起研究者的关注,研究反映了家长在学校教育过程中角色的变化,家长参与越来越多。家长参与教育,与学生的学业成绩、出席率、学生行为和纪律,以及学校教育的整体质量均有相关性。

研究表明,社会资本和家校合作,或按关系是学校领导影响教学的重要因素。家校合作伙伴关系研究发现,这一合作伙伴关系的几个关键维度:一是理解每个合作伙伴的角色;二是联系家庭和学校学习;三是通过多种方式来交流;四是参与学校课程和活动;五是参与决策;六是超越学校层面的合作;七是建立社区和认同。家校合作伙伴关系有以下三个水平:[2]

1. 沉默型

这一类型合作伙伴关系的特征是家长被动参与,家长尊重教师,但是由于认为教师掌握专业技能而帮助教师的能力有限,从而划定家庭和学校之间的明确界限。这一伙伴关系由学校监督管理。一般而言,家长对学校教育漠不关心,只关心自己的孩子而不是所有的孩子,被视为教师专业化的威胁。学校控制合作伙伴关系,并应该维护学校的愿景和使命,在这一伙伴关系中,家长与教职工共同领导和共同决策。

2. 管理型

家长根据学校需要和邀请而参与学校管理,与教师之间形成毕恭毕敬的关

---

[1] Dr Ian Morgan. Parent Participation In School Governance In Australia[EB/OL]. [2014-04-19]. http://www.schoolboard-scotland.com/conference/Australia.htm.

[2] Gurr, D., Drysdale, L. & Walkley, D. School-Parent Relations in Victorian Schools[J]. Journal of School Public Relations, 2012(3):172-198.

系，学校对这一合作伙伴关系进行管理、控制和主导，家长主要关心自己孩子的学习情况，较少关注学校整体的发展。

3. 积极型

家长积极参与学校管理，与教师之间建立平等的协作关系，这一类型的合作伙伴关系由家长和学校共同主导和控制，家长不仅关系自己孩子的学习，而且着眼于提高所有孩子的学业成绩。

第四节 澳大利亚实行学校问责机制

《学校问责框架2002》是澳大利亚教育问责体制构建的基本政策准则。教育问责的目标有：一是致力于高标准，即努力确保每一个学生进入学校，实现符合学生能力的最高标准的教育，因此必须保证每个学生都有机会接受最高标准的教育；二是致力于提高每一所公立学校的效能，每所公立学校都应制定高标准，以满足学生的学习需求；三是致力于高质量的教学，每一位学生都有权接受合格的、称职的且富有责任心的教师的教育。每位教师均需了解学生的学习情况，并帮助学生找出优缺点，提出有针对性的改进计划；四是致力于家长和社区的互相合作。家长和社区有权知晓孩子学校接受教育的相关情况，学校应该实行校务公开；五是致力于使公众更好地了解学校的成就和标准。

由此可见，澳大利亚实行教育问责的目的，是在保证教育公平的基础上，最大限度地提高教育质量，力争实现教育公平和教育效率的有机统一。

一、设立明确的教育问责机构主体

评价与问责署具体负责教育问责，它是澳大利亚政策、规划与问责司的子机构，由四个部分组成。

1. 教育测量局

负责对澳大利亚地方、国家、国际学生以及公、私立学校进行考评。具体包括:全国读写与计算能力评估测试(NAPLAN),对三年级、五年级、七年级、九年级学生的算术和识字进行评估;西澳大利亚教育监测标准(WAMSE),主要对五年级、七年级、九年级学生的科学、社会和环境开展评估;国家评估方面是对六年级、十年级的科学、公民权、信息和通信技术素养开展评估;国际评估方面,主要是参与PISA(国际学生评估计划)、TIMSS(国际数学和科学研究)和PIRLS(促进国际阅读素养研究)等三项评估。

2. 评价局

负责管理和承担相关评价事务,负责确保学校评估和研究活动的程序性、严谨性和完整性。

3. 学校绩效局

主要提供绩效评估政策框架、评估工具、开展研究,以及为公立学校提供建议等。具体包括:开发和实施学校问责政策框架;提供评估工具和咨询,以支持学校领导、学区懂事和其他方面评价者的工作;提供有关学校的问责和绩效的研究,并提出分析和咨询意见;提供学校工作人员援助,以分析和解释学校层面绩效信息。

4. 系统绩效局

主要职能是保障适当的绩效,并提供可用于战略规划和管理、健康和报告教育系统层面绩效的有关信息。具体包括:一是协调系统层面的报告,如编制年度报告;二是搜集有关学校和学生的统计数据;三是制定可用于战略规划、管理以及部门年度报告的绩效指标;四是提供绩效咨询意见及教育资源分配的统计数据;五是实施内部问责,进行绩效考核等;六是与该部门其他团队协作,以确保教育绩效和问责手段能够在部门之间有效使用。

二、教育问责的具体内容

1. 学校评估

根据《学校改进与问责政策》的要求,学校评估以年度报告的形式,公布每所学校的绩效。学校评估以自评为主,辅以外部评估。学校自评是学校问责的核心,重点是学生成绩。需要分析研究学生成绩进展情况,并据此报告学校的绩效进展情况。学生成绩数据主要是教师评价和全国性测试与评估的结果。学校年度报告主要内容,包括学校集合的优先发展事项的进展情况、年度预算和财务信息,财务运作情况和学校的收支情况,年度工作亮点和取得的成就等。外部评估主要来自于学区和董事会的问责,学校听取和回应来自学区和董事会的意见和提问,并提供能够证明学校绩效的材料。学校须据此就优先事项和需求做出承诺。学校接受外部评估的最终结果以报告的形式公布给社区和公众,并在相关网站进行公示,以方便政府和公众对学校绩效进行比较。

2. 教师评估

澳大利亚最新颁布的《澳大利亚 2020》规划纲要提出,让每个儿童都有权接受最优质的教育,并把提高教师质量作为基础教育改革的重要保障。为落实这一要求,澳大利亚联邦政府于 2009 年颁布《全国教师专业标准》,各州以此为制定教师发展规划和教师展开教学设计的基准。

一是开展新教师评估,在教师入职培训方面,坚持以大学为基础的理论培养和以学校为基础的实践培养相结合的入职辅导模式。在职前培养方面,加强大学和学校之间的联系与合作,在教师入职后,进一步推动大学与新教师所在学校之间的合作伙伴关系。大学应该继续在新教师培训方面发挥作用,引导教师对具体教学环节进行反思,支持教师开展行动研究。

二是开展有经验的教师评估。有经验的教师分为成熟教师、娴熟教师和主导型教师,从知识水平、实践能力和发展方面开展具体的考核和指导,并明确具体的晋升标准。所有教师必须达到“新任教师”和“熟练教师”等级,经过努力可以达到“娴熟教师”和“主导型教师”等级。

3. 学生评估

澳大利亚课程评估与报告管理局(ACARA)是澳大利亚联邦政府的法定机构,负责收集和报告澳大利亚学校和学生的数据,管理全国读写与计算能力评估计划以及制定全国性课程大纲。每年 5 月举行全国读写与计算能力评估测试(NAPLAN),从阅读、拼写、语法、标点和计算能力五个方面,对公立和私立学校的三年级、五年级、七年级和九年级的全体学生进行测试。[1]

由联邦政府和各州政府共同组织建立的澳大利亚教学与学校领导协会(The Australian Institute of Teaching and School Leadership)致力于开发相关工具为学校提供必要的支持。澳大利亚联邦政府颁布一项报告,主张赋予校长更多的权力,将学校决策权从政府下放至学校层面,以便校长更好地满足学生及当地社区的不同需求。政府可以保留的唯一权力是课程框架和标准的制定。报告指出加强校长培训,使他们像公司经理那样管理学校。校长办学自主权包括教师的选聘、管理与绩效评估,以及更灵活地分配学校预算。

在澳大利亚,各州政府都是在一个标准与问责框架下赋予学校不同程度的自主权,其中维多利亚州赋予校长的权限最大,而新南威尔士州赋予校长的权限最小。学校自主管理最有效的模式,包括学校直接参与教师的选聘和绩效管理、学校日常开支与经费预算的安排、根据实际需求安排课程,并选用合适的教学法开展教学、选择学校所需的资源与支持等。[2]

澳大利亚学校管理的特色,体现在其校本管理模式,一是构建多元化的学校董事会,负责学校管理,避免多层次管理的弊端;二是注重家长参与学校管理,体现家校密切合作;三是加强学校问责,突出结果和绩效导向的管理模式。

〔1〕 郑宏宇,张颖.澳大利亚教育问责制度研究[J].教育评论,2011(2):162-164.
〔2〕 唐科莉.澳大利亚主张赋予校长更多的权利[J].基础教育参考,2010(2).

第八章

澳大利亚基础教育升学考试制度

考试是为了判断和评估的目的而进行的有组织、有计划的信息收集过程。它通过一定的方式测量、甄别人的某方面素质，是评价的工具和手段。考试按照目的及方法可以分三大类：第一类是水平考试，也叫资格考试。它是以检验是否达到既定目标而设定的考试。其特点是标准性，多用于绝对性考试。第二类是选拔考试，也叫竞争考试。它是以把考生成绩区分开，以利于比较为目的的考试。其特点是区分性，多用于相对性考试。第三类是评价考试，也叫反馈考试。它是以检查教学效果为目的的考试，多用于学校内部考试。其特点是反馈性、评定性，绝对考试和相对考试并用。大学入学考试中经常运用的考试有选拔性考试和水平考试两种。

第一节　澳大利亚中学考试制度

一、澳大利亚中学考试制度概述

澳大利亚基础教育学制为十三年，学生一般从5岁起入读幼儿园或预备班，之后接受12年的中、小学教育。澳大利亚的中学阶段分为两部分：7—10年级为初中，这是每个学生必须完成的；11—12年级是高中，在此阶段，学生可根据自己的志向和爱好，或选择为上大学打基础的高中课程，或选择劳动基本技能课程，为毕业后直接就业做准备。

1. 澳大利亚初中和高中考试及文凭

澳大利亚中学通常用考试方式来检查教学情况和评定学生的学习成绩。中学需要领取两次毕业证书，第一次是在完成是十年级学习时，领取由州或领地教育部门颁发的国家十年义务教育毕业证书，第二次是在完成十二年级课程，并且通过了州或领地举行的十二年级统考后领取的高中毕业证书。学生毕业成绩是由校内成绩与毕业统考成绩决定的。高中毕业文凭与高中毕业成绩是衡量学生能否进入大学或其他高等专业学校的基本条件。

澳大利亚中学生在完成学业后具有不同的去向。完成十年义务教育后，初中毕业生有三种去向：一是直接进入高中继续深造；二是直接进入社会就业（年满 15 岁）；三是去各类职业技术学校或继续教育学院（TAFE），接受工作技能训练，就业几年后如有机会再去大学深造。

完成十二年级课程，并参加州或领地的统考获得高中毕业证书。高中毕业生也有三种去向：一是直接进入高等院校；二是区各类职业技术学校或继续教育学院，接受工作技能训练；三是进入社会就业。此外，在职业技术学校或继续教育学院结业（或毕业）后有两种去向：一是进入社会就业；二是上大学（职业技术学校的学分可以转换成大学相应学分，予以免修）。

澳大利亚构建了立体的、完善的教育体制，而多渠道的升学机会和学分的可转换性，也使得澳大利亚中学毕业生的取向四通八达，具有充分的选择自由，缓解了高考一次性选拔带来的社会问题。

澳大利亚十二年级学生在完成各州规定的课程后，必须参加州政府组织的毕业考试，通过考试的学生便获得各州颁发的高中毕业证书。各州和领地对毕业考试证书的称呼不同（表 8-1），如新南威尔士州称高中毕业证书（High School Certificate, HSC），首都领地称十二年级证书（ACT 12 Certificate），维多利亚州称维多利亚教育证书（Victorian Certificate of Education, VCE），但它们的功能是相同的，都是大学录取的资格证。因此，高中毕业考试的性质相当于中国的高考。

表 8-1 澳大利亚各州或领地的高中毕业证书名称

州/领地	证书名称
新南威尔士州	高中毕业证书（Higher School Certificate, HSC）
维多利亚州	维多利亚教育证书（Victorian Certificate of Education, VCE）
昆士兰州	昆士兰教育证书（Queensland Certificate of Education, QCE）
南澳州	南澳教育证书（South Australian Certificate of Education, SACE）
西澳州	西澳教育证书（Western Australian Certificate of Education, WACE）
塔斯曼尼亚州	塔斯曼尼亚教育证书（Tasmanian Certificate of Education, TCE）
首都领地	澳大利亚首都领地 12 年级毕业书（Australian Capital Territory Year 12 Certificate）
北领地	北领地教育证书（Northern Territory Certificate of Education, NTCE）

2. 澳大利亚大学入学考试

在新南威尔士州和澳大利亚首都领地,大学入学的高考成绩称为"大学入学指数"(University Admission Index, UAI),是按照会考成绩占50%、平时成绩占50%折算出来的。维多利亚州的大学入学的高考成绩称为"等同国家大学入学排名"(Equivalent National Tertiary Entrance Rank, ENTER),会考成绩占70%,平时成绩占30%。昆士兰州的高考成绩则称为"整体评量"(Overall Position, OP),分为25个等级(OP1—OP25),OP1最好,OP25最差。南澳州、西澳州、塔斯马尼亚州及北领地则称为"大学入学排名"(Tertiary Entrance Rank, TER)。从2010起,UAI/ENTER/TER被统称为"澳大利亚高等教育入学排名"(Australian Tertiary Admission Rank, ATAR)。澳大利亚大学入学的高考成绩专供大学使用,大学根据自身的选择标准,或者与其他标准相结合,共同评价和选择高中毕业生进入大学。由于澳大利亚的高中毕业会考是各州及领地自行命题举办的,故其证书名称也有所不同。澳大利亚各州(区)升学考试办法见表8-2。[1]

表8-2 澳大利亚各州(区)升学考试办法

州或领地	录取依据	计算方法
新南威尔士州和首都领地	大学招生指数(University Admission Index, UAI)	高中会考成绩占50%,平时成绩占50%
维多利亚州	全国同等高等教育入学排名(Equivalent National Tertiary Entrance Rank, ENTER)	会考成绩占70%,平时成绩占30%
昆士兰州	总体排名(Overall Position, OP)	高中阶段平均成绩乘以学校排名系数。分为25个等级(OP1-OP25),OP1最好,OP25最差
南澳州、西澳州、塔斯曼尼亚州、北领地	高等教育入学排名(Tertiary Entrance Rank, TER)	

二、澳大利亚高考制度改革

2009年6月,澳大利亚联邦教育部长宣布取消大学招生指数(UAI),为澳

[1] 蔡培瑜.澳大利亚高校招生考试制度理念及其实现[J].考试研究,2013(3):9-15.

大利亚首都领地和新南威州的十二年级学生引入澳大利亚高等教育入学排名，除了昆士兰州之外的其他州将在2010年引入高等教育入学排名。ATAR的引入是为了实施统一的澳大利亚大学入学考试制度，而在此之前各州和领地都有自己的体制（首都领地和新南威中的大学入学指数，南澳、北领地、西澳和塔斯曼尼亚的大学入学排名，以及维多利亚州的全国同等高等教育入学排名）。

澳大利亚大学招生排名（ATAR）是进入澳大利亚大部分本科院校的主要标准。它从2009至2010年逐步引入，取代之前的大学招生指数、全国同等大学入学排名和大学入学排名。然而，在昆士兰州，仍然沿用之前的总体排名制度。澳大利亚大学招生排名的分数是学生在十二年级完成的4门最优的学科成绩总和，加上两门最差学科成绩总和的10%（共计6门学科）。澳大利亚大学招生排名是一个取值在30～99.5之间的百分数，它表示学生的中等教育毕业成绩相对于同年级学生的排名情况，例如分值为99.0表明这个学生的成绩要优于99%的同年级同学，低于0.95%的同学。

澳大利亚大学招生排名与之前的大学招生标准一样，都表明了学生相对于全州同年级学生的总体排名。得分越高，学生进入大学某个专业的机会就越高。使用澳大利亚大学招生排名的机构包括：新南威尔士和首都领地的大学招生中心（UAC），南澳和北领地的高等教育招生中心（SATAC），维多利亚州的维多利亚高等教育招生中心（VTAC），西澳的高等教育院校服务中心（TISC）。这些机构依据澳大利亚大学招生排名的成绩为所在地区的高等院校分配招生名额。

第二节　澳大利亚高考体系——以新南威尔士州为例

新南威尔士州（简称新州），被称为“澳大利亚第一州”。新南威尔士州的教育是澳大利亚最出色的，尤其是它的高中毕业证书考试（HSC），较好地体现了科学性和公平性，得到社会的广泛认可。

一、考试机构——新州学习委员会

新州学习委员会成立于1990年，旨在为新州从幼儿园到十二年级的所有学校提供服务。新州学习委员会是新州高中毕业证书考试的组织实施机构。就高中毕业证书考试来说，新州学习委员会的职责包括：一是设置和审批中学课程；二是组织实施考试和学生评价；三是管理中学考试评估和学生考试成绩；四是授予高中毕业证书；五是提供原始分数和高中毕业证书考试成绩单；六是为学生、雇主和公众提供有关中学课程内容、考试评估程序和学生成绩报告的建议和帮助。新州学习委员会制定的课程包括英语、数学、科学、技术、语言、生活技能、人类社会与环境、创造性艺术，以及职业技术课程。

高中毕业证书(HSC)是新州在中学教育阶段授予的最高教育水平认证。获得证书的学生需要完成十一和十二年级的中学教育，还必须达到高中毕业证书对于课程的要求，并参加新州的高中毕业证书统考。高中毕业证书考试的成绩包括学生的校内评估成绩。在每门课程(除职业技术课程外)的高中毕业证书考试中，校内成绩占最终成绩的50%。校内评估是为了弥补书面考试的不足，它可以使学生展示对知识的认识、理解和运用。校内评估的形式包括测试、书面作业、实践活动、实地调查和课题研究。

二、考试程序

1. 考试科目

新州学习委员会为考生提供了100多门考试科目。这些科目与中学的课程是相匹配的，给予了学生更多选择的权利。高中毕业证书考试的课程主要包括三类：基础课程、扩展课程和职业技能课程。

(1) 基础课程

基础课程是由新州教学委员会制定，是考试的必选科目。基础课程包括六个方面的内容：一是关于澳大利亚本国的历史、政治、经济、文化等方面的内容；二是自然科学，如数学、化学、生物等；三是社会科学，如世界史、社区与家庭研究等；四是英语，分为初、中、高三个等级；五是除英语以外的语言，如德语、法语、汉语、日语、阿拉伯语等；六是艺术，如舞蹈、戏剧等。

(2) 扩展课程

扩展课程是为学有余力的学生和培养学生多方面的兴趣而开设的，分为初级课程和高级课程。初级课程主要包括英语、数学和体育学习技能，个人身体健康与发展、社区生活常识等。这些课程大多数是由学校根据学生兴趣和地方特色开发的校本课程，灵活性和实用性较强。高级课程主要有宇宙科学、比较文学和哲学等课程。

(3) 职业技能课程

职业技能课程是为毕业后直接找工作的学生开设的。职业技能课程的种类较多，一共有 40 多种。包括商业管理、建筑、信息技术、营销、旅游等课程。学生参加高中毕业证书考试获得高中毕业证书后，既可直接进入社会就业，也可去各类职业技术学校或继续教育学院(TAFE)学习。

新州大多数的高考科目由两个单元组成，每个科目每周授课 4 课时，一年 120 小时的课，分数是 100 分，有的课程可以增加到 3 个单元的课。高考必须完成 6 个单元的考试，要进大学需要完成 10 个单元的考试，职业教育课程可以算 1～3 个单元，除英语是必考科目外，学生可以根据自己的兴趣和爱好灵活组合考试科目。英语考试又分英语母语背景和非英语母语背景两种，难易程度相差很大。大部分学生是在高中学习阶段完成高考课程，但也可以累计不超过 5 年完成高中毕业证书考试的课程，成绩优秀的可以跳级提前完成，不是全职的学生也可以参加高考。

2. 考试形式

HSC 考试的形式主要有笔试、听力、面试(口语、表演等)、递交设计方案四种方式。其中，口语考试是针对语言科目设置的，主要考查学生运用语言的实际能力。现场表演则是为文艺科目设置的。设计方案主要是为一些特殊科目如农学、设计技术、工业技术、视觉技术等科目设置的。例如，选修农学课的学生的最后成绩中 70%来自本次 HSC 考试，另外 30%来自设计方案。递交设计方案主要是为了让学生学习实际的农业知识，锻炼学生的动手能力。设计方案的要求非常严格，学生要运用系统的方法进行数据分析、评估，方案内容包含图表、数据和图片，并且要有3 000至5 000字的文字。

3. 考试命题

高考在每年10月和11月举行。因为有一百多门考试科目，不同科目的考试时间相互不能重合，需要科学地安排。学术委员会每年在一定的时间召集大学的专家、资深教师、教育部的有关人员命题，命题的老师不可以参加任何高考辅导活动。命题工作在学术委员会的工作大楼里完成，期间即使是学术委员会的经理也不能进入命题现场，但命题组成员在完成一天的工作后可以正常回家休息。尽管这样，新州的高考从未出现过因命题教师而出现的考题泄漏事故。试卷的印制是在专门指定的商业印刷厂里进行，有严密的安全保密制度。

4. 考试评分

新南威尔士州的高考制度由于较好地体现了科学性和公平性，因而受到广泛认可。高考分数分两部分：50%来自考生的平时学习成绩（1—12年级），另外50%则是高中会考的成绩，这在很大程度上避免了“一考定终身”的弊端。学术委员会根据课程和教学内容的更新和变化，不断调整和修改高考内容和评分标准。自2000年以来，高考内容和评分办法已经进行了几次较大幅度的调整，不过学习大纲的改动却非常小，这样便于将连续几年的高考成绩进行对比。

HSC考试的分数主要分为两部分：50%来自考生十二年级（相当于我国的高三）的平时成绩，另外50%则是本次考试的成绩。平时成绩由三部分组成，模拟统考占20%，十二年级每学年的两次测验（一学期一次）占15%，学科特色分（比如物理、化学等实验课的学分）占15%。为了保证学生平时成绩的公平，解决因不同的学校造成的成绩差异，HSC考试制定详细统一的评分标准，每个学校必须按此标准为学生评分。以地理为例，评分标准包括四个方面：地理学基本知识（20%），综合运用知识并能提出假设（30%），实验研究（40%），实地调查（10%）。另外，HSC考试在评分时还会考虑到学生的特殊情况，如对生病者和残疾学生，只要在考前两周提出申诉，经过教学委员会审查核实后会适当给予加分。

5. 成绩报告

HSC考试的成绩报告也是独具特色。考生得到的成绩报告不只是一个总分,而是详细地注明了各个科目每一道题的得分,使考生能清楚地知道自己的得分情况。如果考生对自己的成绩表示怀疑,还可向学校提出申请,由学校统一向教学委员会提出复查申请,对其试卷进行查阅。

6. 大学录取

澳大利亚的大学按考生等级分择优录取,等级分是该考生在所有考生中所占的名次比。教学委员会向每一位考生发出高考报告,详细说明他们每一门考试科目的分数档,并与其他考生作比较。之后,大学录取中心会根据各大学确定的录取线,并对应考生填报志愿的顺序,分四批向考生发出大学录取通知。这四批录取被分别称为前期录取、正常录取、后期录取和终期录取。各期录取人数分别占当年录取学生总数的 0.5%、98%、1%和 0.5%左右。

第三节 澳大利亚大学招生制度

在澳大利亚,高中和大学招生考试管理体制虽然各州并不完全一样,但是各州都设有高中学科管理委员会(Board of Studies)和大学招生中心(大学招生的社会性服务机构),有的州还有官方设定的大学入学程序委员会。

一、澳大利亚大学招生考试机构

1. 澳大利亚高中学科管理委员会

高中学科委员会的职能是编制并批准课程大纲;审核教学计划的执行情况;确定学生学业成绩的评价程序;颁发高中毕业证书;对学生的成绩进行总排序与分项排序;为本州大学招生中心提供申请者资料;为大学入学程序委员会提供有关学生成绩总排序和分项排序的资料等。

2. 澳大利亚各州大学招生中心

大学招生中心的主要职能是编制本州大学的综合课程信息和入学要求信

息;提供大学申请资料,并受理大学申请;对大学入学标准提供咨询;根据申请者情况按照大学的招生原则分配大学名额;对申请者提供入学通知,并记录入学情况;提供大学学额供求统计信息;对学生入学成绩进行比较研究等。

(1) 新南威尔士州和首都领地——大学招生中心

大学招生中心(Universities Admissions Center)负责受理新南威州和首都领地高等院校的大部分本科专业的招生申请工作。此外,它还负责:一是受理许多研究生专业的招生申请工作;二是计算澳大利亚高等教育招生排名(ATAR),并通知参加新州高中证书考试的学生的高等教育招生排名成绩;三是组织实施高等教育招生考试,如高等教育专门招生考试(STAT);四是受理教育机会计划和一些公平奖学金的申请工作。

(2) 南澳和北领地——南澳高等教育招生中心

南澳高等教育招生中心受理南澳和北领地高等教育机构的申请工作。两个州的十二年级学生在完成课程要求后,可以被授予南澳教育证书和北领地教育证书。他们的十二年级考试成绩与同年级的学生进行比较后,确定他们的高等教育招生排名。

(3) 昆士兰州——昆士兰高等教育招生中心

昆士兰高等教育招生中心负责受理昆士兰高等教育机构的申请。十二年级学生会根据他们各门学科的表现,以及他们学校在昆士兰核心技能考试中的平均成绩,确定他们的总体排名(Overall Position)。

(4) 塔斯曼尼亚——塔斯曼尼亚大学

塔斯曼尼亚的高中毕业生如果要申请进入塔斯曼尼亚大学,需要直接向大学提交申请。塔斯曼尼亚高中生会根据他们完成塔斯曼尼亚教育证书的情况,获得一个大学入学排名。其他州的学生如果希望进入塔斯曼尼亚大学,可以通过维多利亚高等教育招生中心或者直接向大学提交申请。

(5) 维多利亚州——维多利亚州高等教育招生中心

维多利亚高等教育招生中心受理维多利亚州高等教育机构的申请。申请材料包括标准化考试成绩,以及高等院校的其他要求。高中毕业生的标准化考试认证是维多利亚州教育证书。

(6) 西澳——高等教育机构服务中心

高等教育机构服务中心负责受理西澳高等教育机构的申请。高中毕业生的标准化考试认证是高等教育入学考试。

3. 大学入学程序委员会

大学入学程序委员会的主要职能是对大学招生程序进行监测、评审,与有关方面尽心进行协商,提出调整建议;颁发大学入学证明;提供有关大学招生程序信息;从事或委托进行有关大学招生问题的研究项目;检测大学学额的供求状况等。

除上述三种机构外,大学在招生方面也有很大的自主权。其主要职能为:确定各专业招生和选拔标准;提供各专业课程信息和入学标准;提供有关转学学分的要求和信息;选拔并录取学生等。

二、澳大利亚各州大学招生

1. 大学招生指标——入学偏好与教育公平

由于澳大利亚总共只有2 000多万人口,每年毕业的高中生人数相应较少,所以可以采用设计复杂的机制而不会引发问题。在招生的时候,各校对各州的学生并没有明确的比例安排,主要以学业成绩作为录取标准。澳大利亚学生普遍喜欢就近入学,即喜欢报考本州的大学,所以各州的大学中本州学生人数肯定最多。这是一种自然的偏好选择,当然这也反映出澳大利亚教育资源分布相对均衡。

澳大利亚近几年在大学招生方面努力促进教育公平,扩大传统的弱势群体的入学机会。2012年土著学生在全部澳大利亚籍大学生中所占的比例为1%,在新生中所占比例为1.1%,接近其人口所占比重。[1]

2. 大学录取标准——科学设计、择优录取

由于采行联邦体制,每个州的招生制度都不一样,而且各州的课程成绩评价

---

[1] Australian Government Department of Education. Selected Higher Education Statistics-2012 Student Data [EB/OL]. [2014-04-20]. http://education.gov.au/selected-higher-education-statistics-2012-student-data.

标准和成绩构成也不一样。以昆士兰州为例,学生的成绩叫 OP (Overall Position),分为 25 个等级,OP1 到 OP25。OP1 最好,OP25 最差。OP 的成绩不仅取决于个人在高中阶段的平均成绩,还取决于高中在全州的排名。高中生在十二年级的时候会参加一个全州的统一考试,叫做 QCT(Queensland Core Skills test),有点像中国的会考。根据 QCT 的结果,会进行全州高中的排名。根据高中排名会得出每个高中的一个系数,每个学生的 OP 成绩就是自己高中阶段的平均分(各个科目的权重不同)乘以所在高中的系数。这样做的主要目的是保证公平。因为如果两个不同学校的学生的平均分都是 80 分,但一个是很好的高中,一个是很差的高中,两个分数的含金量是不一样的。在强手如林的高中获得的 80 分应该比在一个很差的高中得 80 分更厉害,所以前者的高中如果在 QCT 考试中排名靠前,那么该校的系数就高,比方说前几名的高中的比例可能要零点九几,而排名靠后的高中的系数可能只有 0.8。一般来说,专业好的,分数就高,医学院是 OP 要求最高的,必须是 OP1,其次是法学院,一般要 OP5 以上。至于人文学院(Humanity)文学专业,可能要求 OP16。

其他州和地区评价标准又不同。在新南威尔士州(就是悉尼所在的州)和首都地区,学生的最后成绩叫 UAI(University Admission Index),是按高中平时成绩占 50%,会考成绩占 50% 折算出来的。在维多利亚州(就是墨尔本所在的州),学生的成绩叫 ENTER(Equivalent National Tertiary Entrance Rank),平时成绩占 30%,会考成绩占 70%。其余的州(包括南澳大利亚州、塔斯马尼亚州和西澳大利亚州)和澳大利亚北部地区,都叫 TER (Tertiary Entrance Rank)。它们之间的计算方法各有不同,但都考虑会考成绩和平时成绩,只不过权重有所差别。会考都是各州命题,所以也没有可比性。但是各大学在录取的时候还是能够区分出成绩优秀的学生和成绩较差的学生,然后根据各校自己的标准去选择学生。因为澳大利亚每年都会公布各州成绩之间的换算表格,以对不同类别的成绩进行折算。

三、大学招生中心的运作——以新州大学招生中心为例

大学招生中心可以追溯到 1969 年,它最初是悉尼大都市地区大学的协会。

1995 年，新南威尔士州大学副校长委员会（NSWVCC）设立大学招生中心，受理新南威尔士州和首都领地地区会员学校的本科学生录取工作。1995 年之前，大学招生中心是悉尼大学的一个行政部门。1996 年，它更名为大学招生中心，成为新州大学副校长委员会所有的私人有限公司。大学招生中心的办公地点位于悉尼奥林匹克公园。截至 2013 年，参与大学招生中心的大学共有 24 所，大学招生中心的主要政策由理事会决定，而理事会则向新州大学副校长委员会汇报工作。大学招生中心的日常工作由执行主任负责。

大学招生中心负责受理高中毕业生的大学入学申请，它们通过计算参加新州高中毕业证书考生的大学入学排名，为大学和学生提供相应的信息，帮助做出填报志愿的建议。表 8-3 是 2012 年新州大学招生中心受理的各类申报书的数量。

大学招生中心作为一个大学的联盟组织，在澳大利亚推进招生和考试制度分离的过程中发挥了重要作用。它们的专业化服务为大学和考生提供各自需要的准确信息。

表 8-3　2012 年新州大学招生中心受理的申请书数量

本科生	
国内学生申请	88 237
国内学生录取	82 069
国际学生申请	2 702
国际学生录取	4 890
研究生	
申请	11 057
录取	12 263
教育公平计划	
申请	19 329
公平奖学金	
申请	7 189
澳大利亚大学招生排名	
2012 年发出大学排名建议书	67 449

四、澳大利亚升学考试制度的特点

升学考试制度在选拔合格人才、促进个人发展方面发挥了关键的作用，澳大利亚的升学考试制度在录取标准、考试科目、考试形式、评分方式、成绩报告等方面都具有鲜明的特点。总体来说，澳大利亚高考制度的特点体现在：一是不以一考定终身；二是调动学校的积极性；三是强调综合运用的能力；四是激发学生的学习热情。[1] 科学、公平、有效的考试评价制度实现了澳大利亚人才选拔和人才培养的目的。

1. 录取标准——信息对称、择优录取

澳大利亚的大学按考生的等级分择优录取，等级分是该考生在所有考生中所占的名次比。教育委员会向每一位考生发出高考报告，详细说明他们每一门考试科目的分数档并与其他考生作比较。之后，大学录取中心会根据各大学确定的录取线，对应考生填报志愿的顺序，分四批向考生发出大学录取通知。这四批录取被分别称为前期录取、正常录取、后期录取和终期录取。各批录取人数分别占当年录取学生总数的0.5%、98%、1%和0.5%左右。

以新州为例，每位考生在参加HSC考试结束之后，会收到新州教学委员会(Board of studies NSW)颁发的高中毕业证书(Higher School Certificate)，证书上写明了考生的考试成绩，并说明该成绩在全体考生中所占的名次。最后，每位考生根据自己的名次择优录取。新南威尔士州政府颁布的《高中毕业证书白皮书》引进了评估和报告学生成绩的标准方法。大学入学程序委员会按照每所高校不同的选拔标准，然后依据各考生的志愿，按顺序分批次地开展录取工作。

澳大利亚高考录取制度很灵活，考生填报志愿基本不受先后之分，并且可以填报5～6个志愿。大学招生中心根据高校的入学要求，对不同来源的学生作出相应的排位。高中应届毕业生可以通过上网、电话等方式报名(大学招生中心有每个应届毕业生学习成绩和排位的信息)，其他学生只需填一个简单的表格。招生信息完全由计算机进行储存和处理。新州教学委员会、大学招生中心与各录取高校之间的计算机都是联网的，不同来源学生的排名有一个折算和调整的计

---

〔1〕 李松林.国外高考改革的新动向及其启示[J].全球教育展望，2007(6)：39-43.

算机软件。这样既方便高校了解学生的情况,又有利于学生查询自己的录取情况。

2. 考试科目——灵活设置、自主选择

澳大利亚的高考科目设置很广泛,满足了不同学生的个性和兴趣。每年各州划定毕业考试科目的范围之后,允许学生根据个人的兴趣和特长选课,每所高中都有几十甚至百多门课程可供选择,从最基本的英语、数学、物理、化学,到音乐、美术、舞蹈、戏剧、编程等,这些课程都可以作为高考科目,学生们可以在考试中充分发挥自己的特长,并且为大学专业课程的选择,及将来职业道路的选择奠定基础。以新南威尔士州 HSC 考试科目设置为例,新洲教学委员会负责该州幼儿园至十二年级所有课程的开发和制定,同时为学校提供课程开发的辅助材料。教学委员会负责开发和实施考试,颁布初中毕业证书和高中毕业证书。教学委员会的整体运作是根据新南威尔士州 1990 年颁布的《教育法》。HSC 考试的课程主要分为两大类:教学委员会制定的课程和教学委员会认可的课程。

(1) 教学委员会制定的课程

HSC 的课程大部分由新州教学委员会制定,主要有英语、数学、科学、技术、创造艺术、个人发展、健康与体育教育、人类社会及环境、语言、职业教育和培训业课程框架。大多数教学委员会制定的课程有助于澳大利亚高等教育入学等级的计算。新州教学委员会制定的课程通常都有 2 个单位,宗教研究、大多数的扩展课程和一些职业教育和培训课程除外,只有 1 个单位。准备参加 HSC 考试的学生可以通过新州教学委员会的官方网站了解详细的教学大纲。

(2) 教学委员会认可的课程

另一类课程是教学委员会认可的课程,这类课程一般由中学、职业技术与继续教育学院和大学开发。这类课程计入考生的 HSC 考试成绩,但是不属于 HSC 考试的范围,也不影响高等教育入学等级的计算。由于教学委员会认可课程的有效性在每个学校各有不同,所以考生有必要和年级顾问讨论所在学校的这类课程在 HSC 考试中的实用性。

(3) 生活技能与职业培训课程

HSC 考试还设置了生活技能课程与职业教育与培训课程,如果考生有特殊的教育需求,可以通过学习 HSC 考试生活技能课程获得高中毕业证书。然而,教学委员会对于生活技能课程有特殊的入学要求,考生仍然需要符合普通资格和学习模式来获得高中毕业证书。生活技能课程也不计入大学入学排名的计算。

HSC 考试中有 40 多种职业技能课程,为学生提供了更多的选择,特别为打算毕业后直接就业的学生提供了更多的职业选择。学生只要通过 HSC 考试就可以直接到各种职业技术学校或继续教育学院学习。有些课程还可以免修,因为 HSC 的课程可以折算成职业技术学校或继续教育学院相应的学分。这无疑为学生尽快完成学业,进入社会起到很大的促进作用。

总体来说,为了获得高中毕业证书,学生必须完成至少 12 个单元的基础课程,还必须完成至少 10 个单元的新州教学委员会制定的 HSC 课程。每种课程都必须至少包括:6 个单元新州教学委员会制定的课程;2 个单元新州教学委员会制定的英语课程;具有 2 个及以上单位值的 3 门课程(新州教学委员会制定或认可的课程);包括 4 门学科课程。

3. 评分方式——综合评定、科学排序

新南威尔士州 HSC 考试的评分构成主要分为两部分:50%来自考生十二年级的平时成绩,另外 50%则是本次考试的成绩。平时成绩由三部分组成:模拟统考占 20%,十二年级两次测验(每学期一次)占 15%,学科特长分(比如物理、化学等实验课的学分)占 15%。为保证学生平时成绩的公平,解决因不同学校的不同条件而造成的成绩差异,HSC 考试制定详细统一的评分标准,每个学校必须按此标准为学生评分。

(1) 平时成绩

为了使不同学校的评估成绩具有可比性,各学校提交的原始分会按照课程标准加以调整。

(2) 高中毕业证书考试成绩

学生成绩记录报告上的考试成绩是考生在该次考试中达到的等级。比如,一位考生在“社会与文化”考试科目中被描述为 3 级,那么这门课的成绩记录报告中的考试成绩将介于 60～69 之间。通常,这个分数将不同于学生在考试中真正取得的分数(即原始考分)。

(3) 大学入学指数

大学入学指数(UAI)表示考生在HSC考试中的总成绩在全体考生中的排名。这种成绩报告方式能够实现HSC不同学科课程的学生进行成绩比较,而且表明了该考生相对于其他考生的位置。UAI的计算结果专供大学使用,大学根据自身的选择标准或者是与其他标准结合共同来评价和选择高中毕业生进入大学。在新南威尔士州,学生在第六阶段(即十一年级和十二年级)的成绩报告方式有两种:一种是通过高中毕业证书成绩记录;另外一种是通过大学入学指数。每位学生的HSC成绩记录上面都介绍了他们所完成课程的成绩情况,其中包括学术课程和职业课程。成绩报告以学生完成每门课程标准分数的形式表现出来。大学入学指数则不同,它表示考生本次HSC考试的总成绩在全体考生中的名次。

4. 考试实施——时间灵活、形式多样

HSC考试于每年的10月中旬开始,一直持续到11月中旬才结束。因为有近100门考试科目,时间需要科学地安排,不同科目的考试时间相互不能有冲突。考生在每年2月填表申请参加考试并填报志愿,12月底获知成绩后,考生还有一个多月的时间可以参考前几年大学录取的分数线变化情况来更改志愿。

HSC考试的形式主要有笔试、听力、面试(口语、表演等)、递交设计方案等四种方式。其中,口语考试是针对语言科目设里的,主要考查学生运用语言的实际能力。现场表演则是为文艺科目设里的。设计方案主要是为一些特殊科目,如农学、设计技术、工业技术、视觉技术等科目设置的。

HSC的考试形式多样,这表明HSC考试重视学生综合运用知识的能力,特别是实际动手能力。许多考试科目都要求学生实际操作并递交设计方案。这样就能多方面、多角度地考查学生的能力,也使得考试更加具有参考价值。

5. 成绩报告——内容科学、程序公平

澳大利亚的高考成绩报告制度也独具特色,考生得到的成绩报告不只是一个总分,而是详细地注明了各个科目每一道题的得分情况,使考生能清楚地知道自己的考试情况。澳大利亚的考试成绩报告更好地发挥了评价的功能,不仅使学生明确自己取得的成绩和达到的水平，而且还可以根据成绩报告书提供的学习成绩诊断报告，及时调整自己的学习策略和学习方式，从而更好地促进个人的发展和学习成绩的提高。

此外，从考试的程序公平上看，如果考生对自己的成绩表示怀疑，还可向学校提出申请，由学校统一向教育委员会提出复查申请，对学生的试卷进行查阅。这些措施确保了考生对于自己成绩的知情权，也促进了考试的公平公正和评分的科学性。

第九章

澳大利亚公民教育

随着公民意识的加强,公民教育日益成为政府以及教育部门关注的重要问题。通过公民教育使社会成员成为社会需要的合格公民,已经成为现代社会对个体发展最基本的期望,同时也是国民教育最基本的目标之一。澳大利亚作为世界上较早实施公民教育的国家,在公民教育方面尤其是基础教育阶段公民教育方面的成就令全世界所瞩目。

第一节 澳大利亚公民教育的发展历程

澳大利亚的公民教育,从萌芽产生直到今天,历经百余年,期间的发展过程也历经几次教育改革的冲击,大体说来,澳大利亚的公民教育可以分为以下四个阶段。

一、孕育萌芽期(20 世纪初期—40 年代)

澳大利亚联邦由六个英属殖民区在 1901 年 1 月 1 日组建而成,澳大利亚也由此成为联邦制国家。澳大利亚联邦的成立,从制度层面上为其公民教育的建立奠定了坚实的基础,同时也成为澳大利亚联邦政府开始在全国范围内实施公民教育的重要社会背景。

在澳大利益联邦政府成立初期的 1902—1916 年,澳大利亚发起了以提高教育质量为主要目的的教育改革,这次改革是澳大利亚联邦政府成立之后第一次全国范围内基础教育改革,也被称为新教育运动(New Education Movement),这次全国范围内的大规模基础教育改革,成为澳大利亚教育领域内最重要的里程碑,新基础教育改革随后开始席卷澳大利亚全国。在这次教育改革浪潮中,澳大利亚联邦政府的教育主管部门开始重点强调学生的公民意识教育,这也标志着澳大利亚公民教育正式成为学校教育的重要组成部分。

这个时期澳大利亚的公民教育，主要侧重对澳大利亚历史的介绍，以及对澳大利亚人的意志品质进行宣传，力图使澳大利亚人成为具有澳洲特色的“新公民”。在这一理念的指引下，新南威尔士州的新南威尔士州立小学成为第一所开设公民课程的学校。

1904 年，新南威尔士州立小学发布了第一份新的学校课程大纲，其中公民与道德课程作为独立的部分赫然在列。这一份公民教育课程仅仅包括一些供学生参与讨论的话题以及与其他科目混合在一起的学习材料。在这一时期，由于澳大利亚的殖民地背景，英格兰以及大英帝国的历史与文化成为学校公民与道德课程的主要内容。当然，除此之外，公民教育还涉及到爱国主义、尊重私有财产、善待动物以及宽容、勤劳、守时和礼貌等基本内容。

1905 年的课程大纲在上一年的基础上有了较大的改革，进一步完善了公民道德教育的课程体系，从课程目标、内容以及实施等方面做了较为全面的补充和规定，“使学生得到道德上和体质上以及精神上的锻炼，从而有能力面对成年后的生活需要，尊重自我，尊重家庭、社会以及所在的国家”。[1]

澳大利亚联邦政府的成立，为澳大利亚开展公民教育提供了前提和保证；而南威尔士州公布的学校课程大纲，则使澳大利亚公民教育在学校层面真正得以实施。这一历史性的事件，在澳大利亚公民教育发展历程中，具有重要的意义，标志着澳大利亚公民教育的正式起步。澳大利亚的公民教育从此正式成为学校教育中不可或缺的重要组成部分。

二、迅速发展期(20 世纪 40—60 年代)

第二次世界大战的爆发，虽然对澳大利亚的社会变革产生了深远的影响，但似乎并没有影响到澳大利亚第二次基础教育改革的步伐。在这一特殊的历史时期，澳大利亚虽然历经了战争，但是发展与繁荣同样也是重要的主题。尤其是在教育领域中，日渐成熟的进步教育思想，也直接使得澳大利亚联邦政府开始引进西方国家的社会科课程。澳大利亚各州在教育改革中，也都开始注重在基础教

---

〔1〕 安钰凤，董子宁. 澳大利亚公民权利与义务教育概况(上)[J]. 基础教育参考，2007(8):42.

育阶段的学校教育中推行公民教育。所有这些，都成为澳大利亚公民教育迅速发展的重要推动力量。

在这一时期，澳大利亚对公民教育进行了较为全面的改革，针对公民教育过程中暴露出来的诸如课程内容单一、教学方法单调、学生学习积极性不高以及评价方式不能如实反映学生实际等问题，进行了系统的改革。其中最重要的举措就是通过课程的整合，即把地理、历史等课程与公民教育统整为一门学科的形式呈现出来，整合后的课程被命名为社会研究课程。社会研究课程的开设，不仅克服了前期公民教育支离破碎、效率不高、效果不好的问题，而且还从根本上实现了公民教育与基础教育的融合。

1938 年维多利亚州的中学，率先在全国开设社会研究课程，在 1945 年又将这门课程列为毕业考试课程。1945 年，维多利亚州学校委员会还印发《学校开设社会研究课程》的小册子[1]。这些举措为澳大利亚公民教育的迅速发展，产生了重要的影响。在此之后，澳大利亚的其他各州也开始以维多利亚州为效仿对象，在中学阶段普遍增设了社会研究课程。塔斯马尼亚州于 1947 年将社会科引进现代中学，随后以社会科替代所有中学的历史和地理。[2] 在新南威尔士州 1952 年的小学大纲中，社会科替代了历史和地理学科，教师可以在社会科中自由选择主题，减少英语和数学的学习时间，更多的时间被分配给艺术和身体活动。[3]

与澳大利亚第一次基础教育改革相比，在这次基础教育改革中，公民教育发生了明显的转型，即从关注学生的公民意识培养，转为强调学生对自身公民权利、义务，以及如何行使自己的权利和义务的认识和了解。例如，在社会研究课程中开始系统地介绍澳大利亚的联邦议会、司法、政党等职能部门，以及澳大利亚的选举制度、民主表达方式，以及与自身联系密切的工作、医疗、住房等内容。可以看出，与孕育萌芽期的公民教育相比，澳大利亚的公民教育在这一阶段，不管是在目标、内容、实施，以及评价等方面，都有了较为全面的发展，所有这些，都成为澳大利亚公民教育日益完善的助推器，推动着澳大利亚公民教育的快速发展。

---

[1] 牛道生.澳大利亚基础教育[M].广州：广东教育出版社，2004:52.

[2] Barcan, A. A History of Australian Education[M]. Melbourne: Oxford University Press, 1980:282.

[3] Barcan, A. A History of Australian Education[M]. Melbourne: Oxford University Press, 1980:300.

三、缓慢发展期(20世纪60—90年代)

从20世纪60年代开始,澳大利亚的社会发展,遭受西方社会经济危机和政治危机的影响,在这些影响下,澳大利亚自身的社会发展以及教育改革等领域的工作也陷入了停滞不前的困境。同时,由于澳大利亚教师工会对政府以及福利待遇不满,而组织的数次规模巨大的罢工和抗议,则直接对学校的教育教学工作产生了极为不利的影响。这些负面影响不仅规模巨大,涉及领域广泛,而且持续时间较久,学校的各项工作陷入了举步维艰的困境,公民教育自然而然也是深受其困。所以,相关研究者认为,在战后,澳大利亚把作为基础教育重要组成部分的公民意识教育统整到社会科中的一个直接后果,就是导致澳大利亚的公民教育失去了其独立的学科地位。

而与此同时,澳大利亚大学生在1968年抗议美国干涉越南战争,并要求给予大学更多自治权的游行示威等学生运动,也直接引发了部分中学生的动乱。这些学生运动既反映出澳大利亚学生的权利意识,同时也深刻反映了西方社会变革对澳大利亚社会的巨大影响。所以,从20世纪60年代开始,直到20世纪90年代初,澳大利亚的社会发展由于受到西方社会动荡起伏,以及国际关系的影响,其社会发展主要集中在经济政策的调整和改革、社会福利制度,以及不断调适与其他国家的外交政策方面。在以上社会背景下,人们期待教育促进经济发展、品格扩展和现代公民身份的实现、提高生活水平和生活质量、扩大机会、更多的平等和社会改革,以及促进个人未来的发展。[1] 在这种情况下,为了满足人们的期望,更应该发挥教育在社会阶层之间的流动、个人丰富的生活经验的积累、公民生活水平的提高以及社会财富的增加等方面的引领作用。所以,随着增产、发展和繁荣的问题对澳大利亚社会更具有重大意义,学校公民教育渐渐失语。[2]

公民教育的失语主要表现在以下几个方面:

第一,澳大利亚的教育传统在新的社会价值观和社会道德观的影响下,发生

---

〔1〕 Marginson, S. Educating Australia: Government, Economy and Citizen Since 1960[M]. Cambridge: Cambridge University Press, 1997:42.

〔2〕 Print, M. Civic Education in Australia: Four South Wales Cases[A]. Cogan, J. J., Morris, P. and Print, M. (eds.)Civic Education in the Asia-Pacific Region: Case Studies across Six Societies[C]. New York:RoutledgeFalmer,2002:24.

了明显的变化。在当时的社会背景下，澳大利亚缺乏一种主流的意识形态，公民的价值意识进一步被削弱，作为个体的公民更关注的是自我价值的实现以及个人的自我发展。社会价值观的重大变化催生了新的社会道德：支持模糊的标准、怀疑传统、关注个人利害关系、弱化公民身份。[1] 所以，淡化公民身份意识的教育思想，逐渐取代进步主义教育思想，而以相对主义价值观为主导的新思想，取代了以绝对价值观和标准为主要特征的教育传统，公民教育在这种社会和教育价值观氛围中失去了存在的必要和空间。[2]

第二，受美国新社会科课程运动（New Social Studies Movement）的影响，澳大利亚对社会科的教学目标进行重新的界定，采用了美国新社会学科的特点：即社会科应该是一种"学术"取向的，而不仅仅是传统意义上的"公民教育"。也就是说新社会科的教学目的，从强调"好"的公民的准备和服从、拒绝忠诚和公民自豪等价值观的灌输，取而代之的是个人的发展、认知与情感目的，以及为"积极参与社区生活"做准备。[3] 这种工具取向的教育理念直接使澳大利亚新社会科中公民教育的重要地位被无形的弱化，公民教育的影响力也极大的降低了。

第三，在有些学校里，有关公民教育的课程数量急剧减少，有些甚至完全删除，学校的课程体系里基本没有关于公民教育的内容。作为澳大利亚公民教育重要课程资料的《社会教育资料项目》（*Social Education Material Project*）是澳大利亚早期社会科课程领域中体系最为完善、内容最为丰富的项目，该项目主张从发展性与社会性出发设计课程，其最终目的是为了让学生全面认识人类自身、理解社会以及人们生存环境的生成力量，引导学生知晓并主动参与社会进程，从而让学生真正成为合格的社会公民。然而这一良好的项目却因为政治审查以及误解而遭到取缔。

针对澳大利亚公民教育在这一历史时期的缓慢发展，有学者也从某些方面给予了解释："在澳大利亚，创立和强化针对'新'民主的基本原理还没有历史需求。澳大利亚人 一般已经勉强接受了建立在殖民地传统基础上的民主。在大

---

[1] Barcan, A. A History of Australian Education[M]. Melbourne: Oxford University Press, 1980:345.

[2] 韩芳.从臣民到公民——澳大利亚公民教育发展研究[M].北京:光明日报出版社,2011:73.

[3] Parry, LJ. Transcending Nation Boundaries: Hilda Taba and the "New Social Studies" in Australia, 1969to 1981[J]. Social Studies, 2000,91(2):72.

多数情况下,民主文化怎样能够积极地体现在澳大利亚的问题还未得到解决。"[1] 澳大利亚这一时期的公民教育出现缓慢发展这一问题,既与当时澳大利亚所处的时代背景有着直接的关系,同时也与澳大利亚公民教育自身的所暴露出来的问题有关,可以说是澳大利亚在特殊的历史阶段一系列问题在公民教育领域中的集中爆发。随着的社会发展以及对公民教育问题的反思,新的力量也逐渐开始推动澳大利亚公民教育走向新的历史时期。

四、蓬勃发展期(20 世纪 90 年代—至今)

在 20 世纪 80 年代中叶,时任澳大利亚联邦政府教育部长的苏珊·莱恩就提出了公民教育的重要性。从这一时期开始,公民教育又一次进入澳大利亚人的视野。

1989 年 4 月澳大利亚联邦政府、各州和区分管教育的部长们,在霍巴特就改进澳大利亚的教育达成协议,把公民教育列为学校教育的十大目标之一。其中关于公民教育的目的明确规定为"培养学生的知识、技能、态度和价值观,这会使他们能够在澳大利亚民主社会中成为积极、明智的公民。[2] 1989 年 2 月,澳大利亚就业、教育与培训执行委员会(Senate Standing Committee on Employment, Education and Training)发布了题为《积极公民教育》(*Education for Active Citizenship*)的报告,对澳大利亚公民教育的现状进行全面的调查和分析。在这一基础上,委员会对学校开展公民教育提出了较为详细的建议。

在学校课程方面,委员会建议要扩大公民教育方面的教师教育课程,把教师的培养放在优先考虑的地位,并注重开发和设计适合学校使用的教学资料,并规定积极公民教育的具体内容,包括理解政府如何运作、认识社会团体和非政府组织角色以及如何才能成为积极的公民等。针对委员会的这一报告和建议,有学者认为,它过于注重政治程序和参与,而忽视了公民身份实际的权力,[3] 但毫

---

〔1〕 Kennedy, K. Why Citizenship Education for Australian Schools[A]. Kennedy, K, Watts, O. & MacDonald, G. (eds) Citizenship Education for a New Age[M]. Toowoomba: University of Southern Queensland Press, 1993:1.

〔2〕 西蒙·马金森. 现代澳大利亚教育史[M]. 沈雅雯,等译. 杭州:浙江大学出版社,2007:203.

〔3〕 Gilbert, R, Citizenship and the Problem of Identity, In kennedy, K. , Watts, O. & McDonald, G. (eds) Citizenship Education for a New Age. Toowoomba: Unibersity of Southern Queensland Press, 1993:87-100.

无疑问，这一报告对于澳大利亚的公民教育来说具有重要意义，成为澳大利亚公民教育蓬勃发展的触发器。正如澳大利亚学者菲利普和莫若兹(Phillips&Moroz)所说：这一报告成为澳大利亚探讨公民教育问题的一块"里程碑"。[1]

1991年3月的《再论积极公民身份》(*Active Citizenship Revisited*)，又将澳大利亚的公民教育推向又一个高度。在这份报告中，委员会对各州和各地区在加强学校积极公民教育课程方面做出的努力以及取得的成绩，同时又针对公民教育提出了具体的建议，包括提升公民教育的地位、开发公民教育资料、开展公民教育的相关研究等方面。在1996年的澳大利亚全国选举中，自由与国家党极力赞同公民学专家小组的报告。同年，教育部长戴维·坎普宣布，新的联邦政府在公民教育方面将继续给予支持。

随着《国家福利：国家公民指标与基准体系》(*National System of Indicators and Benchmarks*)、《关于21世纪的学校教育国家目标的阿德莱德宣言》(*The Adelaide Declaration on National Goals for Schooling in the Twenty-first Century*)、《新世纪的澳大利亚公民身份》(*Australian Citizenship for a New Century*)、"发展民主"计划等一系列关于公民教育的文件的公布，澳大利亚的公民教育开始进入了一个蓬勃发展的历史时期。

第二节 澳大利亚公民教育的基本理念

一、以"公民知识"为根基，培养公民的国家意识

澳大利亚在1901年摆脱殖民地的束缚，从而真正建立起独立的澳大利亚联

[1] Phillips, H. C. J. Moroz, W. Civics and Citizenship: Research Findings on Students' Perceptions[J]. Youth Studies Australia, 1996(3):14.

邦。然而,即使联邦政府成立之后,澳大利亚国家的主要制度和传统还是来源于英国,并且在这一时期,英语还是澳大利亚的通用语言,更难以接受的是澳大利亚联邦政府所颁布的宪法,还明确规定英国女王为澳大利亚元首,而澳大利亚联邦政府的元首则是英国女王的权力代表。所以,可以看出,澳大利亚虽然在法律上成为独立的国家,但是其与英国仍然保持着密切的联系,在某种程度上澳大利亚还未真正脱离英国,还仍然依附于英国。这种现状使得澳大利亚人民的国家意识处于一种矛盾与混沌之中。

为改变这一现状,澳大利亚开始注重在学校的公民教育中,加强公民知识的传授,使年轻人以公民知识的掌握为基础,逐渐培养起澳大利亚公民的国家意识。澳大利亚联邦政府认为,公民教育旨在培养和挖掘学生的知识广度、发展学生的潜能,以及帮助学生树立正确的价值观,从而使学生成为有担当、有见地的能够积极主动参与社会生活方方面面的合格公民。基于这一基本理念,澳大利亚的公民教育注重公民知识入手,逐步培养公民的国家意识。

澳大利亚联邦政府在《发现民主计划》中,对所有学校的公民教育做出了明确的规定,依照此规定,澳大利亚所有学校中的3—10年级的学生必须接受公民教育。学生应该了解并掌握有关澳大利亚的基本知识,并以考试的形式,定期对学生的学习进行考核。

澳大利亚联邦政府认为,只有对澳大利亚的历史具有一定的了解,对政府体系的运转以及国家的政体等基本知识有了较为全面的认识后,学生才能进一步明白澳大利亚的立国原则,以及澳大利亚的政治理念。所以,澳大利亚在公民教育的推进过程中,一方面强调与国家政治体制相关的政治概念,以及各种道德原则,另一方面还非常强调作为普通公民应该具备的基本的社会常识、技能以及精神品质等。在基础教育阶段,虽然澳大利亚有些州的学校教育里并没有把公民教育作为单独一个科目来教授,但是还是通过课程整合等途径,将公民知识渗透到其他学科里。

澳大利亚关于公民知识的教育贯穿于公民教育的始终,体现在各个层面、各个领域中。例如,1991年,澳大利亚教育委员会规定8个主要学习领域:艺术、英语、健康教育与体育、语言(除英语以外)、数学、科学、社会学与环境(简称

SOSE)和技术。在基础教育阶段,学校公民教育的内容则更多是体现在社会与环境这一领域中的。这一领域的主要目的是通过一系列体现公民素养的知识与能力的建构,帮助学生习得一种知识、发展一种能力,即以公民的身份,在一个处于多元文化背景的民主社会中为了大众利益而做出合理而正确的决定的知识与能力,这门课程给学生提供了有知识的公民来参与社会的可能。可以说,培养澳大利亚人民的公民知识是培养澳大利亚人民公民意识的基础。

二、以"民主观念"为核心,培养公民的权力意识

公民教育的概念和实施,同公民权及公民身份密不可分,和民主一词有一样长久的历史脉络[1]。纵观澳大利亚公民教育的发展历程,可以发现,民主观念一直贯穿其中,民主观念一直以来都是澳大利亚公民教育的核心内容。

"尽管澳大利亚人永远相信:宪法制定者所创建的政府体制运作得相当好,澳大利亚是一个成功的自由的民主国家,但是人们的共识是:学校必须进行公民教育。这是将'需要'转化为政策,然后实践了。"[2] 澳大利亚联邦政府希望通过公民教育,让年轻人通过学习和体验澳大利亚的民主制度,使年轻人形成良好的民主意识,培养良好的民主信念,形成良好的民主行为,并最终把澳大利亚的民主观念内化成年轻人自己的价值观念。为使青少年实现澳大利亚所期望的这一目标,澳大利亚联邦政府鼓励中小学通过多种途径深入了解联邦政府、州政府以及地方政府这样的三级政府,以及三级政府的相关部门是如何发挥各自的功能和实现自己的角色,引导青少年对澳大利亚民主特征的认识和了解,解释联邦政党在国家的运作过程中的作用,教给他们如何通过投票这一途径,维护自己的利益,如何选举出自己国家的元首、总理、州长等,以及这些职务各自的职能和角色。这些对于青少年走出学校后迅速融入社会发挥着重要的作用。

此外,基于澳大利亚特殊的历史背景,在有关澳大利亚土著居民的民主权利

---

[1] Benjamin R. Barber. civic education. In Austin Harrington. Encyclopedia of Social Theory [M]. Routledge, 2012: 174.

[2] Print, M. Civic Education in Australia: Four South wales Cases[A]. John J. Cogan, Paul Morris and Murray Print(eds). Civic Education in the Asia-Pacific Regin: Case Studies across Six Societies[C]. New York: RoutledgeFalmer, 2002: 25.

方面，公民教育侧重于让青少年了解土著居民以及托雷斯海峡岛土著居民的民主权利，以及这些权利在过去是如何被忽视的。当然，在学校公民教育过程中，还引导学生去探究澳大利亚土著居民公民权利被忽视的深层原因，以及土著居民为争取这些权利而进行的种种斗争等方面内容。

"发现民主"计划(Discovering Democracy)是澳大利亚联邦政府通过民主观念培养公民权力意识最直接的表现。1997 年 5 月 8 日，澳大利亚联邦政府就业、教育、培训与青年事务部部长大卫·坎普启动了"发现民主"计划。该计划强调学生对澳大利亚政治体制与相应的政府机构的运作，以及支撑澳大利亚民主的原则的认识和理解。在这一计划中，明确规定了基础教育阶段公民教育课程主要的学习主题，包括权利在澳大利亚民主体制中的发展演变过程与实践行为、公民的权利和澳大利亚民主的基本原则、澳大利亚是如何制定法律和宪法的、澳大利亚民主机构是如何建立的等内容。澳大利亚正是坚持通过这些途径对青少年进行较为系统的民主知识的培养，树立起澳大利亚青少年的民主观念培养，通过青少年民主观念在社会各个领域中的渗透，逐渐培养起澳大利亚青少年全面和正确的权力意识。

三、以"公民责任"为目标，培养公民的参与意识

澳大利亚联邦政府把公民责任作为公民教育的重要目标，一方面与澳大利亚教育部门对公民教育的认识有关，同时也深受以美国为代表的西方国家公民教育的影响。为了更好地实现人民的公民参与意识，澳大利亚联邦政府的教育部门坚持以公民责任的培养为目标，以此来调动澳大利亚公民主动参与国家事务的积极性。

在 20 世纪 60—90 年代的缓慢发展期间，澳大利亚的公民教育就开始深受美国的影响，主要体现在美国新社会科课程运动对澳大利亚公民教育的影响方面(前文已有相关资料，这里不再赘述)。美国的新社会科课程运动不仅将澳大利亚的公民教育的发展拖入了低谷，同时，美国社会长期存在的"个人主义"对澳大利亚的公民教育也产生了影响。长期以来，美国社会坚持"个人主义"取向的价值观与人生信仰，并将其作为一种生活哲学渗透到社会生活的方方面面，这种

价值取向秉持个人价值高于社会价值的理念，个人往往是第一位的，而社会则是第二位的，是由个人派生出来的。因此，保护个人权利成为美国政府的内在规约，这些从美国的《独立宣言》以及《合众国宪法》中都可以看到。这种个人主义在政治上强调个人权利至高无上的原则，以及强调政府的目的在于保护个人的权利，实现个人的利益。

受个人主义支配下的政治理念的影响，自由主义思想也日益成为美国社会主流的价值形态。因此，可以看出，虽然公民的内涵差别不大，但是在美国，这种公民资格更偏向于一种非积极取向的公民资格观，或者说是一种普遍意义上的公民资格观。在这种理念的影响下，美国的公民教育注重对公民个人权益的保障、注重公民个人价值的实现。虽然美国的公民教育并不否认公民自身所肩负的对社会、对他人的责任与义务（相反，美国的公民教育似乎在口号上更加注重这些内容），但是不难发现，这种责任与义务应该是作为一国公民为获得个人基本利益和实现个人基本权利所应具备的最基本的内容，所以这种责任与义务的出发点仍然是权利指向的。这样一来，美国的公民教育中所谓的公民参与成为一种比较消极的公民参与也就不难理解了。在这一背景下，公民的权利与义务、权利与责任往往处于一种混乱或者失衡的状态，人们在个人权利和社会责任之间明显地偏向于个人利益，难以在社会利益与个人利益之间实现一种平衡的状态。这一趋势严重威胁到澳大利亚的公民教育的良性发展。

受美国个人主义的影响，澳大利亚青年身上或多或少的有了个人主义的影子。澳大利亚联邦政府意识到问题的严峻性，同时，来自各种政治立场的观点都一致强调“增强公民责任是公共政策的一个紧迫目标”，并且澳大利亚教育专家也都比较认同“公共政策在很多方面都依赖于个人生活方式中负责任的决定”这样的观点，所以，“恰当的公民概念似乎要求权利和责任的平衡”。[1] 这些都促使澳大利亚重新思考公民教育的实践性，注重在公民教育领域里加强年轻人公民责任感的教育。澳大利亚联邦政府开始通过公民责任意识的强化，激发公民

[1] Will Kymlicka and Wayne Norman. The Return of the Citizen: A Survey of Recent Work on Citizenship Theory[J]. Ethics, 1994, 104(2): 352-381.

的主动参与意识，引导青少年自觉地、主动地、认真地履行作为澳大利亚公民应肩负的社会职责。由此，培养有责任的、能够积极参与的公民成为澳大利亚公民教育重要的理念之一。

四、以"多元文化"为契机，培养公民的全球意识

多元文化是指："在一个区域、地域、社会、群体和阶层等特定系统中，同时存在的、相互联系且各具独立文化特征的几种文化。"〔1〕 澳大利亚是世界上以多元文化著称的国家之一，这与其移民的历史不可分割。从 20 世纪 90 年代开始，为了应对全球化浪潮的冲击，澳大利亚的公民教育开始以"多元文化"为契机，强调培养澳大利亚公民的全球意识。

随着冷战的结束，全球化的进程日益加快，影响也越来越大。"全球化时代"已经到来成为人们共识。全球化给国家之间、民族之间的共处带来复杂而多样的变化，也给传统的在民族国家框架下考量的公民教育带来了巨大挑战。传统的公民教育局限于一国公民与国家、与国内其他公民的关系，就显得远远不够了。澳大利亚学者弗斯基认为："年轻人已经生活在一个全球化的世界……他们是消费者还是公民？是澳大利亚公民还是全球公民？最影响他们生活的问题没有国界，但是问题的解决办法存在于国家的职权之内。没有积极的公民，政府将会继续推卸社会、经济、政治和环境问题的责任。为了创造年轻人想要和需要的未来，学校应该给予年轻人所有帮助。不为危险的世界做准备就将金丝雀放出笼子是不公平的。"〔2〕

在澳大利亚，多元文化主义被看作是一种公共政策，旨在确保日益多元化的人口中所有成员充分地参与社会经济与政治。〔3〕 在全球化的背景下，多元文化与公民教育的融合有了更具时代意义的使命，同时，全球化的到来给不同国家

---

〔1〕 陈时见.当代世界教育改革[M].重庆:重庆教育出版社,2006:81-82.

〔2〕 Foskey, D, Education for Active Citizen or Global Consumer[A]. Rick Kuhn.(ed.)Civis, Democracy and Politics: Perspectives and Resources for Teachers[C]. Canberra: The Australian Curriculum Studies Association. 1999:39.

〔3〕 Castles, S. Ethnicity and Globalization: From Migration to Translational Citizen[M]. London: SAGE Publications, 2000:140.

之间、不同民族之间的和平共处,带来了更加复杂且多样的变化。全球范围内的人员流动与迁移,突破了传统的对公民内涵的定义,公民的定位也开始超越国家、超越民族,这些毫无疑问都对人民如何认识自己的国家提出了新的挑战。所以,学者们也开始从多元文化的视角出发,重新审视全球化背景下的公民资格以及公民教育,“全球公民教育”(Education for Global Citizenship)以及“全球公民资格”(Global Citizenship)也随之产生。

自20世纪90年代开始,为了适应全球化浪潮对公民素养的要求,澳大利亚联邦政府开始注重利用多元文化与公民教育的统整,加强培养具有“全球意识的”澳大利亚公民。多元文化主义政策在推动澳大利亚的民主制度的发展以及公民身份的完善方面发挥着重要的作用,与此同时,多元文化对澳大利亚公民身份认同提出了更加全面的要求,多元文化主义因此也与澳大利亚的公民身份问题紧密相关。基于此,澳大利亚的公民教育开始注重培养澳大利亚学生的全球公民意识和能力,在为年轻人的全球公民身份的培养方面做出了大量的努力。包括在公民教育中讲授全球化的内涵及其必然性,引导年轻人适应全球化给国家以及个人带来的种种影响,并培养年轻人在国际事务中如何发挥应有的领导力以及参与地方、国家和世界层面的政治活动的愿望和能力。

同时,澳大利亚联邦政府也意识到,公民全球意识的培养并不能淡化或者放弃公民对自己国家的认同,所以澳大利亚联邦政府教育部门在培养公民全球意识的同时,仍然坚持本国公民积极参加本国以及本地区的公民实践活动,既让公民认识到文化的多元性和人类生活的多样性,理解、包容和尊重不同民族、国家乃至不同文化之间的差异性,又让本国公民在这些体验中进一步加强对本国文化的认同。概言之,多元文化背景下的澳大利亚公民教育既培养了具有全球意识的公民,同时又没有损害或者弱化自己国家的利益,既超越了本国民族文化的狭隘观念,同时又很好的培养了多元文化背景下的全球意识。这些举措都使得澳大利亚在多元文化背景下培养年轻人的全球意识方面取得了一定的成就。

第三节 澳大利亚公民教育的实践举措

任何一个国家对于公民和公民教育都有不同的理解,这种理解直接影响到这一国家公民教育的发展方向。由于澳大利亚民族文化的多样性以及联邦政府对于这种多样文化所采取的较为宽容的态度,在近几年来关于公民教育的理解出现了百家争鸣的景象,这已成为澳大利亚公民教育领域的特色之一。澳大利亚政府从公民学的角度把公民教育定义为旨在拓展学生的知识领域,发展学生的技能,培养学生的价值观,使学生作为积极的、有见识的公民,在国际背景中参与澳大利亚民主社会的教育。[1] 澳大利亚联邦政府在公民教育的实践举措上也坚持了这一基本的认识和理解。

一、澳大利亚公民教育的目标

澳大利亚的公民教育目标在不同的阶段侧重点也有所不同。在萌芽初期,公民教育的目标主要表现为培养"好"的公民。默多克对"好"公民的具体内涵进行了较为详细的描述,"当他渴望社会的公共善时,他是如此热切地渴望它以至于急切地想做他权力范围内的任何事情来推动之;当他的利益与公共善相冲突时,他时刻准备放弃自己的利益;当国家的幸福需要他做出牺牲,他准备放弃他所有的财产、甚至生命;这个人在精神和事实上,是一个好公民"。[2]

1959 年,澳大利亚新南威尔士州颁布了小学阶段教育的《指导目标和基本原

[1] McAllister, Ian. Civic Education and Political Knowledge in Australia[J]. Australian Journal of Political Science,1998, 33(3).

[2] Kennedy, K. Introduction: Creating Civics Education for All: The Challenge for the New Civics[A]. Kennedy, K. (ed.) New Challenges for Civics and Citizenship Education[C]. Canda: Australian Curriculum Studies Association. 1996:5.

则说明》(*Statement of Guiding Aims and Underlying Principles*)。这一文件对小学阶段的公民教育目标做出了详细的说明:理解和重视负责任的公民身份的责任;尊重权利、信念、他人的习惯、全世界中人们之间的友谊精神;思想开放,评价新旧思想、合作和建设性地与他人工作的能力;对良好的同志关系的自豪,完成重要的、繁重的工作所必要的自律,对知识的持续兴趣和渴望;尊重法律、法令和社会制度,爱国家和忠诚于君主;对时间的明智利用,包括建设性、创造性和令人满意的休闲,追求日益增长;感知并享受不同形式的美;形成充分的身体和心智健康的整体习惯和态度;习惯性的、出于理解和重视道德和精神传统的民族行为和权利。[1]

1989年4月,在霍巴特(Hobart)召开的澳大利亚教育理事会(Australian Education Council)会议上,州、地区和联邦的教育部长们就《霍巴特宣言》(*Hobart Declaration on Schooling*)达成一致。该宣言为全国中小学设置了8个共同的关键学习领域(Key learning Areas),分别为:社会与环境研究、英语、外语、科学、技术、数学、健康和艺术。并首次为学校教育设置了10个共同目标,其中4个目标直接与公民教育相关:一是形成知识、技能及价值观,使学生作为积极和知情的公民在国际背景中参与民主的澳大利亚社会;二是让学生理解和尊重澳大利亚的文化遗产,包括原住民和少数民族的特殊文化背景;三是促进学生理解、关注均衡发展和全球环境;四是发展学生对道德、伦理和社会公正问题的判断能力。[2] 这些目标的制定是将公民教育作为学校教育目标的重要组成部分的有益尝试,为公民教育的落实提供了切实依据。

1995年,澳大利亚新南威尔士州教育部门制定了《公民教育框架(K-10)》(K-10 *Citizenship Education Framework*),这一框架对澳大利亚公民教育的目标规定为:为学生准备有效参与澳大利亚社会所必需的认识与理解、技能、价值观与态度。具体目标包括:学生认识和理解澳大利亚身份认同、权利和责任、法律与规则、政府;技能方面,学生具备调查、交流、参与技能;形成对民主过程、社

---

〔1〕 Turney, C. (ed) Sources in the History of Australian Education 1788—1970[M]. Sydney: Angus and Robertson Pty Ltd, 1975:278.

〔2〕 MCEETYA. The Hobart Declaration on Schooling[Z]. Adelaide: Ministerial Council on Education, Employment, Training and Youth Affairs, 1989.

会公正、经济责任、社会参与和生态可持续性的积极态度，学生致力于言论、结社和宗教自由、批判性地评价新的和挑战性的思想、生态可持续性、文明和守法、社会公正、对社区和公共事务的参与，形成对自己和他人的文化与传统、对所有人的福利权力与尊严以及对环境的尊重。[1]

1997年5月8日，澳大利亚联邦政府就业、教育、培训与青年事务部部长大卫·坎普启动的“发现民主”计划，旨在帮助学生认识澳大利亚的政治和法律制度与日常生活的相关性，了解其历史和运作，发展作为知青、有思考力的公民参与公民社区的能力。[2] 为实现把学生真正培养成为能够担负责任的公民这一目标，还对学生所需的具体能力做出了详细的规定：对澳大利亚政治和社会传统、民主过程与政府、司法制度、政治管理体制和所有这些如何与其他国家相关的认识和理解；有效、知情、有思考力地参与民主生活所必需的技能和价值观；支撑所有这些的是澳大利亚历史的知识，以及影响这种历史的其他社会知识。[3]

1999年4月，澳大利亚颁布了《关于21世纪的学校教育国家目标的阿德莱德宣言》(*The Adelaide Declaration on National Goal for Schooling in the Twenty-First Century*)，简称《阿德莱德宣言》。这一宣言对公民教育的目标表述如下：有分析和解决问题的能力和技能，交流思想和信息、计划和组织活动、与他人合作的能力；有自信、乐观、高度自尊的品质，追求个人卓越、并将之作为家庭、社区、工厂成员的潜在生活角色的基础；有 能力对道德、伦理和社会公正问题进行判断和承担责任，有能力理解他们的世界、思考事物的形成方式、对他们自己的生活做出理性的和知情的决策、为他们自己的行为承担责任；成为理解和认识澳大利亚政府体制和公民生活的积极的、知情的公民。[4]

---

[1] NSW Board of Studies. K-10 Citizenship Education Framework[M]. Sydney: NSW Board of Studies, 1996:10.

[2] The Federal Department of Education, Training and Youth Affairs and the South Australian Department of Education, Training and Employment National Report on the Development of Education in Australia [R]. Geneva: the International Conference on Education, 2001:24.

[3] Pint, M., Moroz, W. & Reynolds, P. (eds) Discovering Democracy in Civics & citizenship Education [M]. Katoomba: Social Science Press, 2001:4.

[4] MCEETYA. The Adelaide Declaration on National Goal for Schooling in the Twenty-first Century[Z]. Adelaide: Ministerial Council on Education, Employment, Training and Youth Affairs, 1999.

总体而言，澳大利亚的公民教育目标，主要表现为以下几个方面：第一，澳大利亚公民教育要能够让青少年全面、系统地学习本国的历史，增强学生对于澳大利亚社会多元文化的了解和澳大利亚对世界发展进程影响的认识；教育青少年树立尊重他人，遵守澳大利亚各种规章制度，养成良好的社会道德，养成善于与人合作的习惯，同时还要致力于学生对于政府机构及其运行机制等知识的认识程度的提高。第二，理解民主与政治的基本原则、过程与价值，成为具有澳大利亚社会民主制度知识的公民，掌握参与社会公民生活的各项技能。第三，让青少年理解和认识公民的责任与义务，形成具有责任感的社会公民，公民教育要注重培养青少年主动参与国家民主政治的热情以及责任感。澳大利亚联邦政府关于公民教育目标的规定为保证澳大利亚实施公民教育朝着正确的方向发展起到了方向性的作用。

二、澳大利亚公民教育的内容

1905 年，新南威尔士州公布了澳大利亚联邦政府的第一个小学教学大纲，在这一教学大纲里，公民学与道德作为重要的组成部分，明确规定了澳大利亚公民教育的主要内容，涉及了澳大利亚的帝国历史以及责任、职责、勤劳、准时和爱国主义等价值观。在这一阶段里，公民教育还包括了"所有直接针对唤起学生对他们所居住社区的事物的兴趣和认识、为了共同的幸福与他人合作的热情和能力的所有的学习和活动"[1] 在这一阶段，公民教育的内容相对宽泛，大部分都选取与学生生活实际结合比较紧密的内容为主。比如在低年级阶段，公民教育侧重于结合学生的兴趣和爱好，鼓励学生从自己身边的事物中发现相关的知识。高年级阶段侧重于学生对于联邦政府、州、市政理事会运作机制的模拟，来理解国家权力部门的运作机制。

1995 年，澳大利亚新南威尔士州教育部门制定了《公民教育框架(K-10)》。这一框架对澳大利亚公民教育的主要内容从澳大利亚的身份认同、权力与责任、

---

〔1〕 Hoy, A. & Forsyth, W. D. (eds) Report on the Teaching of History and Civics in Victorian Secondary Schools[M]. Melbourne & London: Melbourne University Press & Oxford University Press, 1934:75.

法律与法令和政府四个方面进行了详细的阐述(表 9-1)。[1]

表 9-1 澳大利亚公民教育框架

项目	概念	一些关键问题
澳大利亚身份认同	自我/家庭/社区 国家标志、庆典、普遍形象 公民身份——实践、形式 文化身份认同——背景、移民 文化多样性 国家遗产——自然和人造环境 平等机会 人口成分和变化 传统——宗教、语言、文化	• 我们作为澳大利亚人的观念随着时间推移以什么方式变化? • 随着时间的推移地方领域中发生了什么变化? • 澳大利亚社会中的人们如何满足他们的需要? • 澳大利亚人之间的经济相互依赖,如何促进 一种“澳大利亚身份”意识? • 社区中为什么庆祝一些活动? • “澳大利亚身份认同”如何通过文学、事件和偶像表现? • 为什么家庭传统在理解身份认同方面是重要的? • 什么家庭礼仪和社区大会有助于理解特定社区的身份认同? • 澳大利亚原住民的文化以何种方式促进了对成为澳大利亚人意味着什么的理解? • 移民如何影响“澳大利亚的身份认同”? • 随着时间的推移,媒体如何体现和影响了“澳大利亚身份认同”?
权利与责任	人权——男人、妇女、儿童的权利 土著人的权利 弱势群体的权利,如老人和身体感官或智力有残疾的人 随着时间的推移 道德、公民、经济和环境责任 生态可持续性 社会公正	• 权利与责任之间的区别是什么,它们如何相关? • 应该尊重所有的权利吗? • 权利怎样能和平地得到保护? • 联合国在确立和保护人权方面起什么作用? • 如何尊重普遍的人权? • 学生如何能参与活动? 这些活动培养对权力的尊重、形成社会责任,如关心年轻人,老人,身体、感官和智力有残疾的人,以及动物、植物和环境。 • 学生如何能表明对他人和他人财产的尊重? • 学生如何能表明公民责任,如守法、投票、社区服务? • 个人和家庭如何能表明对他们自己和互相的幸福的责任? • 学生如何能表明经济责任? • 学生如恶化能表明对生态可持续性的支持? • 为什么战士应该在战争期间遵守公约?

〔1〕 NSW Board of Studies. K-10 Citizenship Education Framework[M]. Sydney: NSW Board of Studies, 1996:13-18.

续表

法律与规则	家庭/阶级/群体/社会统治 土著人和托雷斯海峡岛民习惯法 无主土地/军事法/马勃 欧洲法律的演变 澳大利亚联邦宪法 联邦 法律/法庭——地方、州、联邦、国际 司法公正 社会公正 自然正义 司法的对抗/调查制度 法律实施 规则和法律的变更——游说全体、大众抗议、公民投票 社区与文化张力 解决冲突	• 为什么我们有法规,在家庭、学校和社会中规则以什么方式是重要的? • 土著人和托雷斯海峡岛民的习惯法是如何在1788年前通过的? • 我们的法律和法令是 以什么方式从欧洲演变过来的? • 规则在学术的家庭和其他家庭是如何随着时间变化的? • 澳大利亚宪法的由来是什么,如何修改澳大利亚宪法? • 为什么以及如何制定法律? • 在澳大利亚法庭等级中,法庭之间在法规、责任和常规方面的差异是什么? • 法律如何被实施? • 规章和细则如何被实施? • 为什么我们需要法律执行官员——警察、海关官员、军队政府代理和督察员? • 国际和国家组织如何制定和执行运动和休闲活动中的法规? • 为什么规则被社会中一些人列为不个公平,被另一些人列为公平? • 解决冲突有什么社会机制,为什么这些是重要的? • 个人和群体如何影响规则和法律的变革?
政府	民主程序 学校结构/包括通过学术理事会促进民主的过程 政府的种类——民主的和非民主的 地方政府 州政府 联邦政府 政党 政治体制及其哲学外国事务和贸易	• 公民身份的观念如何受到了古希腊的影响? • 威斯敏特体系是什么? • 为什么澳大利亚有一个立宪君主? • 学生如何能参与民主决策过程? • 澳大利亚人民期待政府满足的集体需求是什么? • 为什么澳大利亚有三级政府? • 政府每个级别的责任是什么? • 政府的每个级别如何选举(州、市? 镇等)议会议员、议会议院、众议员、参议员? • 什么是公民投票,什么是选民? • 媒体在选举活动和民意测验中的作用是什么? • 适用于地方政府、州政府、以及联邦政府的一些惯例是什么? • 州政府和联邦政府如何建立和保持在亚太地区和全球范围中的关系? • 澳大利亚政党的起源、哲学、发展和冲突性观点是什么? • 其他一些民族国家遵循的一些可选择的政治哲学是什么? • 什么是指令,为什么政府政策的变革依赖于指令?

这一框架认为公民教育中五种重要的价值观是:民主过程、社会公正、经济责任、社区参与和生态可持续性,并指出关于如何将这些价值观转化为行动有多种合法且富有争议的观点,因而对其涵义和适当的行动的争议是这一学习领域的中心。[1]

在具体的课程设置上,澳大利亚联邦为各州设定了义务教育阶段公民教育课程的框架。各州或地区在制定自己的义务教育阶段的公民课程标准时并不需要完全覆盖上述所有内容,而只需在此基础上选择适合本州或领地自身特点的某些内容,而且还有权适当添加其他教育内容。澳大利亚"发现民主"计划中规定的义务教育阶段公民教育课程主题见表 9-2。

表 9-2 澳大利亚"发现民主"计划中规定的义务教育阶段公民教育课程学习主题[2]

年级	学习主题或单元
小学中年级	"人民与统治者"(The People and Rulers);"规则与法律"(Rules and Laws);"澳大利亚的历史"(We Remember);"参与"(Joining in)
小学高年级	"议会对君主"(Parliament VS Monarch);"法律规则"(The Law Rules);"人民创造国家"(The People Make a Nation);"人民的力量(PeoplePower)
中学低年级	"应由人民治国吗"(Should the People Rule?);"法律"(Laws);"民主斗争"(Democratic Struggles);"政治生活中的男人和女人"(Men and Women in Political life)
中学中年级	"政党控制议会"(Parties Control Parliament);"被破坏的民主"(A Democracy Destroyed);"人权"(Human Rights);"创造一个国家"(Making a Nation);"创造一个什么样的国家"(What Sort of Nation);"做事"(Getting Things Done)

澳大利亚公民教育课程包括认知领域(认知、理解和推理)和行为领域(参与、技能和行为),以及情感领域(价值观、态度和倾向)三个领域的内容。澳大利亚中小学发展学生公民素养的所有活动都与这三个领域有关。

[1] NSW Board of Studies. K-10 Citizenship Education Framwork[M]. Sydney: NSW Board of Studies, 1996:18.

[2] Pint,M., Moroz, W. &Reynolds, P. (eds) Discovering Democracy in Civics & Citizenship Education [M]. Katoomba: Social Science Press,2001:4.

1. 公民素养的知识和理解

澳大利亚公民教育课程中重要的知识和理解内容来自如下方面：

(1) 澳大利亚政治制度以及各州、联邦和其他国家政府的重要制度和程序，包括政府和议会如何选举和形成；政府的层级和角色；权力、领导和社区服务的概念。

(2) 澳大利亚自由民主和代表性民主的基本原则、概念和价值观，包括威斯特敏斯特体系和澳大利亚宪法，民主在构建一个社会团结的公民社会中的作用，以及个人、团体和政府决策的方法，包括政治制度的权力制衡。

(3) 澳大利亚重要的法律制度和法律程序，包括立法的目的，宪法的原则，法定权利和责任，法律规则，以及澳大利亚法律制度保障民主原则、人权和自由的方式。

(4) 公民的权利和责任，包括人权(公民、政治、社会、经济和文化方面的人权)，以及不满、批评和沟通的权力，还包括个人、团体和政府对公民争论和公民参与施加影响的方式。

(5) 澳大利亚土著和托雷斯海峡岛屿人民的文化、社会和政治过程和法律的知识。

(6) 澳大利亚作为世俗化、多元化和多元文化主义国家的性质，以及重要的宗教、信仰、自愿性组织、社区、利益和宗教团体，以及协会和俱乐部对于公民生活和澳大利亚公民认同发展的贡献。

(7) 公民身份的多维性，地方、州、国家、地区和全球的事件、观点和文化多样性对于政府政策和公民认同的影响。

2. 公民教育的技能要求

(1) 质疑和研究的能力

这种能力包括制定研究规划，调查信息和观点，运用文献综述和数据收集的研究技能，质疑目前的现状；撰写研究报告和批判研究成果。

(2) 分析和综合的能力

这种能力包括评估一种立场或决定，秉持和捍卫某种观点；区分事实陈述和观点表达；综合分析研究数据；理解和处理模糊性。

(3) 合作解决问题和制定决策的能力

这种能力包括表现出对于决策的兴趣和能力，通过合作解决问题和化解冲突，展现跨文化的能力。

(4) 沟通能力

这种能力包括口头和书面表达观点；批判性阅读、争论、写作和聆听；应用同情和社交技能；建设性地运用传统媒体和社交媒体(推特、博客、脸谱等)，以及互联网，把它们作为现代民主社会的沟通工具。

(5) 解释能力

这种能力包括解释政府政策和政治决定，批判媒体上的信息(包括相关的利益体系和价值体系)

这些技能对探究过程是极为重要的，它们旨在帮助学生成为积极的、明智的和批判性的公民。

3. 公民教育的价值观、态度和倾向

(1) 作为澳大利亚自由民主和代议制民主基础的价值观，如言论自由，民有、公平和法治的政府，法律面前人人平等，代表制度的公平有效性，责任、问责和公共利益。

(2) 促进学生在现代民主社会中公民行为、公民责任和人权，包括对所有人的关爱、同情和尊重，公平，社会正义，言论自由，尊重其他人的权力和观点，责任、包容、平等、可持续性、和平，以及服务于共同利益。

(3) 按照一个积极的民主公民所要求的知识、技能、价值观和态度行事的倾向，此种倾向包括：参与社区的政治活动；自愿主动参与社区活动；参与公民社会、社区生活，关注社会和全球的问题；按照公民的价值观和原则参与各种改进社会的活动。

可以看出，基础教育阶段澳大利亚公民教育的课程内容涵盖了国家历史、政治制度、民主权力以及道德教育等领域内的内容，课程内容覆盖面广，几乎包罗一切，不仅强调培养青少年的公民意识以及公民权力和义务，而且还注重培养青少年的公民责任和公民德行。所以，有些学者认为澳大利亚的所有教育能可以称之为公民教育。澳大利亚公民教育的内容为公民教育的实施提供了明确的框架,并且尽可能涵盖了公民教育的所涉及的基本领域,为教师在学校教育中落实公民教育提供了丰富的课程资料,这些都为澳大利亚公民教育的成功实施奠定了良好的基础。

三、澳大利亚公民教育的实施

联邦政府通过“发现民主”提高公民教育在全国的地位。各州和地区设立跨义务教育阶段公民学和公民教育一条龙项目,并重点在社会学中开展公民教育。澳大利亚公民教育的实施途径,可以分为学校教育和社区实践两种方式。

学校教育是澳大利亚公民教育的主要实施途径。联邦政府对于公民教育在学校中的实施方式并没有硬性的规定,也没有将其作为单独的学科来实施。所以,在澳大利亚,学校层面的公民教育主要是通过与其他各学科的整合来实现的。例如,在1991年,澳大利亚教育委员会规定8个主要学习领域:艺术、英语、健康教育与体育、语言(除英语以外)、数学、科学、社会学与环境(简称SOSE)和技术。在义务教育阶段,公民教育的内容更多是体现在社会与环境这一领域中的。这一领域的主要目的是帮助学生发展一种能力,即以公民的身份,在一个处于多元文化背景的民主社会中为了大众利益而做出合理而正确的决定的能力。这门课程给学生提供了负责的、有知识的公民来参与社会的机会。

此外,联邦政府只为各州或领地义务教育阶段设立公民教育发展框架,而其他教育阶段的公民教育各州可视情况自行制订。这样的自主权使得在义务教育阶段,公民教育往往不会放在学业较为繁重的学段,更多的是放在学业任务相对轻松的中低学段。

中、小学校中公民教育的形式可谓多种多样。在中小学课堂中,最为常见的公民教育的实施途径包括课堂内的讨论以及各种活动。这些活动覆盖面很广,一些是针对个人设计的,还有一些活动是要求在一个较大组织内通过成员彼此合作完成的。活动形式从调查研究到网上测验可谓多种多样。除此之外,澳大利亚教育充分发挥了其教育的开放性特点,强化在中小学的管理过程中发挥社会和家庭的作用。所以,澳大利亚的每一所学校都与所在的社区建立起了非常紧密的联系。具体来讲,澳大利亚公民教育的实施途径,主要包括以下几个方面：

1. 课堂学习

课堂教学是澳大利亚学校实施公民教育的主要途径。澳大利亚联邦教育部门只是设定义务教育阶段公民教育课程框架，没有指定统一的中小学公民教育课本，各州、地区可以根据自己的实际情况灵活地实施公民教育，即使在同一学校，不同的教师可能也会教授不同的公民教育内容。

澳大利亚公民教育的课堂组织形式多以专题讨论为主，避免学生被动地接受公民知识。在低年级阶段，课堂学习主要以公民知识为主。在高年级阶段，教师会模拟一些具体的场景，让学生针对某一问题或某一观点进行讨论，还可以让学生扮演不同的角色，与对同一问题有不同观点的人进行面对面的激辩。所以，在课堂教学中，不仅有关于公民知识的传授还运用讨论、合作等学习形式，方式方法灵活多变，一切以学生的理解和掌握为目标。通过课堂讨论，引发学生思考、交流思想和生活经验，培养学生的思维能力，引导学生用所学的知识分析问题，使学生学会思考，形成参与社会的意识和对社会责任感，增强参与社会的兴趣。

2. 学生社团活动

社团是澳大利亚学校中非常普遍的学生组织，为了更好的传递公民知识、培养公民的参与意识，澳大利亚的学校利用一切资源为各种学生社团提供便利，让学生自己组织各种活动来培养学生的公民技能。当然学校也会在每一学期举办几次具有针对性的活动，让学生能够拥有充分展示自己的舞台。通过这些方法，把学生融合到一个统一的集体中。

一个校长对这项活动的目标是这样阐述的："如果一名学生为他人做出贡献，我们希望其他人能够知道并承认他的行为，这是成为一名负责任的公民的一个重要的组成部分。"〔1〕这些非正式学校社团活动，对略显单薄的学校正式的公民教育课程给予充分的补充。通过积极参与学校实践活动进行公民教育，不

〔1〕 Murray Print. From "Survival" to "Leadership": The Practice of Civic Education in Australia [J]. International Journal of Educational Research, 2001, 35: 77-91.

仅有助于学生所学知识性内容的强化，而且有利于学生公民参与意识、参与能力的养成。

3. 社区服务

澳大利亚的公民教育除了重视正式的学校教育外，还通过营造参与氛围，把校外的生活以及学生生活的社区活动作为学生参与社会、认识社会、了解社会的良好途径，让学生在生活实践活动中增强公民能力，培养公民意识。

社区服务形式多种多样，在低年级阶段，引导学生通过参与社区活动，关注社区环境的变化发展过程以及各项公共场所的具体规定，包括如何爱护环境，如何建设垃圾，如何实现废物的回收再利用等。在高年级阶段，引导学生积极参与社区的各项服务，包括为老人送饭到家，照顾退休在家的老人，在地区组织的帮助下开展一些环境修复计划等等。

这些活动的过程管理十分严格。首先，学生要写出一份活动计划，经父母与指导教师同意并签字，完成后还要附上社区服务接受方的评价。通过这些发生在学生身边的真实的情境，培养学生参与社区互动的行为和技能，让学生了解民主社会的运作方式，从而让学生真正成为合格的澳大利亚公民。

四、澳大利亚公民教育的评价

公民教育评价是根据一定的公民教育价值观或目标，运用可行的科学手段，通过系统的收集信息资料和分析资料，对公民教育活动、过程和结果进行价值判断，为提高公民教育质量和公民教育决策提供依据的过程。[1] 1999 年，澳大利亚联邦、所有州和地区的教育部长们一直赞同国家目标和调控学生相关成绩的重要性，并成立了全国性的绩效评价与汇报小组（Performance Measurement and Reporting Taskforce）来监控和报告项目。绩效评价与汇报小组于 2001 年进行了一个研究项目，旨在调查小学后期和义务教育后期的学生在公民教育方面所预期的结果和汇报学生的成绩，研究形成了公民教育的两个关键操作指标

〔1〕 王建梁，岳书杰．澳大利亚中小学公民教育评价概述[J]．集美大学学报，2011(7)：85.

(Key Performance Measures, KPMs)。[1] 2003 年,澳大利亚联邦政府教育、就业、培养与青年事务部长理事会(MCEETYA)将公民教育添加到全国评价项目中,这一决定标志着政府对于学生进行公民教育实现预期目标的重要承诺。澳大利亚公民教育评价最重要的事件当属 2004 年 10 月,理事会发行了《公民教育评价范围》(*Civics and Citizenship Assessment Domain*),这一文件的发布,正式将澳大利亚将近 600 所基础教育阶段六年级和十年的学生的公民教育评价进行了详细的规定。澳大利亚的公民教育成为联邦政府五个共同评价领域(读写、计算、科学、公民教育、信息技术)之一,成为澳大利亚联邦政府教育计划的重要组成部分。[2]

1. 澳大利亚公民教育的评价方式

澳大利亚的公民教育评价坚持了形成性评价(Formative)和终结性评价(Summative)相结合的方式进行的。形成性评价主要考察学生在公民教育的过程中与教学环境相结合的评价,而终结性评价则主要聚焦于公民教育的绩效评价以及对于公民教育的汇报方面。

具体来说,澳大利亚公民教育的评价原则可以概括为以下几个方面:[3] 第一,评价目标的明确性。确保评价涉及学习结果,在特定的单元或活动结束时,教师要明确自己想让学生熟悉的特定知识、理解、技能和价值观,然后选择适当的评价活动,简单、明确地评价学生是否达到这些学习结果。第二,评价方式的多样性。为了实现评价公平、有效和实际这样的目的,最有效的途径就是使用多种评价方法,主要有专案工作(Project Work)、文件夹(Files)、操作(Performances)、成果(Products)、纸和笔(Paper and Pen)等。第三,评价维度的多元性。使用不同的评价方法必然导致使用不同的评定和记录学生成绩的方法,评定成绩的方法包括观察(陈述或小组作业)、小测验/课堂练习和扩展的项目(书面或成果为基础),记录成绩的方法包括清单、评定量表和评分指南。第

[1] 韩芳.从臣民到公民——澳大利亚公民教育发展研究[M].北京:光明日报出版社,2011:159.
[2] About Civics and Citizenship Education[EB/OL].[2014-03-30]. http://www.civicsandcitizenship.edu.au/cce/about_civics_and_ citizenship_education,9625.html.
[3] 韩芳.从臣民到公民——澳大利亚公民教育发展研究[M].北京:光明日报出版社,2011:159.

四，确保评价信息的相关性。依据观察结果估计学习情况，以课堂为基础的评价的优势之一是，教师有能力在多项作业的事实基础上决定学生的成绩。这也意味着学生在一个学习领域的最终成绩报告将需要一个"总体评定"，而总体评定的有效性和可靠性将取决于进行的评价活动和所收集信息的相关性。第五，评价结果的真实性。根据学生学习结果回报成绩，公民教育评价设计具体的学习结果，评价将能使学生的成绩根据技能、知识和理解来描述。

2. 澳大利亚公民教育评价的范围

澳大利亚公民教育有三个评价范围层次：[1]

层次1是两个关键操作指标（Key Performance Measures: KPM1 and KEM2），其中，KEM1是指公民学：对公民制度与过程的认识和理解，KEM2是公民身份：参与的意识倾向和技能。

层次2是每个关键操作指标的范围描述（Domain Descriptors），其中六年级的操作指标和评价范围包括以下十个方面：①认识澳大利亚民主的关键特征；②描述澳大利亚自治与民主的发展；③概述澳大利亚政治和公民制度的作用；④理解创建和更改规则与法律的目的与过程；⑤确认澳大利亚民主中公民的权力和责任；⑥认识到澳大利亚是一个多元论者的社会，有多种种族来源和文化背景的公民；⑦认识到公民要有效地参与民主决策，需要一定的技能和意识倾向；⑧确认公民能有效地参与他们的社会与政府的方式；⑨认识到理解和尊重共同性和差异的方式，这种理解和尊重有助于民主社会的和谐；⑩理解公民选择参与公民生活和决策的原因。

十年级的操作指标和评价范围包括以下十个方面：①认识到关于澳大利亚民主理念和公民制度的观点是不同的，并随着时间而改变；②理解澳大利亚宪法影响澳大利亚公民生活的方式；③理解法律制定和政府在澳大利亚民主传统中的作用；④理解公民在一些列背景中的权力和责任；⑤分析澳大利亚的种族和文化多样性如何促进澳大利亚民主、身份认同和社会团结；⑥分析在全球社区中作

[1] Print, M. & Hughes, J. Key Performance Measures in Civics and Citizenship Education: Report to National Education Performance Monitoring Taskforce[R]. Sydney: Center for Research & Teaching in Civics, University of Sydney. September, 2001:16-20.

为一个国家的角色;⑦理解公民有效地参与民主政治和公民行动需要一定的知识、技能和意识倾向;⑧分析澳大利亚民主中批判性公民的作用;⑨分析作为澳大利亚民主传统的重要方面——民主价值观与社会公正的关系;⑩分析澳大利亚人选择参与政治与公民过程的原因。

层次 3 是专业阐述(Professional Interpretation),其关键操作指标、范围描述及专业阐述包括以下方面:理解公民有效地参与民主政治和公民行动需要一定的知识、技能和意识倾向;理解公共问题的历史和政策背景;理解并运用规则到一系列决策程序和情境中;分析决策的一些列论点和事实;理解信息与交流技术与媒体在公民生活中的角色,形成批判分析和交流技能;在一些列问题解决方式中,与他人合作;认识到参与政治 与公民机构是在民主社会中实施公民责任的一个重要途径。

澳大利亚中小学公民教育的评价既具有明确的评价目标,同时评价的内容要非常规范和具体,既体现的评价内容的整合性,同时又展现了科学的评价指标,更为重要的是,在这一评价过程中,始终都坚持了评价方式的多样性,力求客观、详实地反应澳大利亚公民教育的真实情况。

第四节　澳大利亚公民教育的特点

一、发挥学校、家庭和社会的合力

公民教育是一种道德实践活动,尽管学校在学生公民意识和公民能力的培养中占据主导地位,但是由于公民教育的实践性,体现在家庭和社会中的道德实践活动对于学生个性品质的形成也发挥了关键作用。家庭和社会的价值引导如果与学校教育的目标不相一致,就会产生负效应甚至反效应,不仅会抵消学校教育的功效,而且还会造成学生思想认识的混乱。在澳大利亚,“关心教育、支持教育”不是一句口号，已经形成了广泛的社会参与教育的机制。无论城市还是乡村，所有中小学校都成立了有当地政府官员、工商界人士、学生家长、教师代表和学校校长参加的“学校教育委员会”，其职责具体而广泛，如参与制订学校发展规划，协调学校与社会的关系；参与学校教育管理、课程设置和教学内容改革等各个方面。其次，澳大利亚注重全社会的公民教育。这一点从联邦政府制定的有关政策及其对于移民的教育政策中均可得到充分反映。1994 年，联邦议会出版了《全体澳大利亚公民的公民教育》一书。书中就澳大利亚公民应具备的“形象”，公民的责任、义务，及公民法律等方面作了详细的阐明。

澳大利亚联邦和各州教育部门分别设立民间组织和机构来协调学校、家庭和社会的利益，共同一致培养中小学生公民意识、公民素养及公民参与能力。其中较为著名的机构有澳大利亚家长理事会，澳大利亚联邦学校组织委员会和家庭、学校和社区合作事务处。

1. 澳大利亚家长理事会

澳大利亚家长理事会是一个联邦性质的机构，它代表非政府教育机构的家长利益。澳大利亚家长理事会由联邦政府下属的教育、就业和劳动关系部提供专项资金，确保其正常运行。它的主要任务是促进学校教育的质量和运行，政府资金的平均分配，以及如何联系其他利益团体来投资于学校建设。家长是孩子的第一任教师，由于教育者和受教育者之间存在天然的亲和力，子女很容易接受父母的教诲，在这种亲子感情的伴随下，家长教子女学会做人的道理，把子女培养成合格的公民。澳大利亚家长理事会本着此原则，积极为家长提供学校公民教育相关信息，鼓励家长参与到其孩子的公民知识学习中去，同时也要求家长作为一名积极公民，以自身为榜样参与公民社会实践过程中。澳大利亚家长理事会不仅协调学校，家长及社会对中小学生公民教育培养的一致性，还积极吸纳新的优秀家长代表，共同参与机构的运行。

2. 澳大利亚联邦学校组织委员会

澳大利亚联邦学校组织委员会成立于 1947 年，是澳大利亚最高级别的家长和社区公民组织委员会。它的正式机构目前包括 10 个联邦级别学校组织和其他州和地区的学校成员。主要研究政府在教育方面的拟议政策，同时为州和地区提供相关信息和服务，其职能多样化，诸如为政府、学校和社区提供交互式信息；在教育的决策过程中要尽量满足社区的需要，优先考虑社区发展；开展一系列积极活动和社区项目，以便家长能有效地参与儿童的学习和发展中。这个委员会通常与其他的组织机构就一些共同关注的问题交换意见，并确保其制定的政策能被家长、学生和普通公民广泛接受。多年来，澳大利亚联邦学校组织委员会与澳大利亚家长理事会加强合作，共同研究家长和社区成员参与学校公民教育活动。该组织委员会四年来共收到政府资助达 80 万澳元。

3. 家庭、学校和社区合作事务处

作为一个民间机构，家庭、学校和社区合作事务处最早成立于澳大利亚首都堪培拉。2008 年 2 月，教育、就业和劳资关系部部长茱莉亚 · 吉拉德(Julia Girard)提议授权澳大利亚家长理事会和澳大利亚联邦学校组织委员会共同合作建立一个联邦性质的家庭、学校和社区合作事务处，致力于研究并协调家庭，学校和社区的合作伙伴关系。联邦家庭、学校和社区合作事务处于 2008 年 8 月正式成立。该事务处不仅方便家庭、学校和社区进行有效交流，同时建立网上在线咨询和服务系统，家长还可针对教育和相关的家庭问题举行年度调查。该事务处得到了各州教育部长的大力支持。家庭、学校和社区合作事务处建立有助于澳大利亚学校、家庭和社区保持稳定、协作、富有成效的关系。

此外，还有各州也有类似的组织机构，诸如西澳大利亚州学校组织理事会，澳大利亚北部地区政府学校组织理事会，新南威尔士州家长和公民团体联合会)，昆士兰州家长和公民团体理事会，塔斯马尼亚州学校家长和朋友团体，维多利亚学校组织理事会，这些组织机构在整合家庭，学校和社会关系中起到桥梁和纽带作用。

二、注重公民教育内容的多样性和统一性

由于联邦体制的影响，统一性与多样性在澳大利亚社会的各个领域中表现得更为明显，教育领域也不例外。独特的教育管理体制使各州有权自行理解联邦政府提出的方针与政策。在实行公民教育的过程中，尽管联邦政府颁布了《发现民主计划》这一有史以来最大一项公民教育课程计划，但在实际实施过程中，

各州的理解与实施力度以及取得的实际效果也是各不相同的。同时,各州对于公民教育的基本涵义及公民教育在学校体系中的地位等问题也有不同的理解。

澳大利亚中小学公民教育内容包括政治、法律、经济、道德、社会、文化、历史、科学和生活等基本知识。随着全球化进程加速,其公民教育引进人权教育、生态教育、发展教育等内容,不断地扩充其公民教育知识领域。除了对学生进行公民知识的教育,同时促进学生公民参与意识及参与能力的养成,能够积极参与公共事务。澳大利亚联邦教育部门规定中小学公民教育的价值观念就是要求学生能够广泛参与公民身份一致的社会活动,培养成为积极且自觉的社会人。总之,澳大利亚中小学公民教育提供给学生全方位的知识、技能以及理解和实践民主政治中的公民身份,形成积极公民所应具备的价值观和意识倾向,为学生成为有见识的公民做准备。

澳大利亚中小学公民内容虽然涉及多个领域,但各个领域之间并不是泾渭分明,而是互相渗透,形成多样性的统一,共同致力于培养合格澳洲公民。1994年4月,澳大利亚教育、职业、技术培训青年事务部长委员会通过了"21世纪国家基础教育目标"。该目标明确声称,当学生毕业时,他们应成为积极主动、知识渊博的公民,理解并赞同澳大利亚政治体制和公民生活。

三、强化公民课教师的专业发展

澳大利亚联邦教育部门积极开展教师专业发展项目。1997年,澳大利亚联邦教育部门颁布了《发现民主计划》。该计划分多个阶段完成,其中第二阶段的重点是从2001年到2004年,要在澳大利亚学校加强公民科教师专业化发展,巩固发现民主计划的实施。教师专业发展项目的目的是提高公民教师的知识水平,使他们有信心并且乐于从事公民课程教学,增强教师参与专业发展的主动性。在此基础上,联邦教育部门又制定了扩大专业发展项目,这一项目通过在普通学科中选择一定数量的教师参加公民教育知识培训,来壮大公民课教师的队伍。每一位普通学科的教师都有机会参加公民教育知识培训,但在扩大专业发展项目实施开始阶段,一般主要针对有一定公民教育知识背景的教师。据统计,在1998年至2000年期间,联邦政府用于公民课教师专业发展项目,共拨给各州教育经费达 460 万澳元。

在 2001 年，联邦政府又实施资助学校计划，其目的是为开展公民教育的学校提供资金，主要扶持其专业教师培训，课程设置等，以便更好地完成公民教育任务。其资助金额根据学校规模和公民课教师的数量来决定。对公民课教师少于 10 人的学校给予 1 500 美元的补贴；多于 10 名公民课教师的学校则为 2 500 美元，对某一地区集中的 2～5 个学校则给予总共 6 000 美元的资助。此项资助学校计划分三轮进行，第一轮时间为 2001 年 7 月至 2002 年 6 月，第二轮为 2002 年 1 月至 2002 年 12 月，第三轮时间为 2003 年 1 月至 2003 年 12 月。接受资助的学校，在每一轮资助结束后要与其他学校分享其公民教育开展的成果。此外，从 2002 年开始，每年都有一系列公民教育学术会议。邀请学校的公民课教师和负责人参加，加强校际间交流和合作，进一步开阔专业公民课教师视野，储备一定数量充满热情、高素质的专业师资。

四、重视学生公民实践能力的培养

公民教育在基础教育中的核心价值是促进学生公民参与意识及参与能力的形成，能够积极参与公共事务。公民教育的价值观念就是能够广泛参与公民身份一致的社会活动，培养成为积极且自觉的社会人。通过积极参与学校和社会的活动进行公民教育，不仅有助于学生所学知识性内容的强化，而且有利于学生公民参与意识参与能力的养成。

在澳大利亚，培养参与型公民的公民教育目标早在 1988 年就由参议院就业、教育和青年事务部提出，该委员会还把公民素质解释为在政治框架下的能动参与过程。与此同时，澳大利亚教育评议会把公民教育作为澳大利亚学校课程的重要目标之一，并定义为一种培养学生作为在国际背景中参与民主社会的、能动的公民所必需的知识、技能、价值观的活动。澳大利亚中小学生参与公民实践活动主要有两种形式：其一，学生参与校内公民教育活动；其二，学生参与校外公民教育活动。

1. 学生参与校内公民教育活动

澳大利亚中小学生参与校内的公民教育活动主要包含两个不同的部分。第一部分是学生参与一般的学校活动,具体涉及公民教育层面包括:学生投票选举班级代表;组建学生代表委员会;学生代表对一些学校决策施加影响;参与校报或杂志编辑;参与同伴互助项目;参加社团活动;参加课外活动等七个主要方面。第二部分是学生参与学校管理,具体涉及公民教育层面包括:学生应理解投票选举的重要性;如何行使学生代表的权利;学会理解持异己观点的人;学会合作;了解学校运作方式;为学校问题的解决提供建设性的意见等。

2. 学生参与校外公民教育活动

澳大利亚对中小学生公民教育的培养除了在学校通过营造参与氛围,让学生在校园生活中增强能力之外,还把校外生活及社区活动作为学生了解、接触社会的良好平台。在校外活动及社区中,培养学生民主的价值观念,提高学生的参与技能。澳大利亚校外的公民教育活动开展形式多种多样,诸如阅读报纸新闻,看电视新闻,听广播,和家人谈论政治和社会话题,参加体育、音乐等团体活动,参加社区志愿者活动,参加环保活动等。

正如欧德费尔德(Oldfield Adrian)所指出的,参与活动作为一种手段,借助于它,个人将习惯于履行公民义务。澳大利亚中小学生通过积极参与公民社会,在实践中践履公民教育知识,更好地培养了学生公民参与意识、参与能力,为以后走上社会有效行使公民权利和义务奠定坚实基础。

五、构建完善的公民教育评价体系

1. 制定科学的评价指标

由于公民教育目标具有一定程序的原则性、抽象性和笼统性,因而在实施评价时,常常需要把抽象的目标具体化,这种具体化的目标就是指标。一般来说,在澳大利亚中小学公民教育评估前,由评估委员会对评估样本进行系统的筛选,对学生样本的选择主要考虑以下因素,如学生的年龄、性别、种族、语言、父母受教育水平、家庭主要成员、父母职业、家庭居住地址,以及学生参与校内外团体或组织情况等。同时还有充分照顾联邦、州、地区以及天主教学校和私立学校等不同团体间的利益,确保测评的科学性和公正性。评估的范围主要包括三大部分,即民主或公民身份;国家认同或国际关系;社会融合或多样化。每一部分的具体评价指标是相同的,共包括五项评价指标,它们是公民知识、公民技能、公民概念、公民认知、公民行为。

2. 采用多种评价方法

要使评价有效、公平和公正、最有效的途径是使用多种评价方法。一般而言,通过教师的个人观察,学生参与的社区活动,问卷形式的公民教育知识测评等方法,将对学生的公民教育知识测试与学生平时行为表现相结合,共同检验学生对公民教育知识的理解,以及参与社会活动的技能。教师在澳大利亚公民教育评价中使用的主要方法有:专题研究、档案袋、个人表现、成果、纸笔测验等。

3. 多维度评定学生成绩

澳大利亚中小学公民教育评估采取发展性、多样性手段,多维度评定学生成绩。澳大利亚中小学公民教育评价方案实施开始阶段为每两年1次,随着各种制度的成熟完善定为每三年或四年举行1次。同时采用横向评估和纵向评估相结合,即重视对同一年级不同学生的比较,同时也对某一学生不同年级的公民教育状况加以分析,使得公民教育评价具有连续性、一致性和层次性,更好地了解公民教育实施状况。除了采用正式等级水平评价标准或者分数成绩评价标准来记录学生成绩外,适当地配合观察、课堂练习和小组测验等非正式评价,确保学生成绩的真实性和客观性。

第十章

澳大利亚基础教育的亮点

前文分别从澳大利亚基础教育的概况、体系与管理、课程与教材、教育教学、质量监测、教师发展、学校管理、考试制度、公民教育等9个方面呈现了澳大利亚基础教育的概貌。总体而言,澳大利亚基础教育管理、课程与教学、教育质量监测和教师发展等方面存在突出的特点和亮点。

第一节　灵活的教育管理体制

一、多元灵活的办学体制

澳大利亚独立学校因其领导力和学校教育创新而闻名,具有实施素质教育的良好声誉。澳大利亚独立学校的成功是建立在其自我管理的自治基础之上。良好的治理结构和能力,对高质量独立学校的健康、持续发展至关重要。独立学校是非盈利机构,每所学校独立管理。管理董事会或委员会是大多数独立学校的决策主体,并负责学校教育供给、当前和未来发展以及人员编制。虽然大多数独立学校由各自理事会或管理委员会管理,有些秉持共同教育目标和办学理念的学校由小型联合体制管理。

澳大利亚共有1 100所独立学校,包括宗教学校等,独立学校又分为小型和大型走读学校,都市和地区管理学校,共同教育和单一性别学校。独立学校在满足家庭对教育多样化需求方面,发挥重要作用。2007年,共有51万学生在独立学校就读,在过去30年中,独立学校入学人数稳步提高,在校生数占学生总数的15%,比1970年提高了11%。独立学校在高中阶段学校中所占比重更高,19%的高中学生在独立学校就读,初中和小学所占比例分别为16%和11%。独立学校所占比重是3类学校中最低,但其发展速度是最快的。独立学校与其他学校最大的区别在于其独立性和自治。[1]

---

〔1〕 Independent Schools Council of Australia. Governance in Australian Independent Schools [EB/OL]. [2014 - 04 - 30]. http://isca.edu.au/wp-content/uploads/2011/03/ISCA-Research-Report-Governance_2008.pdf, 2008/.

从三类学校来看,政府学校数量和学生数量占主导地位,其次是天主教学校,最后是独立学校。从近几年的发展变化来看,政府学校数量和学生数量有小幅度下降趋势,而独立学校数量和学生数量有小幅上升趋势。由此可见,澳大利亚办学体制充满活力和竞争力。

二、社会参与的管理体制

家长和看护者是儿童教育的重要影响因素。如果家长能够参与孩子的教育,那么孩子将更加乐意上学,成绩也更好。家长参与学生教育是指家长的态度、价值观、行为等对学生的学习成绩产生积极的影响。在澳大利亚,联邦政府和各州(区)政府均出台政策鼓励家长参与学生教育和参与学校管理,一方面使家长尽可能了解学校开展的一切活动。如果家长为学生设立较高的目标,经常与孩子谈论学校的有关情况,学习的价值,教育孩子积极看待和尊重学校和教师,学生的成绩将会更高。澳大利亚专门设立家长参与学校董事会和学校理事会在线指南,告知家长如何参与自己孩子所在学校的教育,各州也有相应的网站。如果家长不确定如何在家帮助孩子学习,可以向教师或学校请教。

各州既有州一级层面的家长委员会或联合会,也有与政府学校、天主教学校和独立学校三类学校相应的家长委员会或联合会等组织。如新南威尔士州教育和培训部网站上分别列出了政府学校、天主教学校和独立学校的有关管理信息,天主教学校通过天主教教育委员会、独立学校通过独立学校联合会等链接查询有关信息。此外,还有新南威尔士州天主教学校家长委员会、新南威尔士州家长委员会、新南威尔士州家长和公民协会联合会。维多利亚州教育和早期儿童发展部有专门的学校委员会页面,非政府学校设有维多利亚州天主教教育委员会、维多利亚州独立学校网站设有学校董事会页面。在州层面的组织有维多利亚州家长委员会、维多利亚州天主教学校家长团体。

昆士兰州教育、培训和就业部网站有专门的学校委员会手册网页,独立学校委员会网页等。在非政府学校方面有专门的昆士兰州天主教教育委员会学校董事会宪章,昆士兰州独立学校专门网站。州级层面组织有昆士兰州天主教学校家长和朋友协会联合会,昆士兰州独立学校家长委员会等。[1]

三、政府向学校放权,扩大学校办学自主权

从2007年起,澳大利亚联邦政府共投入47 550万澳元分两期实施向地方学校放权计划。该项目的目的是赋予学校更多决策权,使学校更好地满足学生和社区的学习需要,为学生提供更适合的教育服务。2012—2013年,共有1 000所政府学校、天主教学校和独立学校参与第一阶段的计划。这一计划对学校下放三个方面的权利:一是管理权,即授予学校战略规划和学校运转决策组织的权利;二是资助和基础设施管理权,包括学校财长预算、基础设施管理、规划和维护等方面的权利;三是人力资源管理权,即教职工组合、招聘和绩效管理。[2]

经过第一期计划的实施,参与学校的自主决策权力进一步扩大,具体体现在:一是提高了家长和社区相关利益者参与学校教育的有效性;二是提高了原住民和处境不利年轻人的教育和就业机会;三是提高了学生学业成绩水平;四是使教师从行政性任务解脱出来,从而有更多的时间投入教育工作。[3]

2012年3月起,新南威尔士州实行"地方学校,地方决策"的教育改革,赋予地方公立学校更多权力进行决策,从而更好地满足学生的学习需要。

资源管理方面:就教育财政预算使用权而言,学校管理的财政将从10%提高到70%,学校教职工配置和教学设备等有关资源分配方式也有所改变,由过去的通过复杂公示由教育部统一分配到学校自主制定预算,并根据需求自行分配资源。

实施新的资助模式,引入新的资源分配模型更加公平地分配财政资源资助学校。根据差别对待原则,明确每所学校的不同需求,因此需求大的学校和学生

---

[1] Australian Government Department of Education. Getting involved - useful links for parents [EB/OL]. [2014-04-21]. http://www.studentsfirst.gov.au/getting-involved-%E2%80%93-useful-links-parents.

[2] Australian Government Department of Education. Empowering Local Schools [EB/OL]. [2014-04-21]. https://education.gov.au/empowering-local-schools.

[3] Australian Council for Educational Research. Evaluation of the Empowering Local Schools Initiative First Progress Report[EB/OL]. [2014-04-21]. http://docs.education.gov.au/system/files/doc/other/els_evaluation_first_progress_report.pdf,2013-04/.

将得到更多的资源。同时,对学校的资助更加透明和稳定,学生数量的小幅变化不会导致教职工和资源的大幅减少或增加。

学校可以根据发展规划和学生特点自主进行教师队伍建设,自主设计教学和教辅岗位,在规定的班额和课程要求范围内,学校在预算范围内自行确定教职工的数量和角色,以更好地满足学生学习需求。[1]

近年来,澳大利亚推进公立学校独立,扩大公立学校办学自主权。澳大利亚联邦政府与各州和领地共同努力,到 2017 年,促使 25%的现行公立学校转型为独立的公立学校。大量证据表明,学校自治是任何一所学校进步的重要策略之一。联邦政府投资 7 000 万澳元实施公立学校独立化计划(Independent Public School Initiative)。在联邦政府学生第一策略中,四个关键领域中的两个是学校自治,并促进家长参与教育。公立学校独立化计划旨在帮助学校构建强有力的社区,给予学校更多的决策权,提高家长、社区团体、企业和工业领域更多地参与学校日常运转。为了促进家长参与学校社区,澳大利亚设立"家长参与学校董事会和学校委员会在线指南",为家长解释参与自己孩子所在学校的一些方式以及他们所在州或领地教育体制的特点。公立学校独立化后仍然属于政府学校系统,也将继续获得政府资助。

第二节 系统的课程与质量监测体系

一、精细的课程体系

澳大利亚课程经历了一个由地方课程走向国家课程,由分散课程走向统一

---

〔1〕 NSW Government Education & Communities. Local Schools, Local Decisions-The Reform Agenda [EB/OL]. [2014-04-21]. https://www.det.nsw.edu.au/media/downloads/about-us/our-reforms/lslr/lsld_fact_sheet_feb_2014.pdf, 2014-02/.

课程的过程。从国家课程的产生过程来看,经历了 1.0 版、1.1 版、1.2 版、2.0 版、3.0 版、4.0 版、4.1 版、4.2 版、5.0 版、5.1 版、5.2 版和 6.0 版共 12 个版本,其中 6.0 版本于 2014 年 2 月 18 日公布。这 12 个版本国家课程的颁布及其特点,充分说明了澳大利亚国家课程实施是因地制宜、稳步推进,特别是对课程框架、具体内容和成绩标准进行深入和广泛的研究。从国家课程研制、实施和评价的主体来看,澳大利亚成立了专门的机构即澳大利亚课程评价与报告局(Australian Curriculum Assessment and Reporting Authority)。澳大利亚课程评价与报告局作为独立机构,通过制定与实施国家课程、国家评估和国家数据采集与报告等项目为国家教育发展服务。澳大利亚课程评价与报告局加强与一线教师、校长、政府、各州和区教育行政部门、专业教育协会、社区团体和普通大众合作共赢,共同研制澳大利亚每所学校应该遵循的国家教育标准,主要通过研制世界一流的学校课程、对课程进行评估和报告来改进所有澳大利亚年轻人的学习。

二、灵活、开放的教学模式

如上文所述,无论是小学教学模式还是中学教学模式,澳大利亚基础教育教学模式的两大关键词是开放和灵活。开放不仅指教学环境上的开放,而且指教学参与人员的开放,如有的学校打通教师与走廊之间的墙壁,使整个学习空间更加开阔和开放,同时整个教学过程不仅仅是教师与学生的参与和互动,澳大利亚教学过程中包括各种角色,如专家、指导教师、咨询者和咨询团队等,特别是强调家庭的参与。澳大利亚基于家庭是影响学生学习的主导因素,而创设多种途径和有利环境让家长参与到教育教学的具体过程中,使家长了解学生的学习现状,长期跟踪把握学生的进步,掌握学生在学习过程中的具体困难与问题,经过与教师的持续、深入沟通,共同帮助学生解决问题,促进学生全面健康发展。

灵活体现在充分尊重学生的个体差异,以学生为主体开展各项教学活动。如 YEA 高中每个学生设立一块展板,展示自己的学习情况,包括学习计划、首要学习内容和事项等,每个学生按照自己的学习计划开展学习。从更高一个层面看,澳大利亚整个教育体制将学生置于首位,为学生提供更多机会提高自身价值,更好地支持自己的家庭和所在社区。澳大利亚政府将学生置于首位,并着力提高学生的教育成绩和改善学校教育质量。澳大利亚政府期望所有学生接受最优质的教育,有最好的教师,最新的和最相关的课程。使最了解学生的家长、教师、校长和社区能够有权作出教育决策。在这一计划下,澳大利亚联邦政府与各州(区)、教师和家长聚焦以下四个关键领域:一是提高教师质量,二是促进校长自治,三是促进家长参与教育,四是改进课程。为此,澳大利亚政府首先成立教师教育部长咨询组(Teacher Education Ministerial Advisory Group),为各州(区)教育部长提供政策建议,如何改进教师教育课程以培养适应现代课堂,有课堂实践技能的教师。[1]

三、扎实的公民教育

自20世纪80年代以来,澳大利亚一直将公民教育作为学校教育政策的重点,于1994年成立了澳大利亚公民学专家小组(Australian Civics Expert Group)负责制定公民教育发展规划。1997年,澳大利亚教育部颁布了"发现民主"计划(Discovering Democracy),计划周期为8年,分两个阶段实施。第一阶段(1997—2001年)主要开发公民教育资源,将"发现民主"计划推广到澳大利亚所有中小学去。第二阶段(2001—2004年)加强教师专业发展,为深入实施公民教育奠定师资基础。该计划为中小学开发广泛的课程资料和为公民教育教师提供多样的专业发展机会,从而保证学生认识和理解澳大利亚及相关国家的政治和社会传统、民主过程与政府、司法制度、政治管理体制等,了解澳大利亚历史,促进学生成长为知情和负有社会责任的公民。

随着公民教育的深入推进,为了确保公民教育实现目标,澳大利亚成立国家教育绩效监测工作组(National Education performance monitoring Taskforce),监测公民教育评价。2001年,国家教育绩效监测工作组对小学后期和义务教育后期学生公民教育进行了调查研究,提出了公民教育的两个核心操作指标,一是公民学,包括公民制度与过程的知识与理解、关键概念的认识、有关公民制度与澳

〔1〕 Department of Education, Employment and workplace Relations. Students First [EB/OL]. [2014-04-22]. https://education.gov.au/students-first.

大利亚民主中的程序、政府、法律、国家身份认同、多样性、社会凝聚力与社会公正的理解；二是公民身份，包括参与社会的倾向和技能，以及对态度、价值观、爱好、信念和行动等的理解。2003 年，澳大利亚联邦教育部将公民教育纳入全国课程评价项目。2006 年，联邦教育部又颁布了《国家公民教育学声明》(*National Statements of Learning in Civics and Citizenship*)，进一步明确了公民教育的核心概念。2007 年，各州(区)将公民教育纳入新的课程结构中。此外，从 2004 年开始，澳大利亚实施全国范围内中小学公民教育评价，并且规定每 3 年进行 1 次，评价内容包括对公民知识的理解、与积极公民相关的参与技能和价值观等。由此可见，澳大利亚公民教育形成了规划、课程、实施和评价全方位的完整机制。

四、系统的基础教育质量监测

澳大利亚特别重视基础教育质量评价与监测，评价与监测作为与提高教师质量和学校领导力两大措施之一来提高澳大利亚教育质量和促进教育公平。在参加国际教育评估，如 PISA，TIMSS 等基础上，澳大利亚从 2008 年开始实施国家评估项目(National Assessment Program)，监测基础教育质量。该评估项目包括多个测查领域，其中最有影响的是读写和算术能力评估，对三年级、五年级、七年级和九年级学生的阅读、写作、语言创造(拼写、语法和标点符号)和算术能力进行评估，此外还包括数学、科学、公民素养、科学素养等评估。澳大利亚既参与国际学业成就测评，又开发自己独特的、全方位的质量监测体系，从抽样评价和整体评价两个方面考查学生学业成就，实现国际-国内一体化的基础教育质量监测体系。

第三节　一体化的教师发展机制

澳大利亚历来重视教师发展，从过去加强教师入职教育，构建中小学与大学之间的合作伙伴关系来加强教师职前培养,到 2010 年出台国家统一的教师专业标准。标准提出教师专业发展的等级与过程,规定不同发展阶段教师在专业知识、专业实践和专业素养方面的具体特征,既将教师专业标准作为教师专业发展的导向和引领,同时在教师资格注册、教师聘用等工作中严格按照教师专业标准的具体要求。自《墨尔本宣言》发布以来,提高教师质量更成为澳大利亚基础教育改革与发展的重中之重,从国家战略层面建立联邦政府与各州(区)政府之间的合作伙伴关系共同促进教师专业发展,提高教师队伍质量。此外,在教师专业发展具体策略方面,注重从文化创建和制度保障等方面促进教师专业发展,要求各学校创新有利于、能够支持和促进教师专业发展的文化。由此说明,教师专业发展经历了从实践到理念的升级过程,将教师专业发展文化嵌入每所学校和每个教师的职业生涯。

一、源头保障:教师职前培养认证

从师范生选拔和职前培养课程认证两个方面保障教师队伍质量。2011 年,澳大利亚公布了职前教师教育课程认证标准和程序,进一步健全教师教育标准体系,为全方位提高教师质量。

一是认证主体多元化。认证主体包括教师管理局、澳大利亚教学与领导研究协会和认证专家,在认证过程中,各负其责。

二是认证标准系统化。澳大利亚职前教师课程认证体系基于全国初任教师专业标准和职前教师教育课程标准两个国家标准来实施认证。前者规定教师教育机构培养的师范毕业生应该达到什么标准,后者规定如何保障师范毕业生达到这一标准,两个标准环环相扣,相辅相成,缺一不可。该认证体系集过程标准和和目标标准于一体,具有极强的战略性和全局性。

三是认证过程动态化。首先教师教育机构提交认证或再认证申请,所有教师教育机构至少每五年向教师管理局提交一次国家认证或再认证申请。其次,评审委员会每个成员将拿到所有文件并对提供的材料进行评审。根据国家课程标准和初任教师标准评价拟被认证课程。再次,教师教育机构将认真思考认证报告草稿。在认证报告定稿之前,专家组将正式考虑并评估教师教育机构的反馈和修订材料。最后,教师管理局将通知澳大利亚教学和学校领导研究协会作出书面决定,澳大利亚教学和学校领导研究协会将据此更新国家认证数据库。

二、严格把关:教师入职资格认证

澳大利亚教师入职资格认证机构由国家统一机构进行统领,各州(区)分设专门机构具体负责。在学历要求、从教意愿、教学能力、专业经历和实践等方面进行明确规定,同时进行正式注册和非正式注册两种类型,注册过程也非常严密。教师任职资格只是从教的资格条件,还需要经过严格的申请和选拔程序才能进入教师行业。有些州(区)都设立专门机构负责教师招聘,如昆士兰州政府专门成立教师申请中心(Teacher Applicant Centre)负责所有教师聘任工作,管理和维护教师职业申请信息,有利于教师队伍的系统管理,有的州如西澳大利亚和维多利亚州校长主导教师招聘,根据学校发展需求,根据《就业标准和填充公共部门职位空缺规定》自主招聘、选拔和任命学校教职工。维多利亚州学校通过人力资源规划(Workforce Planning)来实施教师员工管理。

三、持续发展:专业标准与国家框架引领

澳大利亚不仅注重从源头和入口关上保障教师队伍质量,而且重视教师终身专业发展。全国教师专业标准的制定即根据教师职业发展周期分别提出毕业教师、熟练教师、娴熟教师和主导教师四个阶段的专业标准,明确每个阶段教师专业发展的重点和方向。在专业标准基础上,澳大利亚又颁布了《教师和学校领导专业学习宪章》,从加强基于专业的文化、促进合作的文化和面向未来的文化三个层面加强教师学习和发展。为了更好地落实教师专业标准,澳大利亚颁布了《澳大利亚国家教师绩效和发展框架》,明确教师专业发展活动聚焦提高学生学习成绩、有效教学、强有力的领导、易于调整和与学校及教育发展状况相适应等。同时,提倡教师通过专业反思与目标设定、专业实践和学习以及反馈与审查等具体策略实现自主发展。

附录

一、澳大利亚学制图(附图 1)

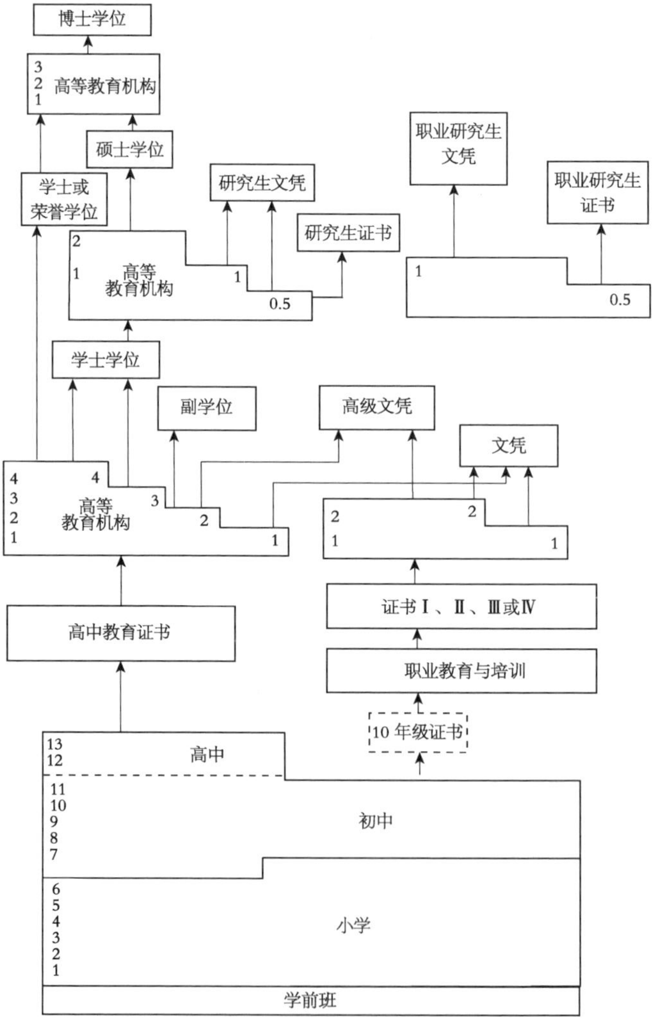

附图 1

二、特色学校介绍

1. 莫尔文中心学校(Malvern Central School)(http://malvern-central.vic.edu.au/Teaching-and-Learning/Inquiry/)

这是维多利亚州的一所小学和中学一贯制学校,这所学校的标语是“一所学校,一种文化,一个共同体”(One school, One Culture, One Community)。该校的办学理念是培养孩子高标准的行为和成绩、同理心、尊重和责任心,并坚信给予充足的时间、恰当的支持和足够的信心,每个孩子都能实现最好的发展。这所学校的特色主要体现在学习空间的设置、学习技术的应用上和特色课程的开设。

在学习空间方面,这所学校拥有21世纪学习空间,是由国家建筑-经济激励计划实施的建筑教育革命项目,投入320万美元改造学校学习空间。在这种灵活的学习空间中,教师能够开展协作教学,使学生的学习具有个性化和特定化。

在学习技术使用方面,学校使用多样化的技术支持学生学习,如台式电脑、笔记本电脑、上网本、平板电脑、交互式电子白板、手持科技学习工具,包括数码相机等。

学校开设了“调查研究”课程,该课程2年一个周期。每个学期聚焦支持“核心问题”的一个关键概念(附表1)。每个年级围绕更加具体的问题开展调查研究。教师根据澳大利亚课程大纲设计整体的学校调查课程规划。

附表1

2014年	第一学期	第二学期	第三学期	第四学期
直通线(Throughline)	认同	祖先	必要性	创造性
核心问题	我是谁?	过去是如何影响我们现在的生活的?	我如何做出选择?	我怎样才能有创造力?
2015年	第一学期	第二学期	第三学期	第四学期
直通线(Throughline)	幸福	共同体	可持续性	变化
核心问题	我怎样能照顾自己及他人?	我属于那里?	我们如何可持续得生活?	事物为什么会变化?

2. 博文中学

博文中学建校于1954年。是一所拥有1 900名来源于53个国家的7～12年级男女学生的大型公立学校 。本校海外学生项目始于1996年。该校宗旨是挑选来自中国、越南、马来西亚等国家的高质量好品德的学生。历年来，由于优良教学和优异学习成果，博文中学在国内外的教育舞台上一直享有盛誉 。

长期以来，博文中学在尊重学生权利和尊严的基础上，建立了一套完善的行为规范及法则。学校强烈提倡的教学原则是：尊重学生成就，最大程度挖掘每个学生潜力，并且以高标准要求学生的个人品行。博文中学教育大纲的着重点在于学术性，学校的目标是提供完善均衡的教育环境——“博学而专攻”，即在鼓励学生个性发展的同时，又让学生置身于广阔灿烂的知识海洋中，其宗旨是为学生们的毕生学习打下牢固的基础。

后记

本书的成稿是我个人长期研究的积累,也得到了领导和同事们的大力支持和帮助。感谢丛书编委会的所有老师,特别是中国教科院国际比较教育研究中心主任王素老师,为我们青年科研人员的专业成长搭建平台,提供具体指导和无私帮助。

对澳大利亚教育的关注始于对其以质量为本的教师教育政策,曾深入研究澳大利亚教育质量标准,从学前教育到高等教育,特别是中小学教师专业标准、中小学校长专业标准及其职前教师培养认证体系,部分成果已经在《中国教育报》等报刊发表。在长期研究的基础上,经过最近一年多的系统思考,在全面收集和认真学习有关资料的基础上,最终成形。秉承最新、可靠、实用的原则,在写作过程中,主要参考一手资料,鉴于英语水平有限,难免有不当之处,恳请各位读者不吝赐教。除第八章由孟照海提供初稿、第九章由李洪恩和孟照海共同提供初稿外,其他章节均由我执笔,全书由我进行统稿。在此一并感谢孟照海、李红恩和李楠为本书提供的参考资料。

李新翠

2015 年 7 月